COLECCIÓN crisi**s**
nacimiento**s**

Dirigida por Julián Gallego

Edición: Primera. Mayo 2019

Lugar de impresión: Buenos Aires, Imprenta Dorrego (Av. Dorrego 1102, CABA, Argentina)

ISBN: 978-84-17133-55-9

IBIC: HBTV [Revoluciones, levantamientos y rebeliones]
HBJK [Historia de América]
HPS [Filosofía social y política]

© 2019, Miño y Dávila srl / Miño y Dávila editores sl

Armado y composición: Eduardo Rosende
Diseño: Gerardo Miño

MIÑO y DÁVILA
♦ E D I T O R E S ♦

Página web: www.minoydavila.com

Mail producción: produccion@minoydavila.com
Mail administración: info@minoydavila.com

Dirección: Miño y Dávila s.r.l.
Tacuarí 540. Tel. (+54 11) 4331-1565
(C1071AAL), Buenos Aires.

Fabio Wasserman (comp.)

EL MUNDO EN MOVIMIENTO:

El concepto de *revolución* en Iberoamérica
y el Atlántico norte (siglos XVII-XX)

Gonzalo Capellán de Miguel

Alexander Chaparro Silva

Rafael Fanni

Javier Fernández Sebastián

Alejandro E. Gómez

Jacques Guilhaumou

Nicolás Kwiatkowski

João Paulo Pimenta

Marcos Reguera

Fátima Sá e Melo Ferreira

Fabio Wasserman

Guillermo Zermeño

MIÑO y DÁVILA
♦ E D I T O R E S ♦

Índice general

¿Qué revolución compensará
las penas de los hombres?

Andrés Rivera,
La revolución es un sueño eterno
(1987)

Presentación

Hacia una historia conceptual de *revolución*[1]

Fabio Wasserman

Instituto Ravignani/Universidad de Buenos Aires-CONICET

And now we got a revolution
'Cause I see the face of things to come.
(…)
Singin' about a revolution
Because we're talkin' about a change
It's more than just evolution

Nina Simone, *Revolution* (1969)

— I —

En 1793 se anunciaba en la capital del Virreinato del Perú la inminente publicación de una nueva serie de la *Gazeta de Lima*. Tal como era costumbre en esos años, los propósitos y temas que trataría el periódico fueron anticipados en un *Prospecto*, cuyas primeras palabras precisaban que

> Nada debe interesar tanto, y llamar la atención del hombre civil como la historia de las revoluciones que acaecen en sus días. Toda la tierra representa un solo pueblo entre cuyos ciudadanos existen unas relaciones muy estrechas que hacen la felicidad, y constituyen el reposo del género humano ¿Qué puede, pues, haber más tocante para el hombre social que los sucesos que alteran, o afianzan esos mismos enlaces? (Rosas Lauro 2006, 98)

1 Este trabajo se realizó en el marco del proyecto de investigación *Experiencia histórica y cambio conceptual en el Río de la Plata (1780-1870)* financiado en la programación UBACyT (2014-17) y PIP (2014-16). Asimismo se inscribe en las tareas del Proyecto de Investigación HAR2017-84032-P y del Grupo IT615-13, financiados, respectivamente, por el Departamento de Educación, Universidades e Investigación del Gobierno Vasco y por el Ministerio de Economía y Competitividad del Gobierno de España-Agencia Estatal de Investigación/FEDER, Unión Europea.

La cita pone de relieve el interés que las noticias del mundo despertaban en América. O, al menos, eso era lo que creía su editor, o lo que suponía podía atraer potenciales suscriptores. Pero también evidencia que ese interés debía orientarse, por sobre todas las cosas, hacia una temática precisa: "las revoluciones".

Quizás hoy en día resulte necesario aclararlo, pero los contemporáneos sabían que esta referencia, aunque plural y genérica, en verdad estaba aludiendo a una revolución concreta: la Revolución francesa. Tanto es así que durante los meses siguientes el periódico se dedicaría a informar críticamente sobre su marcha. En ese sentido haría suya la perspectiva de la monarquía española que, temiendo la posible expansión hacia sus dominios de esa revolución impía y regicida que había puesto en cuestión el orden social, político y moral, se había sumado a la coalición antirrevolucionaria y le había declarado la guerra a Francia. En América, por su parte, también había motivos de preocupación mucho más cercanos: una serie de sangrientos conflictos interétnicos en las colonias franco-antillanas habían puesto en alerta a las autoridades y a las clases propietarias de todo el continente, temerosas por una posible sublevación de las clases subalternas y, en particular, de los esclavos.

El editor de la *Gazeta de Lima* no se equivocaba: "las revoluciones" parecían ser el tema del momento. Lo que seguramente no podía imaginar era que también lo seguiría siendo durante mucho tiempo y, menos aún, que pocos años más tarde tanto España como la América española se verían envueltas en su propia revolución o, según se lo considere, en sus propias revoluciones.

Ahora bien, más allá de su uso en plural o en singular, ¿qué quería decir exactamente cuando hacía referencia a "las revoluciones"? ¿Su concepción de *revolución* era igual a la nuestra? ¿Lo era de la que informaba el discurso de los revolucionarios franceses, o el de los angloamericanos que pocos años antes se habían independizado de Inglaterra? ¿Utilizaba la expresión del mismo modo en el que lo habían hecho las autoridades virreinales al comenzar la década de 1780 para referirse a las rebeliones indígenas lideradas por Tupac Amaru y Tupac Katari en los Andes centrales que habían puesto en cuestión el orden colonial? ¿O como quienes habían participado en la conspiración conocida como la *Inconfidência Mineira* que se produjo en Minas Gerais en 1789?

Fabio Wasserman (comp.)

El libro se propone ofrecer algunas respuestas a estos y a otros interrogantes similares, tomando como objeto el discurso elaborado por algunos protagonistas y testigos de los procesos revolucionarios producidos en América y en Europa occidental entre los siglos XVII y XX.

Este objetivo implicó afrontar varios desafíos, comenzando por el metodológico, ya que los usos y significados de *revolución* no son evidentes de por sí, y tampoco pueden aprehenderse recurriendo a definiciones de manual o de diccionario. No se trata, desde luego, de una particularidad del término *revolución*. El vocabulario político, como toda producción social, tiene una historia y, por eso mismo, su comprensión requiere restituir su historicidad tanto en el plano lingüístico como en el social. No alcanza por lo tanto con una simple lectura de los documentos, como si el sentido del discurso pudiera aprehenderse directamente de las palabras dispuestas sobre el papel (o en la pantalla o en otro dispositivo). Para ello deben reconstruirse tanto los supuestos que subyacen a los textos, como las condiciones en las que fueron creados, difundidos y leídos. Estas operaciones, necesarias en cualquier aproximación a los discursos producidos en el pasado, resultan imprescindibles cuando se quieren examinar voces que, como sucedió con *revolución*, se constituyeron en conceptos, ya que éstos condensan un conjunto de significados y usos polémicos a los que sólo podemos acceder a través de una reconstrucción histórica atenta tanto a su dimensión diacrónica como sincrónica.

Nuestra propuesta, que en buena medida se nutre de la línea analítica desarrollada por la *historia conceptual*, consiste en examinar el discurso de los actores teniendo presente las transformaciones conceptuales y discursivas producidas en distintas coyunturas políticas y, más precisamente, la forma en la que utilizaban y entendían el concepto de *revolución*, considerando para ello tanto su función referencial como su capacidad performativa, es decir, como indicador de estados de cosas, pero también como modelador de las mismas, como prefiguración de otras inexistentes y como guía que orienta las acciones individuales y colectivas (Koselleck 1993 y 2009).

Nuestro objetivo inicial era examinar los usos y significados de *revolución* y su constitución en concepto político en el marco de los procesos revolucionarios que afectaron a las sociedades gobernadas por las monarquías ibéricas en América y Europa durante las primeras décadas del siglo XIX. En ese sentido procuramos capitalizar la labor de la red *Iberconceptos* plasmada en un diccionario de dos tomos en el que se examina en forma sistemática la historia de veinte conceptos políticos en distintos espacios de Iberoamérica entre mediados/fines del siglo XVIII y mediados/fines del siglo XIX.[2] El hecho de contar con esta base nos alentó a enriquecer la indagación, por lo que los autores de algunos capítulos decidieron examinar un período más amplio y/o apelaron a otros abordajes que también permiten reconstruir y analizar las concepciones, representaciones, expectativas e interpretaciones de los actores. Asimismo decidimos incorporar el estudio de otros procesos revolucionarios que antecedieron o fueron contemporáneos de los iberoamericanos, y con los cuales se pueden trazar líneas de continuidad y encontrar puntos de contacto, pero también rupturas y diferencias. De ese modo, los capítulos dedicados a Iberoamérica –España, Portugal, Río de la Plata, Tierra Firme, México y Brasil–, son antecedidos por otros que abarcan un arco temporal y espacial más amplio: Inglaterra en el siglo XVII, Francia durante las últimas décadas del siglo XVIII, y América del Norte y las Antillas francesas entre fines de ese siglo y comienzos del XIX.[3]

Si bien en cada capítulo se examina una experiencia o proceso circunscriptos espacial y temporalmente, y por eso pueden leerse en forma autónoma, consideramos necesario destacar que el libro fue concebido como una unidad y que los textos se complementan y enriquecen cuando se hace una lectura de conjunto. Por un lado, porque comparten problemas, enfoques y abordajes. Pero sobre todo por las conexiones que pueden encontrarse entre los procesos examinados, ya sea por los vínculos entre sus protagonistas, porque debieron enfrentar problemas similares, porque apelaron a los mismos recursos discursivos y simbólicos, porque eran parte de un mismo proceso como las revoluciones hispanoameri-

---

2   En el tomo I (1750-1850) se analizan los siguientes conceptos: *América, Ciudadano, Constitución, Federalismo, Historia, Liberalismo, Nación, Opinión pública, Pueblo, República*. En el tomo II (1780-1870), se analizan *Civilización, Democracia, Estado, Independencia, Libertad, Orden, Partido, Patria, Revolución, Soberanía* (Fernández Sebastián 2009 y 2014; para *revolución*, Zermeño 2014). Más información sobre el proyecto y las publicaciones en <http://www.iberconceptos.net/>.

3   Esto no implica ninguna pretensión de exhaustividad, pues además de algunos espacios iberoamericanos que aquí no son examinados, también podrían haberse incorporado otras revoluciones contemporáneas, como la griega de la década de 1820, o las *repúblicas hermanas* italianas creadas en Roma, Nápoles y Liguria (1796-99), en cuyo marco Vincenzo Cuoco ideó el concepto de "revolución pasiva" que Antonio Gramsci retomaría en el siglo XX (Morelli 2006).

canas, o por tomar a otras revoluciones como modelo a seguir o como una referencia negativa.

Un ejemplo permitirá ilustrar la necesidad de tener en cuenta a estas conexiones cuando se estudian los procesos revolucionarios y la historia del concepto de *revolución*. En 1811, mientras la revolución y la guerra se extendían por la América española y los ejércitos napoleónicos ocupaban buena parte de la Europa continental, se produjo una polémica en Londres entre dos exiliados. A diferencia de buena parte de sus pares españoles, el escritor sevillano José María Blanco White apoyaba las demandas de los americanos. Sin embargo había puesto en duda su capacidad para llevar a buen puerto la revolución iniciada en Caracas en 1810. Ante este cuestionamiento, el novohispano Servando Teresa de Mier le respondió que

> No tenga usted, pues, cuidado por la América: no hay mejor academia para el pueblo que una revolución. Entenderán sí, entenderán la *declaración de los derechos del pueblo, esa imitación servil de la declaración de los derechos del hombre que estremece a usted por haber sido de la asamblea nacional, y aplicada en tan diversas circunstancias.* Yo diría, que los venezolanos han restituido a la América una obra suya, que produjo tan excelentes efectos en los Estados Unidos, donde las circunstancias eran iguales a las suyas. (*Cartas de un americano al Español...* 1811, 17/8 –destacados en el original–)

Un letrado novohispano (hoy diríamos mexicano) que se presentaba en público como un "americano", discutía en Londres con un escritor español sobre la revolución caraqueña y la influencia que pudieron haber tenido en ella las revoluciones francesa y norteamericana, pero también sobre la pertinencia de tomar a una u otra como modelo. Más allá de lo que se pueda plantear en relación a las vinculaciones entre estos procesos, resulta evidente que para sus protagonistas éstas existían y eran decisivas. Y por eso no pueden ser obviadas en cualquier análisis que pretenda entender cómo los distintos actores concebían a la *revolución*.

— III —

Las revoluciones producidas entre el último tercio del siglo XVIII y mediados del siglo XIX, las que integran el ciclo conocido como la "era de las revoluciones" (Hobsbawm 2009), suelen ser analizadas desde dos perspectivas. Por un lado, la que las considera expresión de pueblos o nacionalidades que procuraban liberarse del dominio absolutista, imperial o colonial, es decir, como revoluciones nacionales. Esta interpretación, que es la que desde el siglo XIX predomina en las historiografías nacionales, tiende a identificar *nación y revolución*. Por otro lado, la que pone el foco en procesos estructurales que trascienden –y explican– a cada revolución: desarrollo del capitalismo; ascenso de la burguesía; innovaciones tecnológicas, particularmente en los medios de transporte y comunicación; crisis de los Estados imperiales; difusión de nuevas ideas y valores vinculados a la libertad y a la igualdad. En ese marco interpretativo, las revoluciones han sido calificadas de distinto modo según las variables explicativas, las periodizaciones y las escalas de análisis empleadas: *burguesas, democráticas, liberales, atlánticas, imperiales, globales.*[4]

Si bien ambos enfoques no son necesariamente antagónicos –la construcción de la nación, el ascenso de la burguesía y la expansión del capitalismo pueden ser considerados parte de un mismo proceso y por esto también se las ha calificado como *nacionales*–, lo cierto es que suelen plantearse dificultades a la hora de integrar en una misma trama narrativa y explicativa la interpretación general y la historia de cada caso. Pero hay otro problema que afecta específicamente a las revoluciones iberoamericanas, y es el escaso interés que parecen tener para quienes desarrollan estudios generales o comparativos. Esta omisión, que comenzó a subsanarse en los últimos años, resulta notable cuando se considera que estos procesos se desarrollaron durante varias décadas en un extenso espacio habitado por millones de personas a ambos lados del Atlántico, y que además constituyeron un singular laboratorio de experimentación social, política, constitucional y conceptual, cuyo desenlace fue la construcción de nuevas comunidades políticas ya sea como repúblicas o como monarquías parlamentarias.[5]

Una posible explicación de este desinterés es la presunción de que las experiencias iberoamericanas no habrían tenido un verdadero carácter revolucionario o, en todo caso, que resultaron fallidas, inmaduras o incompletas. Podríamos criticar el desconocimiento y los prejuicios que

---

4   Adelman 2015; Armitage y Subrahmanyam 2010; Elliott 2006; Godechot 1969; Hobsbawm 2009; Lineabaubh y Redike 2005; Palmer 1964; Thibaud y Calderon 2006.

5   Annino y Guerra 2003; Chiaramonte 2004; Fernández Sebastián 2009 y 2014; Guerra 2000; Halperin Donghi 1985b; Palti 2007; Pimenta 2006; Piqueras 2008; Portillo Valdés 2006.

Fabio Wasserman (comp.)

alimentan a estas tradiciones interpretativas que se remontan al mismo momento revolucionario. Pero aquí queremos plantear otra cuestión, y es el hecho de que este desinterés también obedece al parámetro utilizado para considerar qué es y qué no es una revolución, y que en general tiene como modelo analítico y práctico a la Revolución francesa. Lo cual pone en evidencia algo que en muchas ocasiones se soslaya: no existe un acuerdo pleno sobre qué fenómeno o proceso puede considerarse como una revolución (Hobsbawm 1990).

— IV —

Como sucede con cualquier fenómeno social de envergadura, las discusiones sobre la naturaleza revolucionaria de un acontecimiento o de un proceso se deben, en buena medida, a las distintas concepciones que tienen los autores sobre qué es una revolución y que los lleva a privilegiar en su análisis algunos elementos en detrimento de otros. Sin embargo estimamos que se puede esbozar algunos rasgos que identifican a las revoluciones y las distinguen de otros fenómenos políticos que también implican la movilización y la violencia como motines, rebeliones o revueltas.

Lo primero que debe señalarse en ese sentido es que la consideración de la Revolución francesa como modelo o referencia no es un hecho arbitrario. Entre otras razones, porque fue en ese marco cuando cobraron forma las definiciones y descripciones del fenómeno revolucionario que, con matices y divergencias, son las que durante dos siglos siguieron utilizándose en el discurso político y social, pero también en el de las ciencias sociales.[6] Lo segundo es que casi todos los autores consideran a la revolución como un fenómeno sociopolítico que implica algo más que un cambio de gobierno y/o el recurso a la violencia. También debe impugnar el orden existente, impulsando innovaciones radicales a partir de la movilización de grupos sociales o étnicos que, de un modo u otro, terminan afectando a toda la sociedad. A esta descripción mínima pueden sumársele otras características como la existencia de condiciones previas que, sin ser necesariamente su causa, permiten explicar su inicio, ya sea una crisis en el sistema de dominación o un descontento generalizado con el gobierno. O el hecho de que toda revolución, aunque

---

6   Arendt 1985; Furet 1980; Hobsbawm 1990; Kossok 1983; Skocpol 1984.

pueda presentarse como un movimiento unitario, suele encubrir varias revoluciones protagonizadas por distintos actores sociales y políticos con motivaciones e intereses no menos diversos.

Según la perspectiva analítica empleada, algunos de estos rasgos podrían precisarse, matizarse, modificarse o dejarse de lado. Y, desde luego, también podrían añadirse otros. En ese sentido hay un fenómeno que no mencionamos, pero que desde nuestro punto de vista resulta decisivo: una revolución, además de provocar transformaciones en la estructura social, política y económica, también lo hace en el orden simbólico y discursivo, afectando las identidades, las percepciones, las expectativas, y las formas de comprender y denominar a las cosas. Es por ello que los procesos revolucionarios también se caracterizan por provocar disputas sobre el correcto uso de las palabras y por la creación de neologismos con los que se procura expresar expectativas y estados de cosas novedosos.

— V —

Sin desconocer la importancia y necesidad de precisar en qué consiste una revolución, en este libro decidimos encarar el problema de otro modo. O, mejor dicho, decidimos plantear otro problema. En vez de partir de una definición de *revolución* –ya sea ideológica, normativa o analítica–, o de proponer una descripción estilizada de sus rasgos fundamentales para luego comprobar si éstos pueden encontrarse en cada caso, procuramos examinar cómo procesaron los actores a las experiencias revolucionarias y, más precisamente, cómo utilizaron el concepto de *revolución*.

Este enfoque implica una toma de posición en los debates sobre los procesos revolucionarios, y sobre el estudio de la historia y la sociedad en general. Desde nuestra perspectiva, el examen de lo que podríamos considerar la dimensión subjetiva de la experiencia revolucionaria y las modalidades en las que ésta se articuló y cobró forma en el discurso, no constituye una tarea menor o subsidiaria de los estudios centrados en las instituciones políticas y en las estructuras socioeconómicas. Además de tener un interés y un valor intrínsecos, su conocimiento también contribuye a lograr una interpretación más precisa de cada uno de los procesos revolucionarios y de la revolución como fenómeno histórico. Entre otras razones, porque las revoluciones constituyen también, y quizás en primer lugar, una experiencia de ruptura radical.

En ese sentido hacemos nuestras las palabras de dos destacados historiadores que han dedicado buena parte de su obra al estudio de las revoluciones en Europa y América. El primero es el argentino Tulio Halperin Donghi, quien en 1961 advertía ante quienes sostenían que la Revolución de Mayo no había producido cambios significativos, que

> La continuidad entre pasado prerrevolucionario y revolución puede –y acaso debe– ignorarla quien hace la revolución; no puede escapar a quien la estudia históricamente, como un momento entre otros del pasado. Pero al mismo tiempo éste no puede ignorar que esa continuidad se da a través de lo que –llegue a ser lo que sea– se propone constituir una ruptura total. (Halperin Donghi 1985a, 10)

El segundo es el inglés Eric Hobsbawm, quien treinta años más tarde, y en el marco de las discusiones provocadas por el bicentenario de la Revolución francesa y la caída del Muro de Berlín, sostuvo con vehemencia que

> Para los historiadores que quieran contestar preguntas sobre el pasado, y tal vez también sobre el presente, es indispensable una interpretación histórica arraigada en el contexto contemporáneo (tanto intelectual como social y político; tanto existencial como analítico). Demostrar mediante archivos y ecuaciones que nada cambió mucho entre 1780 y 1830 puede ser correcto o no, pero mientras no comprendamos que la gente se vio a sí misma como habiendo vivido, y como viviendo, una era de revolución (un proceso de transformación que ya había convulsionado el continente y que iba a seguir haciéndolo) no comprenderemos nada sobre la historia del mundo a partir de 1789. (Hobsbawm 1992, 15)

Tanto Halperin Donghi como Hóbsbawm realizaron estudios fundamentales sobre las revoluciones europeas y americanas de los siglos XVIII y XIX, a las que examinaron poniendo el foco en las estructuras económicas, sociales y políticas. Sin embargo, y más allá de las continuidades y transformaciones que pudieron detectar en esos u otros planos, ambos coincidían en que lograr una adecuada comprensión de los procesos revolucionarios requiere considerar el carácter de ruptura radical que habían tenido para los contemporáneos. Ruptura sobre la que, por cierto, también coincidían en que podía apreciarse prestando atención a los usos que los actores hacían de las palabras y a la creación de neologismos.

— VI —

Antes de concluir con esta breve presentación, quisiéramos proponer un ejercicio mental que permitirá entender mejor el problema que estamos planteando: imaginar qué pasaría si eliminásemos el concepto de *revolución* del discurso sociopolítico. Seguramente coincidiríamos en que, más que difícil, nos sería imposible poder expresar y entender expectativas, estados de cosas y procesos sociales significativos tanto del pasado como del presente. Pero también tendríamos problemas para orientar nuestras acciones, ya sea que estemos en favor o en contra de los procesos de cambio; o que estemos en favor de algunos y en contra de otros. Esto se debe a que *revolución* es algo más que una palabra; también es un *concepto histórico fundamental,* vale decir, aquel que "en combinación con varias docenas de otros conceptos de similar importancia, dirige e informa por entero el contenido político y social de una lengua" (Koselleck 2004, 35).

Sin embargo, esto no siempre fue así. Como todo concepto, *revolución* también tiene una historia sobre la cual aquí diremos unas pocas palabras.[7] Los primeros usos de *revolución* hacían referencia a un movimiento cíclico que produce un retorno a un estado de cosas previo. En ese sentido la voz era utilizada por la astronomía –y la astrología– para referirse al movimiento circular y periódico de los cuerpos celestes sobre su propio eje o sobre otros cuerpos. En la Italia renacentista empezaría a utilizarse la expresión *rivoluzioni* con un contenido político para expresar un cambio de gobierno súbito y/o violento. El término se fue difundiendo durante los siglos XVI y XVII en Europa occidental, solapándose ambos significados en el marco de una concepción cíclica del tiempo y de la historia como repetición. De ese modo podía utilizarse, por ejemplo, para expresar una restauración que pusiera fin a un proceso de degeneración o de corrupción que había dado lugar a usurpaciones y/o tiranías (Rachum 1999; Koselleck 2012).

Si bien pueden encontrarse algunos antecedentes en ese sentido, sería recién en el último cuarto del siglo XVIII, y particularmente en su última década, cuando *revolución* cobró forma como concepto tal como lo conocemos y utilizamos hoy en día. Para ello hubo dos factores

---

7   E, incluso, una *prehistoria*, en la que caben experiencias de movilización y violencia que durante siglos provocaron cambios en las estructuras sociales y políticas, como la *stasis* griega, las *guerras civiles*, las *rebeliones, sublevaciones, revueltas, tumultos* e *insurrecciones*, y también justificaciones y explicaciones como la invocación del *derecho a la resistencia* en respuesta a las injusticias o a las tiranías (Koselleck 2012; Ricciardi 2003).

decisivos. Por un lado, las innovaciones intelectuales promovidas por la Ilustración, como el hecho de valorar en forma positiva al futuro en el marco de una Filosofía de la Historia de carácter progresivo cuyo norte es la constitución de un orden sociopolítico signado por la libertad –y para algunos autores también por la igualdad–. Por el otro, los cambios sociopolíticos provocados por la Revolución francesa, a partir de la cual comenzó a estabilizarse e institucionalizarse un lenguaje propiamente revolucionario cuya expresión más acabada es la noción de *revolución* como un *concepto singular colectivo* de carácter trascendente que reúne y explica todas las revoluciones posibles, ya sean pasadas, presentes o futuras (Koselleck 1993 y 2012). De ahí en más *revolución* fue ampliando su campo de referencia hacia diversos ámbitos, convirtiéndose así en uno de los conceptos fundamentales de nuestra sociedad por su capacidad para expresar el movimiento y el cambio radical, ya sea súbito o en el largo plazo.

— VII —

El libro se propone reconstruir y articular algunos tramos significativos de esta historia, y por eso está articulado por un hilo que es hilvanado de distinto modo por los autores en cada uno de sus diez capítulos: el concepto de *revolución*. Para organizar su lectura se optó por un ordenamiento cronológico, dejando de lado otros posibles como el geográfico que hubiera implicado agrupar los estudios sobre Europa, por un lado, y sobre América, por el otro. La presentación cronológica puede prestarse a interpretaciones erróneas, ya que tiende a dar la impresión de procesos lineales y, en cierto sentido, inevitables. Pero en este caso entendemos que tiene dos ventajas que hacen que valga la pena correr ese riesgo. Por un lado, la de romper con el esquema difusionista que sólo puede considerar la influencia de las experiencias europeas en las americanas, pero no en un sentido contrario. Por el otro, ya lo señalamos, el hecho de que las revoluciones toman como referencia a otras anteriores o contemporáneas, ya sea para imitarlas o para tomar distancia.

En el primer capítulo, Nicolás Kwiatkowski presenta una síntesis tanto de los principales conflictos que sacudieron a Inglaterra durante el siglo XVII como de las concepciones que animaron sus interpretaciones historiográficas, para luego examinar cómo empleaban los contemporáneos el concepto de *revolución*. En ese sentido se destaca por la diversidad de fuentes que examina y por la atención que le presta a los contactos con otras experiencias contemporáneas que pudieron haber influido en los usos del concepto. Esto le permitió advertir que, junto a la concepción de *revolución* como un proceso cíclico que implica el retorno a un estado de cosas anterior, en el siglo XVII había empezado a plantearse la posibilidad de concebirla como un proceso de cambio innovador.

Marcos Reguera examina en el segundo capítulo los usos del concepto *revolución* en el marco de la *Revolución americana*, que trasciende a la declaración de independencia de las colonias inglesas en América del Norte en 1776. Además de ofrecer un panorama y una periodización del proceso político, su estudio muestra los límites semánticos de *revolución* para poder explicar las mutaciones sociales y políticas que se estaban llevando a cabo y cuyo fin era la constitución de un nuevo orden, por lo cual apelaban a la noción de *experimento*. En ese sentido muestra que sería recién con la Revolución francesa que *revolución* se constituiría en un concepto clave en el discurso político angloamericano.

En el tercer capítulo, Jacques Guilhaumou nos propone un ambicioso recorrido histórico, analítico e historiográfico por la Revolución francesa. Por un lado presenta una síntesis de los trabajos realizados por la escuela francesa de análisis del discurso de la cual es uno de sus más destacados y prolíficos exponentes. Por el otro, o más precisamente, en forma articulada, recurre a la herramienta analítica *nociones-conceptos* para desarrollar un examen que periodiza e identifica distintos momentos del discurso revolucionario. En ese sentido se destaca su indagación sobre la década previa a la revolución que no suele ser analizada desde una perspectiva discursiva.

Si la Revolución francesa constituyó de ahí en más el modelo a ser imitado o combatido, podríamos parafrasear al *Manifiesto Comunista* y decir que la revolución en las Antillas francesas se convirtió en un fantasma que recorría a América. Este carácter fantasmal siguió proyectándose en el tiempo, aunque en otro sentido, ya que es un proceso poco conocido por quienes no son especialistas en la materia. El capítulo cuarto, escrito por Alejandro Gómez, presenta una síntesis histórica que permite acercarse a la complejidad y las tensiones étnicas que informaron los conflictos en las Antillas francesas entre fines del siglo XVIII y comienzos del XIX, poniendo de relieve los vínculos con la Revolución francesa y las influencias mutuas que evidencian la existencia de un proceso franco-atlántico.

En el capítulo quinto cruzamos nuevamente el Atlántico bajo la guía de Javier Fernández Sebastián y Gonzalo Capellán de Miguel, quienes desarrollan un examen sistemático de las revoluciones producidas en España a lo largo del siglo XIX. El hecho de tomar un período largo les permite seguir con mayor detalle las mutaciones de *revolución* en el marco de los cambios intelectuales y políticos que crearon condiciones para que se produjera una ampliación semántica del concepto. El trabajo se destaca también por desarrollar un abordaje iconográfico que contribuye a ofrecer una interpretación más compleja y precisa de este proceso.

En la vecina Portugal, por su parte, se produjo un proceso similar en algunos aspectos, pero distinto en otros, particularmente en lo que hace a la periodización que responde a sus propios conflictos, tal como se puede apreciar en el capítulo sexto escrito por Fátima Sá e Melo Ferreira. Un rasgo destacable en ese sentido, son las prevenciones que despertaba el uso del concepto de *revolución*, incluso durante el trienio liberal de 1820-1823, por lo que la convocatoria a Cortes tendía a ser concebida como una *regeneración* e, incluso, como una *restauración*. Esto recién cambiaría con la revolución de 1836, cuando el uso de *revolución* se generalizaría, e incluso se utilizaría para calificar en forma retrospectiva a movimientos previos como la revolución de 1820.

Los últimos cuatro trabajos nos llevan nuevamente hacia el Atlántico occidental. Mientras que los dos primeros se centran en el período revolucionario para examinar con cierto detalle los significados y usos del concepto, los otros dos proponen una mirada de más largo plazo.

Un rasgo distintivo de *revolución*, es que quizás sea el concepto político que cargue con una mayor tensión en su carga valorativa. Éste es uno de los ejes de análisis que propone Fabio Wasserman en el capítulo séptimo, dedicado a examinar los usos y significados de *revolución* en el discurso político rioplatense durante la primera mitad del siglo XIX. Asimismo llama la atención sobre el carácter de mito de orígenes que tienen las revoluciones –en este caso la Revolución de Mayo–, tanto para sus protagonistas como para las fuerzas políticas o las comunidades que se consideran sus herederas.

En el capítulo octavo, Alexander Chaparro Silva desarrolla un examen sistemático de la prensa en la Tierra Firme (las actuales Colombia, Venezuela y Panamá) entre fines del siglo XVIII y las primeras décadas del XIX. Este análisis le permite mostrar tanto la amplia difusión y la variedad de usos de *revolución* como su constitución en concepto político.

Cabe destacar asimismo que el hecho de tomar la Tierra Firme como unidad de análisis evidencia las restricciones que tienen las historias nacionales para dar cuenta de la historia del período previo a la constitución de los actuales Estados nacionales.

A diferencia de otros países latinoamericanos, y con la excepción de Cuba, México tiene la particularidad de que su revolución nacional, la Revolución mexicana, se produjo en el siglo XX, lo cual implicó que también se resignificara su pasado. En el capítulo noveno, Guillermo Zermeño asume el desafío de examinar la construcción del concepto de *revolución* en México poniendo el foco en algunos momentos clave entre fines del siglo XVIII y mediados del XX y considerando a su vez un amplio marco iberoamericano, francés y angloamericano.

En el capítulo décimo, João Paulo Pimenta y Rafael Fanni también ensayan un examen que toma una cronología larga, pues empieza con el proceso de colonización portuguesa en el actual territorio brasilero y, tras analizar algunos momentos clave en la historia de Brasil, llega hasta el presente. En ese sentido, y partiendo de una de las premisas fundamentales de la historia conceptual, consideran a *revolución* como resultado de una historia, pero también como productor de historia. El trabajo concluye interrogándose por la actualidad del concepto en nuestro presente.

Es posible que más de un lector también se plantee este interrogante u otros similares. El libro, debemos decirlo de antemano, no pretende resolver esta cuestión. Pero estamos seguros que cumplirá su cometido si además de información y análisis histórico contribuye a que los lectores encuentren sus propias respuestas.

— Bibliografía —

Adelman, J. (2015), "Una era de revoluciones imperiales", en P. González Bernaldo (dir.) *Independencias iberoamericanas. Nuevos problemas y aproximaciones*, Buenos Aires, pp. 53-86.

Annino, A. y Guerra, F.-X. (coords.) (2003), *Inventando la Nación. Iberoamérica siglo XIX*, México.

Arendt, H. (1992), *Sobre la revolución*, Buenos Aires.

Armitage, D. y Subrahmanyam, S. (eds.) (2010), *The Age of Revolutions in Global Context, c. 1760-1840*, Basingstoke.

Cartas de un americano al Español sobre su número XIX, Londres, 1811.

Calderón, M.T. y Thibaud, C. (coords.) (2006), *Las revoluciones en el mundo Atlántico*, Bogotá.

Chiaramonte, J.C. (2004), *Nación y Estado en Iberoamérica. El lenguaje político en tiempo de las independencias*, Buenos Aires.

Elliott, J. (2006), *Imperios del mundo atlántico. España y Gran Bretaña en América (1492-1830)*, Madrid.

Fernández Sebastián, J. (2010), "Las revoluciones hispánicas. Conceptos, metáforas y mitos", en AA. VV., *La Revolución francesa ¿matriz de las revoluciones?*, México, pp. 131-223.

Fernández Sebastián, J. (dir.) (2009 y 2014), Diccionario político y social del mundo iberoamericano, Madrid, 11 vols. en 2 tomos.

Furet, F (1980), *Pensar la Revolución francesa*, Barcelona.

Godechot, J. (1969), *Las revoluciones, 1770-1799*, Barcelona.

Guerra, F.-X. (2000), *Modernidad e Independencias. Ensayo sobre las revoluciones hispánicas*, México.

Halperin Donghi, T. (1985a), *Tradición política española e ideología revolucionaria de mayo*, Buenos Aires.

Halperin Donghi, T. (1985b), *Reforma y disolución de los imperios ibéricos, 1750-1850*, Madrid.

Hobsbawm, E. (1990), "La Revolución", en R. Porter y M. Teich (eds.), *La revolución en la historia*, Barcelona, pp. 16-70.

Hobsbawm, E. (1992), *Los ecos de la Marsellesa*, Barcelona.

Hobsbawm, E. (2009), *La Era de la Revolución, 1789-1848*, Buenos Aires.

Koselleck, R. (1993), *Futuro pasado. Para una semántica de los tiempos históricos*, Barcelona.

Koselleck, R. (2004), "Historia de los conceptos y conceptos de historia", *Ayer* 53, Historia de los conceptos, pp. 27-45.

Koselleck, R. (2009), "Un texto fundacional de Reinhart Koselleck. Introducción al *Diccionario histórico de conceptos políticos-sociales básicos en lengua alemana*", *Anthropos* 223, pp. 92-105.

Koselleck, R. (2012), "Revolución como concepto y como metáfora. Sobre la semántica de una palabra en un tiempo enfática", en *Historias de conceptos. Estudios sobre semántica y pragmática del lenguaje político y social*, Madrid, pp. 161-187.

Kossok, M. (1983), "Historia comparativa de las revoluciones de la época moderna. Problemas metodológicos y empíricos de la investigación", en AA. VV, *Las revoluciones burguesas*, Barcelona, pp. 11-98.

Linebaugh, P. y Rediker, M. (2005), *La hidra de la revolución: marineros, esclavos y campesinos en la historia oculta del Atlántico*, Barcelona.

Morelli, F. (2006), "El trienio republicano italiano y las revoluciones hispanoamericanas: algunas reflexiones en torno al concepto de 'Revolución pasiva'", en M.T. Calderón y C. Thibaud (coords.), *Las revoluciones en el mundo Atlántico*, Bogotá, pp. 81-99.

Palmer, R. (1964), *The Age of the Democratic Revolution. A Political History of Europe and America, 1760-1800*, Princeton.

Palti, E.J. (2007), *El tiempo de la política. El siglo XIX reconsiderado*, Buenos Aires.

Pimenta, J.P. (2006), *Brasil y las independencias de Hispanoamérica*, Castellón.

Piqueras, J.A. (2008), "Revolución en ambos hemisferios: común, diversa(s), confrontadas(s)", *Historia Mexicana* 58/11, nº 229, pp. 31-98.

Portillo Valdés, J.M. (2006), *Crisis atlántica. Autonomía e independencia en la crisis de la monarquía hispana*, Madrid.

Rachum, I. (1999), *"Revolution". The Entrance of a New Word into Western Political Discourse*, Lanham.

Ricciardi, M. (2003), *Revolución. Léxico de política*, Buenos Aires.

Rosas Lauro, C. (2006), *Del trono a la guillotina. El impacto de la Revolución Francesa en el Perú*, Lima.

Skocpol, T. (1984), *Los estados y las revoluciones sociales*, México.

Zermeño Padilla, G. (ed.) (2014), *Revolución*, en J. Fernández Sebastián (dir.) *Diccionario Político y social del mundo iberoamericano. Conceptos políticos fundamentales, 1770-1870* [*Iberconceptos II*], Madrid, t. 9.

Capítulo I

El concepto de *revolución* en la Inglaterra del siglo XVII

Nicolás Kwiatkowski

Universidad Nacional de San Martín-CONICET

— I —

En 1629, Thomas Hobbes publicó su traducción de los "ocho libros de la guerra del Peloponeso" de Tucídides. En el capítulo LXXXII, el texto describe la conmoción en que se hallaba sumida toda Grecia en tiempos de guerra y el contraste respecto de los días pacíficos perdidos. Aunque algunas cosas no cambian, aprendemos, otras se alteran según las "diferentes coyunturas" (el término con el que Hobbes traduce *metabolae*). Una de las grandes alteraciones en "tiempos de sedición", nos dice el texto, es que "el valor recibido de los nombres impuestos para la significación de las cosas se vuelve arbitrario" (Thucydides, trad. Hobbes 1629, 188). El lenguaje de la guerra y la descripción de los individuos y de la vida común se transforman profundamente, hasta el punto de que las palabras parecen adquirir sentidos opuestos de los que tenían hasta entonces. Resulta obvio, así, que la conciencia del cambio lingüístico es muy antigua y que la vinculación del fenómeno con agitaciones sociales y políticas no era una novedad en el siglo XVII. En el caso de Hobbes, el fenómeno era visto como un problema; en el de algunos de sus contemporáneos era también objeto de investigación (Burke 1997, 3-6).

Ahora bien, ¿cómo dar cuenta de ese cambio y comprenderlo desde una perspectiva histórica? En un libro como este, la referencia a la historia conceptual resulta tan obvia como necesaria. Para Brunner, Conze y Koselleck, tanto las palabras cuanto los conceptos son realidades históricas, pero mientras que las palabras expresan sentidos de manera particular, los conceptos unificarían en sí mismos un conjunto de significados:

"una palabra se convierte en concepto cuando el conjunto de un contexto sociopolítico en el cual y para el cual se utiliza dicha palabra entra íntegramente a formar parte de ella" ("Einleitung", en Brunner, Conze y Koselleck 1972-1997, I, xiii-xxvii). Trazar la historia de los conceptos permitiría tanto evitar el anacronismo cuanto comprender mejor el cambio cultural (particularmente, en el caso de Koselleck, durante el período que va de mediados del siglo XVIII a mediados del siglo XIX y al que denomina *Sattelzeit*, fundamental para entender el origen de la modernidad).

Una perspectiva vecina, pero también en ocasiones divergente, sostiene que las estructuras discursivas y el lenguaje político son el medio por el cual los miembros de una sociedad pueden caracterizarla e intervenir sobre sus instituciones, en tanto el discurso público contiene los términos y las categorías de la legitimación (Schochet, en Kunze y Bautigam 1992). La conciencia colectiva es, al mismo tiempo, dependiente y conformadora de ese lenguaje político (Pocock 1962). Estas formas de expresión son, por supuesto, cambiantes, problemáticas, conflictivas y, en ocasiones, objeto de disputa por el control y la posesión del poder y el vocabulario que lo legitima. La historia inglesa entre 1640 y 1660 habría sido particularmente rica en términos de esas rivalidades, sobre todo en el campo de la soberanía, la representación y la religión (Gough 1955, 80-115; Mendle 1973, 218-245). Aunque esto bien puede haber sido así, los más grandes exponentes de esta escuela han dado tanto protagonismo al lenguaje político que llegaron a sostener que "los hombres no pueden hacer aquello para lo que no tienen medios de decir que han hecho" (Pocock 1972, 122).

Llegados a este punto, tal vez, la discusión se vuelve más filosófica que historiográfica. En lo que sigue, sin embargo, adoptaré una perspectiva distinta, quizás algo anticuada, propuesta por Christopher Hill: "Las cosas preceden a las palabras. Los hombres y las mujeres encuentran palabras para decir lo que hicieron o experimentaron en el proceso mismo de hacerlo, o después de haberlo experimentado" (2012 [1961], 23). Desde este punto de vista, la filosofía política no es algo que ocurra en las bibliotecas, sino que surge de la práctica política: "Cuando emerge en cantidad, es un síntoma de que la sociedad está pasando por un período de grandes tensiones, y el período de la revolución puritana es un gran ejemplo de ello" (Sabine 1941, 1).

¿Qué fue lo que ocurrió en Gran Bretaña entre 1640 y 1660? Las tensiones empiezan algún tiempo antes. Primero, con el intento del rey Carlos I de extender a todo el reino y sin consentimiento del Parlamento, al que había disuelto en 1628, un impuesto tradicionalmente cobrado a ciudades costeras en tiempos de guerra para sufragar su defensa, lo que provocó grandes tensiones en la década de 1630. La situación se agravó a partir de 1639-40, cuando un conflicto previo entre el rey y los escoceses por la forma de gobierno (episcopal o presbiteriano) de la iglesia en Escocia, se transformó en un enfrentamiento armado, lo que sometió a las finanzas del rey a presiones adicionales. En esas circunstancias, Carlos se vio obligado a convocar nuevamente al Parlamento, tan breve por sus enfrentamientos con el monarca que se lo conoce como el "Parlamento Corto". La continuidad del conflicto escocés y el empeoramiento de las finanzas reales obligaron a Carlos a convocar otra vez al Parlamento que, esta vez, al reunirse, votó una ley por la que sólo podía ser disuelto con acuerdo de sus miembros (y sería entonces "Largo"). Los conflictos entre monarca y Parlamento no pararon de crecer desde ese momento, tanto por cuestiones impositivas cuanto por el papel de los obispos en el gobierno de la iglesia, el derecho del Parlamento a reunirse periódicamente o la prerrogativa real. La crisis financiera se agravó por una sangrienta rebelión de católicos en Irlanda, en 1641-1642, que exigía una respuesta del poder colonial inglés. En enero de 1642, Carlos intentó detener a cinco miembros de la Cámara de los Comunes bajo cargos de alta traición: fracasó y dejó Londres, con su familia, para buscar refugio en el norte de Inglaterra. El rey y el Parlamento, bajo el liderazgo de Oliver Cromwell, reunieron sus ejércitos y se desató una primera guerra civil. En 1646, Carlos fue derrotado y entregado por los escoceses, entre quienes había buscado refugio, al Parlamento, que desde entonces tuvo la iniciativa política. Sin embargo, a fines de 1647, y a cambio del establecimiento de una iglesia presbiteriana, Carlos se alió con los escoceses, quienes invadirían Inglaterra para restaurarlo en el trono. El ejército parlamentario profesionalizado derrotó a realistas y escoceses sin atenuantes. Luego, "purgó" al Parlamento de miembros moderados, juzgó a Carlos por traición y lo condenó a muerte, una sentencia que se ejecutó el 30 de enero de 1649. El ejército controló los levantamientos de Irlanda y Escocia con gran violencia, sobre todo en el primer caso. Siguió el establecimiento de una república hasta 1653, cuando el ejército intervino nuevamente y proclamó a Cromwell "lord protector". Éste gobernó hasta su muerte en 1658, quedando entonces a cargo de su hijo Richard. Tras dos años en el poder, su gobierno colapsó: en 1660 la monarquía fue restaurada, Carlos II, hijo del anterior, fue proclamado rey, y los regicidas, ejecutados o encarcelados.

Vistos a través de este prisma, los años que van desde 1640 hasta 1660, con dos guerras civiles, la ejecución de un rey, la reestructuración de las constituciones política y eclesiástica, y una agitación política general, parecen evidentemente disruptivos e innovadores. Pero también es cierto que hechos semejantes habían ocurrido en Inglaterra en el siglo previo. Así, por ejemplo, si durante la Revolución hubo gran interés por las teorías de la resistencia, había muchos antecedentes de ello, tanto en los exiliados durante el reinado de Isabel I cuanto durante las guerras de religión en Francia (elaboraciones que se leyeron con fruición en Londres) (Kelley 1988, 48-76; Salmon 1959, caps. 5-6). Sabemos también que estos *English troubles* fueron contemporáneos de otras perturbaciones europeas: las insurrecciones contra la monarquía ibérica en Cataluña y Portugal en 1640 y en Nápoles y Palermo en 1647, la Fronda en Francia entre 1648 y 1653, la revuelta holandesa de 1650, etcétera.[1] Sin embargo, el regicidio es un hecho peculiar, como lo es la expansión de la imprenta, consecuencia del colapso de la censura, que multiplicó la producción impresa de un promedio de quinientos libros al año en la década de 1630 a más de cuatro mil en 1642, muchos de ellos de contenido político y religioso (Lindley 1997, 4; Zaret 2000). Esa efervescencia alcanzó también al "pueblo sin camisa" o "la gente que no gobierna" (Manning 1976). Los contemporáneos encontraban novedoso que personas del común pudieran dirigirse a los magistrados con frases como "me importan tres pedos vuestras órdenes" o "ahora no hay ley" (Cressy 2003).

La historiografía sobre estos hechos ha dado cuenta no sólo de esa ambivalencia del material, sino también, y como es obvio, de las circunstancias en la que fue escrita su historia (Richardson 1977), y eso ya desde el mismo momento en que se produjeron: si en 1647 Thomas May podía publicar una historia que defendía la causa parlamentaria, años después Edward Hyde, conde de Clarendon, reprobaba sus acciones y las describía como una rebelión ilegítima (May 1647, Hyde 1888

---

1   Elliot 1969; Scott 2000; Schaub 1994; Palos Penarroya 2000; Villari 1967; Mussi 1989.

Fabio Wasserman (comp.)

[1648-1671]). Durante el siglo XVIII, dos interpretaciones se opusieron: la versión *tory* de la guerra civil se inspiraba parcialmente en la obra de Clarendon y rechazaba toda reivindicación parlamentarista (Burnett 1724-1734; Walker 1714), mientras que la interpretación *whig* veía en los conflictos de 1640-1660 una prefiguración de la Revolución Gloriosa de 1688, en tanto defensa de las "garantías para la libertad intelectual y temporal de Inglaterra" (Oldmixen 1724-30).

Obviamente, los hechos de 1640-1660 se vieron a través de otra lente después de la Revolución francesa. Ya Voltaire, en 1733, había afirmado que la década de 1640 había sido testigo de "una revolución en Inglaterra (1909, I, 91). En 1826, François Guizot encontró paralelos con Francia en la ejecución de Carlos I (1826-7). Medio siglo después, Samuel Gardiner (1876) buscó destacar la importancia del elemento religioso en el estallido y escribió una fundamental historia de la "revolución puritana".

En 1941, y como complemento a sus estudios sobre los vínculos entre religión y surgimiento del capitalismo, Richard Tawney sugirió una teoría de la guerra civil entendida como un conflicto político producto de un declive relativo de la aristocracia y un ascenso de la *gentry*, abierta a las nuevas oportunidades que ofrecía un mercado en expansión.[2] Los estudios de Tawney daban inicio a la denominada "interpretación social" de la revolución. Uno de sus grandes exponentes fue Christopher Hill, quien propuso que los enfrentamientos de mediados del siglo XVII habían provocado cambios en la sociedad, la política y la cultura británicas que posibilitaron "el establecimiento de condiciones mucho más favorables para el desarrollo del capitalismo que aquellas que prevalecían antes de 1640" (1991, 279; 1980, 110). Este paradigma predominó hasta la década de 1960, cuando una escuela revisionista lo criticó violentamente, con particular énfasis en su presunto carácter teleológico (que compartirían la versión *whig*, la tesis de la revolución puritana y la interpretación social). No fue un componente menor en esta crítica la idea de que la palabra *revolución* era empleada de forma anacrónica, pues los contemporáneos no la habían utilizado. A partir de entonces, muchos historiadores prefirieron dejar de hablar de revolución (inglesa o puritana) y adoptaron el término

---

2   La tesis de Tawney fue apoyada por Stone (1948), quien postulaba una decadencia pronunciada de la aristocracia, cuyos gastos superaban con creces sus ingresos. Esta interpretación sería criticada por Trevor-Roper (1951).

"guerra civil".[3] El giro implicó también un interés creciente por la historia política, parlamentaria y local, que produjo una cierta renovación de la historiografía y descubrió fuentes y problemas novedosos, al tiempo que cuestionaba la existencia de causas profundas en los procesos estudiados.[4] En 1982, John Morrill sostuvo que los contemporáneos responsabilizaban de la guerra civil simplemente a Carlos I, que nadie sentía la necesidad de remontar las causas de la rebelión antes de 1625 y que "nosotros tampoco" deberíamos hacerlo (1982, 2).

De todas maneras, el revisionismo nunca alcanzó a plasmarse en una nueva ortodoxia. Aunque el debate académico terminó finalmente dominado por esa corriente, sobre todo por la crítica al anacronismo, tras su apogeo parece haber resurgido la pregunta por las causas y la convicción de que sin plantearla es imposible dar cuenta del regicidio de 1649 (Hill 1981, Harris 2015a). Sin embargo, el rechazo de algunos temas centrales de la historiografía precedente, como los intereses, deseos e intervenciones de los sectores populares, sigue estando en el núcleo de muchas reflexiones: en 2005, Mark Kishlansky podía escribir sin medias tintas que el revisionismo se ocupaba de "la gente que cuenta" (2005, 60).

Más allá de todas estas disputas, está claro que el año 1641 fue visto por los contemporáneos como algo excepcional. Algunos fecharon su correspondencia con un extraño "*anno renovationis*" (John Hall a sir Robert Harley, 21/6/1641, *Historical Manuscripts Commission* 1894, 77). Un pastor de Cornwall, William Crompton, prefería definirlo como un "*annus mirabilis* 1641 (...) año maravilloso de misericordias de Dios para Inglaterra" (Hughes 1642, 48, cit. en Cressy 2003). Resulta evidente, entonces, que quienes atravesaron aquellos "tiempos interesantes" los vivieron como tales. La pregunta que buscaremos responder enseguida es si los consideraron revolucionarios y, en todo caso, qué significaba para ellos el término *revolución*.

— III —

Tres historiadores muy importantes –Vernon Snow, Christopher Hill e Ilan Rachum– se ocuparon ya de este tema y mi respuesta descansará

---

3   En 1972, Lawrence Stone podía titular un ensayo *The Causes of the English Revolution*, mientras que en 1990 Conrad Russell publicó su *The Causes of the English Civil War*. Igualmente, el último historiador importante en bautizar una obra con la expresión "revolución puritana" fue David Underdown (1971).

4   Zaller 1986; Fulbrook 1982; Kenyon 1992; Anderson 1992, 284-290.

Fabio Wasserman (comp.)

necesariamente en sus descubrimientos y los de otros colegas (Snow 1962; Hill 2012; Rachum 1995). Algo más temprano, en un artículo sobre Locke, Peter Laslett había notado ya que el uso contemporáneo del término variaba de texto en texto y que estaba cargado de sentidos diversos (1956, 44-66). Como es sabido, la palabra proviene del latín *revolvo*, que significaba el regreso periódico de un objeto móvil al punto de origen, y uno de los desafíos es explicar cuándo y por qué motivos se convirtió en sinónimo de una transformación radical, particularmente en el ámbito político.

Snow pensaba, con buenos motivos, que en el siglo XVII predominaba el primer sentido, que había encontrado un ámbito fértil de desarrollo en la astronomía: Copérnico, Galileo y Newton usaron la palabra para describir el movimiento de los planetas. Por extensión, varios otros autores la emplearon para referirse a fenómenos humanos y no celestes, pero en general expresaron así la idea de movimiento circular. Cuando, por ejemplo, Shakespeare pone "Here's fine revolution" en boca de Hamlet (V, I, 98), es para indicar la restauración de un estado previo, un punto anterior en el ciclo de la vida y la muerte. Cuando el término se utilizaba para describir fenómenos políticos antes de 1688, lo que se indicaba con él habría sido más bien el ciclo completo de colapso y restauración de la monarquía. Así, en 1664, Edward Walker escribió "en la revolución de doce años hemos vivido para ver a la monarquía restaurada bajo el feliz gobierno del rey Carlos II" (1664, 98). Una temporalidad cíclica predominaba también cuando se optaba por *revolution* para describir un cambio en las costumbres, tal el caso del empleo hecho por William Camden.[5] Cuando, por el contrario, se quería indicar un cambio político súbito, sostiene Snow, autores como Francis Bacon, Edward Coke y Fulke Greville optaban por palabras como *revolt*, *rebellion* u *overturning*. Un caso parcialmente anómalo es el de Matthew Wren, quien, poco después de la ejecución de Carlos I, escribió un panfleto en el que buscaba explicar las "causas generales de las extrañas revoluciones que hemos visto" (*Of the Origin and Progress of the Revolution in England*, en Gutch 1781, 228-253). Tiempo antes, en una carta al conde de Dorset, de enero de 1646, pronto publicada en su colección de *Familiares*, James Howell se refería a las revueltas que por entonces agitaban lugares tan distantes como Nápoles, Cataluña

---

5   "All things run round and as the seasons of the year so men's manners have their revolutions" (Camden 1637, 199).

e Inglaterra como "extrañas revoluciones y cosas horribilísimas". Sin embargo, el sentido natural de la palabra reaparece en la misma frase, pues Howell indica que el período en el que ocurrieron esos hechos es "una muy corta revolución de tiempo" (1892 [1646], II). Volveremos a la cuestión internacional enseguida. Notemos, por ahora, que también James Harrington, en 1657, se refirió al cambio de gobierno como revolución: esta podía ser "natural", cuando un "balance" de gobierno deja lugar a otro por razones internas, o "violenta", cuando es causada por las armas. Sin embargo, al final del mismo pasaje, Harrington admite "el regreso a la generación del imperio de la misma cosa" (1771 [1657], 244). De acuerdo con la hipótesis de Snow, de todos modos, habría sido recién después de la Revolución Gloriosa de 1688 que los lexicógrafos notaron un nuevo significado, político y transformador, que se asemeja más al uso moderno.[6] Ya antes de eso, sin embargo, en el diccionario inglés-latín de Elisha Coles, publicado en 1677, la revolución se define como un cambio dramático ("a turning quite round"), y no como un regreso al punto de partida (cit. en Harris 2015b).

Christopher Hill, por su parte, eligió seguir a Melvin Lasky en la intuición de que aunque los lexicógrafos ingleses registraron el cambio en el uso de la astronomía a la política después de 1688, esa alteración provenía de la agitación de mediados de siglo (Lasky 1976, 246). Si la noción de *revolución* cambió de un movimiento circular a una ruptura de la continuidad, prosigue Hill, una causa de ello fue la declinación de la concepción cíclica de la historia, que desde su punto de vista se produjo luego de la Reforma. Pese a que los protestantes propusieron un regreso a la iglesia primitiva, los más radicales entre ellos esperaban una reforma continua hasta la llegada del reino de Dios, que incluso podía manifestarse para algunos en una "tercera era", superior al pasado, que no implicase un simple retorno al momento anterior a la caída. Aquí conviene detenernos un instante para dos consideraciones, que se apartan parcialmente de las formulaciones de Hill. En primer lugar, si bien tanto el milenarismo como la doctrina de la "tercera época" implican una concepción lineal del tiempo, ello no significa una temporalidad estrictamente moderna, si la entendemos, en términos de Koselleck, a partir de la convergencia de una historia única hacia el pasado y un

---

6   "Change in the state of a government or country. It is used among us κατ᾽ ἐξοχὴν, for the change produced by the admission of king William and queen Mary" (Johnson 1775)

progreso ilimitado hacia el futuro (Kosellek 1993). En segundo término, y como bien reconoce Hill, tanto los puritanos como los astrónomos concebían que las acciones de los hombres estaban condicionadas por fuerzas externas, fueran estas las estrellas o Dios, de modo que no se trata de un proceso humano ni inmanente.[7] Al respecto, la asociación de la revolución (en tanto cambio de gobierno) con Dios era en el siglo XVII una proclama de los propios revolucionarios: tras la disolución de su primer Parlamento en enero de 1655, Cromwell advertía contra quienes proponían que "las revoluciones de Dios son producto de las invenciones de los hombres", pues esto implicaba negar la soberanía del Altísimo (Abbott 1945, III, 590-3).

Más allá de esto, Hill insiste en que la permanencia del sentido cíclico en las definiciones lexicográficas de "revolución" durante el siglo XVII se debe, sobre todo, a que la disciplina tiende a demorar el registro de cambios a partir de una aproximación centralmente libresca. Así, el autor cita varios sermones pronunciados ante el parlamento a mediados de la década de 1640 en los que, junto con la fórmula de la intervención de la divinidad, la *revolución* es una transformación de las cosas que las pone patas para arriba.[8] En 1648, un predicador podía identificar "revoluciones" y "cambios" como dos aspectos inevitables del futuro que Dios conocía de antemano,[9] unión de conceptos que los sucesos traumáticos de 1649 parecen haber consolidado. En marzo de 1649, un tal "D.P." escribió: "No debemos maravillarnos con las revoluciones y los cambios de gobierno".[10] El *topos* "revoluciones y cambios" aparece también en un anónimo de 1651 (Anon 1651, 7) y muchas otras fuentes citadas por Hill (Canne 1653, 29-30; Warren 1656, 31; Evans 1653, 23). En 1651, Robert Boyle pensaba ya que la revolución, en singular, era un cambio radical y no una vuelta al pasado.[11] Después de la Restauración, muchos usaron la palabra *revolución* para dar cuenta del ciclo completo de colapso del reinado de Carlos I y regreso de su dinastía al trono con

---

7   Acerca de la inmanencia y la secularización véase el debate entre Löwith (1958) y Blumenberg (2008).

8   En marzo de 1644, el escocés George Gillespie describió "the great revolution and turning of things upside down in these our days"(Gillespie 1644, 9).

9   "The Lord knows what revolutions and changes we may see before the next monthly fast" (Barker 1648, 49).

10   "We need not wonder at the revolutions and changes of government" (D.P. 1649, 3).

11   "I do with some confidence expect a revolution, whereby Divinity will be a loser and real Philosophy flourish, perhaps beyond men's hopes" (cit. en Jacob 1977, 97).

Carlos II. En 1672, por ejemplo, sir William Temple se refirió a las "revoluciones fatales" de la corona entre 1646 y 1660 y a "la revolución de Inglaterra en 1660". Sin embargo, el propio Temple hablaba también de "revoluciones inevitables sin paralelo en la historia" para describir el caso holandés (1757, III, 3266; I, 56, 59). Esa ambigüedad también estaba presente entre los antiguos parlamentarios. En 1666, por ejemplo, el conde de Sandwich le dijo a Samuel Pepys que veía inevitables "grandes revoluciones" en el futuro inmediato (1666 [1974], 25 de febrero). Andrew Marvell, por su parte, escribió en 1677 que "la tendencia de todos los asuntos y consejos en esta nación se inclina hacia la revolución" (1770, I, 645).

Entretanto, el historiador Ilan Rachum propuso, por un lado, que el uso minoritario de *revolution* para referirse a los sucesos políticos de 1640-1660 en el sentido de un cambio por parte de los contemporáneos competía también con otros términos ("combustion", "confusion", "tossings", "turmoilings", "tumblings"), incluso en el caso de quienes emplearon "revolución" en un sentido más o menos moderno, como James Howell en 1644.[12] Según Rachum, entonces, el cambio en el uso del término se produce antes de 1660, pero el significado de la palabra sigue siendo objeto de ambigüedades y disputas durante un largo tiempo. Para el autor, el verdadero catalizador del cambio proviene del exterior. Durante la guerra civil inglesa, como ya destacamos, el imperio español había experimentado revueltas sucesivas en Cataluña (1640), Portugal (1640), Sicilia (1647) y Nápoles (1647). Cuatro obras escritas por italianos se refirieron a esos hechos como "rivoluzioni" (Assarino 1644; Birago 1646; Giraffi 1647; Reina 1649). Más interesante aún, uno de esos libros, el texto de Alessandro Giraffi sobre la revuelta napolitana, fue traducido al inglés por James Howell y publicado en 1650: se trata de uno de los primeros ejemplos de uso del término *revolution* como alternativa de *revolt* y *rebellion* de manera sistemática en lengua inglesa. Cuando, en 1660, Howell publicó un diccionario de inglés, francés, italiano y español, citó como traducciones de "revolution" los términos "revolution", "rivocazione" y "revuelta", respectivamente.

---

12 "And when I consider further the distractions, the tossings, the turmoilings, and the tumblings of other regions round about me, as well as my own, I conclude also, that kingdoms and states, and cities and all bodies politick, are subject to convulsions, to calentures, and consumptions, as well as the frail bodies of men, and must have an evacuation for their corrupt humours" (*Harleian Miscellany* 1808-11, V, 446)

Este argumento de Rachum es convincente. Sin embargo, italianos como Guicciardini ya habían empleado "revoluzioni" para referirse a los levantamientos florentinos de 1494 y 1512; también Montaigne dejó en sus ensayos referencias a "las muchas revoluciones que hemos visto". Esos textos circularon en Inglaterra con anterioridad y no tuvieron el efecto que Rachum atribuye a la traducción de Giraffi. ¿Debemos interpretar la apropiación de mediados del siglo XVII como consecuencia de la intensidad de los conflictos políticos ingleses y la búsqueda de un término que permitiera dar cuenta de ellos? Por otro lado, el aspecto internacional en la transformación de la idea de revolución en Inglaterra no se limita solamente a la circulación libresca. Si el concepto de *revolución* se había desarrollado, hasta entonces, con mayor claridad en otras zonas de Europa, atravesó las fronteras también por los movimientos de personas, y no solamente de textos. La diplomacia francesa no fue ajena a ello. Así, por ejemplo, un enviado de ese origen, presente en Londres en junio de 1647, cuando el ejército capturó a Carlos I, escribió un informe en el que sostenía: "nunca hemos visto en la historia una revolución semejante, como jamás hemos visto a príncipe alguno ser zarandeado de esta forma" (Bellièvre a Brienne, 22/6/1647, cit. en Como 2015). El diplomático escribía en francés a sus colegas franceses en su país. ¿Podríamos quizás suponer que se dirigió en términos semejantes a algunos ingleses con los que inevitablemente se contactó por entonces? Igualmente, cuando en 1653 se decidió traducir la obra de Liewe van Aitzema, que relataba lo ocurrido en los Países Bajos en 1650-1, el editor decidió titularla *Notable Revolutions* (Van Aitzema 1653). Tampoco se trataba de un conjunto de preocupaciones limitado a miembros de la más alta cultura. Durante uno de los mítines de los Niveladores en Londres, en noviembre de 1647, cuando se discutió el tema del gobierno monárquico, el ejemplo napolitano emergió enseguida, pues uno de los participantes sostuvo que "el mismo asunto se perfecciona en Nápoles, donde cualquiera que se levante por la monarquía es colgado de inmediato" (Hill 1958). Todo esto indica, en suma, que el desarrollo del concepto se produjo a escala europea, por medio de préstamos y apropiaciones de palabras, y se vio favorecido tanto por la fluidez de la correspondencia cuanto por la velocidad de la imprenta, los movimientos de personas y noticias y una agitación política que no estaba contenida dentro de fronteras formales (Linebaugh y Rediker 2005).

Rachum sugiere, en todo caso, que cuando Anthony Ascham publicó *A discourse wherein is examined what is particularly lawful during the confusions and revolutions in government*, en 1648, estaba al tanto del uso de la palabra por parte de los italianos y, más aún, optó deliberadamente por emplearla para dotar al proceso de cambio de gobierno de una cierta legitimidad, en tanto connotaba de esa forma un sentido de inevitabilidad y destino inexorable, surgido de la sabiduría inescrutable de los cielos y alejado de la confusión e inestabilidad asociados con "revuelta" (Perez Zagorin 1954, 66). La polémica despertada por el libro de Ascham parece confirmar que su uso de la palabra era innovador y que se asociaba con el cambio político: en 1649, el teólogo realista Robert Sanderson lo acusó, justamente, de "alentar a los espíritus ambiciosos a intentar innovaciones continuas".[13] Ascham fue asesinado en Madrid y, durante el juicio, los criminales justificaron su homicidio porque "había fomentado la muerte del rey y el cambio de gobierno" (*The Process and Pleading in the Court of Spain, Upon the Death of Anthony Ascham* [Londres, 1651], en *Harleian Miscellany* 1808-11, VI, 236-47). Rachum probó, más allá de toda duda, que el uso de "revolution" hecho por Ascham fue adoptado tras su muerte por Marchamont Nedham, un periodista y editor que buscó dar fundamento a la necesidad de obedecer al gobierno parlamentario: los cambios de gobierno son "como esos rápidos huracanes fatalmente necesarios" y "es el peso del pecado lo que causó esas circunvoluciones fatales en el vasto marco del mundo" (Nedham 1650, 1-2, 6). En 1654, el mismo autor profundizó la identificación entre revolución y cambio, al tiempo que adscribió esa transformación directamente a la intervención gloriosa de la divinidad, a la que los hombres debían someterse.[14] Gracias a Nedham, este sentido del término encontró amplio eco en periódicos como el *Mercurius Politicus*. Se trata, evidentemente, de un uso casi apocalíptico de la palabra, cercano al que ya vimos en boca de Cromwell, que difiere parcialmente del empleo más secular de Howell en su traducción del texto del italiano Giraffi y en sus cartas personales.

---

13 "Encouraging of daring and ambitious Spirits to attempt continuall Innovations, with this Confidence, that if they can by anyways (how unjust so ever) possess themselves of the Supreme Power, they ought to be submitted unto" (Sanderson 1649, 5-6).

14 "Those great Changes and Revolutions which have been in the midst of us, have not engaged us in blood among ourselves, nor exposed us for a prey and spoil to the Common Enemy... which the Lord himself hath owned by many glorious Deliverances in the behalf of our Nation" (Nedham 1654, 2).

Fabio Wasserman (comp.)

En suma, parece hoy suficientemente probado que la palabra *revolución* se usaba en el discurso político la Inglaterra de mediados del siglo XVII mucho más frecuentemente de lo pensado por Snow hace cinco décadas, y que el vocabulario de la revolución parece haber cambiado un poco antes de la Revolución Gloriosa (Harris 2015b y Como 2015). Si en torno a 1640 la palabra conservaba su sentido astronómico, se refería también al paso del tiempo y daba cuenta de los cambios ineluctables que eran su consecuencia, diez años después despuntaba ya un uso político del término más familiar para nosotros, como cambio, ruptura e inversión. Ese uso podía ser tanto positivo cuanto negativo, podía implicar la acción humana o un proceso sancionado por la divinidad, y en algunos casos, también, varias de esas cosas a la vez. En un panfleto de 1659 en defensa de "la vieja buena causa" republicana, un tal R. Fitzbrian que describía la revolución como una gran agitación política que provoca cambios, la atribuía tanto a causas humanas cuanto a la intervención providencial y utilizaba la metáfora de la rueda asociada con la fortuna.[15] Se trata de una valoración positiva y en muchos sentidos nueva, pero ni la divinidad ni el eco del sentido circular están ausentes en ella. Pese a todo, volviendo al comienzo, el uso que Hobbes hizo del término no sólo era muy consistente, sino que además se refería, en casi todas las circunstancias, a un movimiento circular (Griewank 1955, 176-80; Hartman 1986, 487-495). Eso es obvio en los textos que se ocupan de filosofía natural y geometría (Hobbes, *Elements of Philosophy*, en *Works* 1839-1845, I, 319, 325-326). Pero también en *Behemoth*, escrito en 1668, mencionaba textualmente haber "visto en esta revolución un

---

15 "When states are at the worst, when vicious and peccant humours are everywhere predominant, when the prevalency of evil Counsells does take place to the introducing of new and arbitrary impositions, contrary to the established constitutions, they must then either necessarily sink under their own weight and crumble into disorder, anarchy and ruin; or else there will follow some notable alterations, and the distempers being so great and enormous that they cannot possibly admit of a readresse and healing, and conserver their old frame, things must unavoidably wheele about, and fix themselves upon other basis". "The true sources of our late revolutions were small in their beginnings, yet have they by several steps and progressions been advanced to a considerable height: and I may say, there have been such interweavings of stupendious Providencies, such glorious exertings of power, and goodness, such astonishing successes, and such legible characters of divine ownings, that we are now big with just hopes of arriving in the end unto some eminent establishment, even above the magnificence of all those forms, which merely have the worldly stamp upon them" (Fitzbrian 1659).

movimiento circular del poder soberano, a través de dos usurpadores, padre e hijo, desde el rey muerto hasta su hijo".[16]

— IV —

En *Futuro pasado*, Koselleck sostuvo que una de las claves para entender la modernidad podía encontrarse en la filosofía de la historia, por cuanto aquella se asocia con un modo peculiar de entender el paso del tiempo. El final de la idea de la repetitividad de las historias, la transformación de ese concepto del plural *historias* en el singular *Historia*, su complementariedad con la noción de progreso y la consecuente direccionalidad del tiempo, junto con la inmanencia de su desarrollo, serían aspectos centrales de la emergencia del mundo moderno. Para el autor, además, la conversión de la historia en un pasado unificado y singular fue contemporánea de un proceso semejante con otros conceptos, particularmente políticos, como *libertad* (distinto de *libertades*) y, precisamente, *revolución* (*revoluciones*). Esta propuesta se articula muy bien con la de François Hartog (2007) quien, amén de reconocer la importancia de la conjunción de las categorías de espacio de experiencia y horizonte de expectativa como forma de articulación del tiempo histórico, propuso la existencia de diversos regímenes de historicidad que habrían caracterizado a épocas distintas.

La perspectiva de Koselleck fue muy celebrada, pero igualmente criticada por cuanto dificultaría la comprensión del modo en que, en un determinado momento, "un mismo término adquiere sentidos diversos en el marco de las distintas formaciones sociales" (Palti 2004). Así entendida, la historia conceptual tendería inevitablemente a allanar las complejidades propias del uso, los modos de definición y la apropiación social de los conceptos. En efecto, si nos situáramos en la Inglaterra de 1650 y buscáramos evaluar las concepciones del tiempo y la noción de revolución imperantes entonces, encontraríamos probablemente que no se ajustan a las definiciones modernas propuestas por el autor alemán, pero tampoco hallaríamos ya un predominio absoluto de concepciones cíclicas, ni una confianza total en la posibilidad de aprender de la historia como *magistra vitae*, ni un rechazo absoluto de la novedad.

---

16 "I have seen in this revolution a circular motion, of the Sovereigne Power through two Usurpers Father and Son, from the late King to this his son" (Hobbes 2010 [1681], 389).

Así, por ejemplo, respecto del largo debate sobre las libertades del reino y las prerrogativas real y parlamentaria en la Inglaterra del siglo XVII, Pocock encontró que los más notables descubrimientos en este campo (la introducción de la tenencia feudal y de principios fundamentales del derecho por parte de los normandos, obra de Henry Spelman), que imponían la aceptación de las divergencias entre pasado, presente y futuro, no fueron publicados de inmediato ni entraron en el debate público enseguida (2004, 99-100). Pero durante el mismo período, historiadores como John Selden propusieron no solamente una historiografía veraz, sino que reconocieron también "la diferencia entre las épocas" (Kwiatkowski 2009, 90 y ss). No casualmente, cuando Selden utilizaba "revolution", hablaba de cualquier cambio súbito de gobierno, reciente o remoto.[17] En cualquier caso, y como ha demostrado Julián Verardi (2013), puede fecharse por entonces el origen de la conciencia moderna de la diferencia entre pasado y presente, que no habría surgido del pensamiento historiográfico, sino de un campo de juego inaugurado por la aceleración del tiempo histórico, por el cual la época contemporánea no podía ya reconocerse enteramente en el pasado. Y, aun así, predominaba entonces un ambiente en el que la innovación era vista con sospecha y justificada, en general como un regreso a una situación virtuosa previa: la Reforma, tal cual hemos visto, como un retorno a la iglesia primitiva, anterior a la degeneración papista (George 1961, 62), la prerrogativa parlamentaria como una vuelta a "las antiguas y debidas libertades" (Pym 1750 [1641], VI, p. 161), el progreso del saber como una "gran restauración" (el "adelanto y el progreso de la ciencia divina y humana" fue propuesto por Francis Bacon en un libro que llevaba por título, justamente, *Instauratio magna*).

En este sentido, Perez Zagorin (1954) identificó dos actitudes hacia la historia durante la guerra civil. De acuerdo con la primera de ellas, el pasado reciente, caracterizado por una monarquía tiránica y leyes injustas, debía ser abandonado, pues se trataba de una serie de innovaciones impuestas al pueblo por la conquista normanda: era necesario remontarse a un pasado más antiguo, cuando los hombres vivían en una libertad destruida por los conquistadores. La segunda actitud, en cambio, reconocía que el pasado no siempre sustentaba las demandas

---

17   "The Soveraigntie of the Seas flowing about this Island has in all times been held by the British Empire, both before the old Roman Invasion and since, under every Revolution, down to the present Age" (Selden 1652).

del presente y apelaba a la razón como sinónimo de voluntad y ley divina. Fue así que los Niveladores, en su momento de mayor radicalidad, reconocieron el cambio en el pasado, lo propusieron para el futuro y no pretendieron justificar la libertad porque así se había vivido siempre, sino porque una nueva sociedad exigía una forma de gobierno también nueva. Es justamente esa ambivalencia conflictiva entre dos concepciones políticas del tiempo la que está presente en las nociones contradictorias de revolución antes descriptas.

— Bibliografía —

Abbott, W.C. (ed.) (1945), *The Writings and Speeches of Oliver Cromwell*, Cambridge, Mass.

Anderson, P. (1992), *English Questions*, London-New York.

Anónimo (1651), *A Cry for a Right Improvement of all our Mercies*, London.

Assarino, L. (1644), *Delle rivoluzioni di Catalogna*, Genova.

Barker, M. (1648), *A Christian Standing & Moving Upon the True Foundation*, London.

Birago Avogadro, G.B. (1646), *Historia delle rivoluzioni del regno di Portogallo*, Geneva.

Blumenberg, H. (2008), *La legitimación de la edad moderna*, Valencia.

Brunner, O., Conze, W. y Koselleck, R. (eds.) (1972-1997), *Geschichtliche Grundbegriffe: historisches Lexikon zur politisch-sozialen Sprache in Deutschland*, Stuttgart.

Burke, P. (1997), *Varieties of Cultural History*, Ithaca (hay trad. *Formas de historia cultural*, Madrid, 2000).

Burnett, G. (1724-1734), *History of his own Time*, London.

Camden, W. (1637), *Remaines*, London.

Canne, J. (1653), *A Voice from the Temple to the Higher Powers*, London.

Como, D. (2015), "God's Revolutions: England, Europe, and the Concept of Revolution in the Mid-Seventeenth Century", en K.M. Baker, y D. Edelstein (eds.), *Scripting Revolution. A Historical Approach to the Comparative Study of Revolutions*, Stanford, pp. 41-56.

Cressy, D. (2003), "Revolutionary England 1640-1642", *Past & Present* 181, pp. 35-71.

D. P. (1649), *The True Primitive State of Civill and Ecclesiasticall Government*, London.

Elliott, J.H. (1969), "Revolution and Continuity in Early Modern Europe", *Past & Present* 42, pp. 35-56.

Evans, A. (1653), *Admonitions to all the People of this Kingdom*, en *The Bloudy Vision of John Farley*, London, pp. 15-36.

Fitzbrian, R. (1659), *The Good Old Cause Dress'd in its Primitive Lustre, and Set Forth to the View of all Men. Being a Short and Sober Narrative of the Great Revolutions of Affairs in these Later Times*, London.

Fulbrook, M. (1982), "The English Revolution and the Revisionist Revolt", *Social History* 7, pp. 249-264.

Gardiner, S.R. (1876), *The First Two Stuarts and the Puritan Revolution*, London.

George, C.H. (1961), *The Protestant Mind of the English Reformation*, Princeton.

Gillespie, G. (1644), *A Sermon Preached before the Honourable House of Commons (March, 27)*, London.

Giraffi, A. (1647), *Le rivoluzioni di Napoli*, Venezia.

Gough, J.W. (1955), *Fundamental Law in English Constitutional History*, Oxford.

Griewank, K. (1955), *Der neuzeitliche Revolutions-begriff: Entstehung und Entwicklung*, Weimar.

Guizot, F. (1826-1827), *Histoire de la Révolution en Angleterre*, Paris.

The Harleian Miscellany (1808-1811), London.

Harrington, J. (1771), *The Prerogative of Popular Government* [1658], en *The Oceana and Other Works*, ed. J. Toland, London, pp. 213-438.

Harris, T. (2015a), "Revisiting the Causes of the English Civil War", *Huntington Library Quarterly* 78/4, pp. 615-635.

Harris, T. (2015b), "Did the English Have a Script for Revolution in the Seventeenth Century?", en K.M. Baker, y D. Edelstein (eds.), *Scripting Revolution. A Historical Approach to the Comparative Study of Revolutions*, Stanford, pp. 25-40.

Hartman, M. (1986), "Hobbes's Concept of Political Revolution", *Journal of the History of Ideas* 47/3, pp. 487-495.

Hartog, F. (2007), *Regímenes de historicidad. Presentismo y experiencias del tiempo*, México.

Hill, C. (1958), "The English Revolution and the Brotherhood of Man", en *Puritanism and Revolution: Studies in Interpretation of the English Revolution of the Seventeenth Century*, New York, pp. 123-152.

Hill, C. (1980), "A Bourgeois Revolution?", en J.G.A. Pocock (ed.), *Three British Revolutions: 1641, 1688, 1776*, Princeton, pp. 109-139.

Hill, C. (1981), "Parliament and People in Seventeenth-Century England", *Past & Present* 92, pp. 100-124.

Hill, C. (1991), *Change and Continuity in Seventeenth-Century England*, rev. ed. New Haven-London.

Hill, C. (2012), "The Word 'Revolution' in Seventeenth-Century England" [1961], en L. Robertson y M. Stadler (eds.), *Revolution: A Reader*, Paris, pp. 23-52.

Historical Manuscripts Commission (1894), *14th Report: Manuscripts of his Grace the Duke of Portland Preserved at Welbeck Abbey*, III, London.

Hobbes, T. (1839-1845), *The English Works of Thomas Hobbes of Malmesbury*, ed. Sir W. Molesworth, London, 11 vols.

Hobbes, T. (2010), *Behemoth* [1681], ed. P. Seward, Oxford.

Howell, J. (1660), *Lexicon Tetraglotton, an English-French-Italian-Spanish Dictionary*, London.

Howell, J. (1892), *Familiar Letters* [1646], II, London.

Hughes, G. (1642), *The Art of Embalming Dead Saints*, London.

Hyde, E. (1888), *History of the Rebellion and Civil Wars in England* [1648-1671], ed. D. Macray, Oxford, 6 vols.

Jacob, J.R. (1977), *Robert Boyle and the English Revolution*, New York.

Johnson, S. (1755), *English Dictionary*, London.

Kelley, D.R. (1988), "Ideas of Resistance before Elizabeth", en H. Dubrow y R. Strier (eds.), *The Historical Renaissance: New Essays on Tudor and Stuart Literature and Culture*, Chicago, pp. 48-76.

Kenyon, J. (1992), "Revisionism and Post-Revisionism in Early Stuart Historiography", *Journal of Modern History* 64/4, pp. 686-699.

Kishlansky, M. (2005), "Charles I: A Case of Mistaken Identity", *Past & Present* 189, pp. 41-80.

Koselleck, R. (1993), *Futuro pasado. Para una semántica de los tiempos históricos*, Barcelona.

Kwiatkowski, N. (2009), *Historia, progreso y ciencia*, Buenos Aires.

Lasky, M. (1976), *Utopia and Revolution*, London.

Laslett, P. (1956), "The English Revolution and Locke's Two Treatises of Government", *Historical Journal* 12/1, pp. 40-55.

Lindley, K. (1997), *Popular Politics and Religion in Civil War London*, London.

Linebaugh, P. y Rediker, M. (2005), *La Hidra de la Revolución: Marineros, Esclavos y Campesinos en la Historia Oculta del Atlántico*, Barcelona.

Löwith, K. (1958), *El sentido de la historia: implicaciones teológicas de la filosofía de la historia*, Madrid.

Manning, B. (1976), *The English People and the English Revolution*, London.

Marvell, A. (1770), *An Account of the Growth of Popery*, en *Works*, ed. E. Thompson, London, pp. 439-648.

May, T. (1647), *History of the Parliament*, London.

Mendle, M. (1973), "Politics and Political Thought, 1640-1642", en C. Russell (ed.), *The origins of the English Civil War*, London, pp. 218-245.

Morrill, J.S. (ed.) (1982), *Reactions to the English Civil War*, New York.

Musi, A. (1989), *La rivolta di Masaniello nella scene politica barocca*, Napoli.

Nedham, M. (1650), *The Case of the Commonwealth of England Stated*, London.

Nedham, M. (1654), *A True State of the Case of the Commonwealth of England, Scotland and Ireland*, London.

Oldmixen, J. (1724-1730), *Critical History of England*, Oxford.

Palos Penarroya, J.L. (2000), "Il dibattito ideologico nella rivoluzione catalana del 1640", *Il pensiero politico* 33, pp. 117-132.

Palti, E.J. (2004), "Koselleck y la idea de *Sattelzeit*. Un debate sobre modernidad y temporalidad", *Ayer* 53, pp. 63-74.

Pepys, S. (1974), *The Diary* [1666], vol. VII.

Perez Zagorin (1954), *A History of Political Thought in the English Revolution*, London.

Pocock, J.G.A. (1962), "The History of Political Thought: a Methodological Enquiry", en P. Laslett y W.G. Runciman (eds.), *Philosophy, Politics and Society*, New York, pp. 183-202.

Pocock, J.G.A. (1972), "Virtue and Commerce in the Eighteenth Century", *Journal of Interdisciplinary History* 3/1, pp. 119-134.

Pocock, J.G.A. (2004), *The Ancient Constitution and the Feudal Law. A Reissue with Retrospect*, Cambridge.

Pym, J. (1750), *A Declaration of the Grievances of the Kingdome, Delivered in Parliament by John Pym, Esquier* [1641], en *A Second Collection of Scarce and Valuable Tracts... of Lord Sommers*, London.

Rachum, I. (1995), "The Meaning of 'Revolution' in the English Revolution (1648-1660)", *Journal of the History of Ideas* 56/2, pp. 195-215.

Reina, P. (1649), *Delle rivoluzioni della citta di Palermo*, Verona.

Richardson, R.C. (1977), *The Debate on the English Revolution*, London.

Sabine, G.H. (ed.) (1941), *The Works of Gerrard Winstanley*, Ithaca.

Salmon, J.H.M. (1959), *The French Religious Wars in English Political Thought*, New York.

Sanderson, R. (1649), *A Resolution of conscience in Answer to a Letter Sent with Mr. Ascham's Book, Treating how far it May Be Lawful to Submit to an Usurped Power*, London.

Schaub, J.-F. (1994), "La crise hispanique de 1640: le modèle des 'révolutions périphériques' en question", *Annales: Histoire, Sciences Sociales* 40, pp. 219-239.

Schochet, G.J. (1992), "The English Revolution in the History of Political Thought", en B.Y. Kunze y D.D. Brautigam (eds.), *Court, Country and Culture. Essays on Early Modern British History in Honor of Perez Zagorin*, Rochester, pp. 1-20.

Scott, J. (2000), *England's Troubles: Seventeenth-Century English Political Instability in European Context*, Cambridge.

Selden, J. (1652), *Of the Dominion or Ownership of the Sea*, London.

Snow, V.F. (1962), "The Concept of Revolution in Seventeenth-Century England", *Historical Journal* 5/2, pp. 167-174.

Stone, L. (1948), "The Anatomy of the Elizabethan Aristocracy", *Economic History Review* 18/-12, pp. 1-53.

Tawney, R.H. (1941), "The Rise of the Gentry, 1558-1640", *Economic History Review* 11/1, pp. 1-38.

Temple, W. (1757), *Essay on Popular Discontents and Observations upon the United Provinces*, en *Works*, London.

Thucydides (1629), *Eight Books of the Peloponnesian Warre*, trad. T. Hobbes, London.

Trevor-Roper, H.R. (1951), "The Elizabethan Aristocracy: An Anatomy Anatomized", *Economic History Review* n.s. 3/3, pp. 279-298.

Underdown, D. (1971), *Pride's Purge: Politics in the Puritan Revolution*, Oxford.

Van Aitzema, L. (1653), *Notable Revolutions, Being a True Relation of what Happened in the United Provinces of the Netherlands in the Years 1650 and 1651... According to the Dutch Copy, Collected and Published at the Haghe 1652*, London.

Verardi, J. (2013), *Tiempo histórico, capitalismo y modernidad*, Buenos Aires.

Villari, R. (1967), *La rivolta antispagnola a Napoli*, Roma.

Voltaire (1909), *Lettres Philosophiques sur les Anglais*, ed. G. Lanson, Paris.

Walker, E. (1664), *Historical Discourses*, London.

Walker, J. (1714), *Sufferies of the Clergie*, London.

Warren, J. (1656), *Mere Fury*, London.

Wren, M. (1781), *Of the Origin and Progress of the Revolution in England*, en J. Gutch, *Collectanea Curiosa*, Oxford, pp. 228-253.

Zaller, R. (1986), "What Does the English Revolution Mean? Recent Historiographical Interpretations of Mid-Seventeenth-Century England", *Albion: A Quarterly Journal Concerned with British Studies* 18/4, pp. 617-635.

Zaret, D. (2000), *Origins of Democratic Culture: Printing, Petitions, and the Public Sphere in Early-Modern England*, Princeton.

Capítulo II

El surgimiento del concepto de *revolución* en los Estados Unidos y su vínculo con la noción de *experimento americano*

Marcos Reguera

Universidad del País Vasco

> Cuando el tirano James II rey de Gran Bretaña abdicó del gobierno y huyó, o más bien, escapó de la justa indignación del pueblo, la situación de Inglaterra era similar a la que vivimos hoy en América; y en esa situación se eligió una Convención para instituir un nuevo plan de reforma del gobierno antes de que ningún parlamento pudiera establecerse; y esto es lo que se entiende históricamente por REVOLUCIÓN: Aquí, compatriotas míos, se encuentra nuestro precedente: Un precedente digno de imitarse.
>
> (Hyneman & Lutz 1983, I, 326)

Poco después de que fuera declarada la independencia por parte de las Trece Colonias, un ciudadano anónimo publicó en la ciudad de Pensilvania uno de los muchos panfletos en los que se utilizó con profusión el término *revolución*, siendo el panfleto la principal herramienta de expresión del credo revolucionario y de las ideas surgidas de la ilustración dentro del ámbito colonial norteamericano (Bailyn 2012, 14). El párrafo precedente es una cita del panfleto aludido titulado *La Alarma: o una carta al pueblo de Pensilvania sobre la última resolución del Congreso* (1776), y aunque su temática no es la revolución, sino bajo qué circunstancias se debe elaborar una constitución, en esta disertación se puede encontrar una interesante definición de *revolución* coetánea a la Declaración de Independencia.

Desde el punto de vista de las influencias históricas, el párrafo señala a la Revolución Gloriosa de 1688 como el modelo revolucionario a seguir. La contraposición entre el pueblo, por una parte, y por otra el rey (que desatiende sus obligaciones) y un parlamento (aún no instituido pero considerado usurpador), parecen prefigurar con casi un siglo de antelación el evento histórico de la independencia americana.[1] Pero hay dos cuestiones más que al lector del siglo XXI debiera llamarle la atención.

En primer lugar que sea necesario explicar qué significa el término *revolución* en plena revolución americana. Esto, como veremos, se debe a la enorme polisemia que tenía el concepto en esos años, con una gran variedad de significados muy alejados del relativo consenso actual sobre su sentido, ya que en nuestra época el eje de discusión no gira sobre qué es la revolución, sino sobre si se está a favor o en contra de su llegada y sobre qué eventos históricos son propiamente revolucionarios. En segundo lugar que el concepto de *revolución* aluda a un alzamiento popular que finaliza con la huida del monarca y la reforma (que no ruptura) del gobierno. Se vincula con un acto incruento que trajo consigo la institución de una nueva casa real, una declaración de derechos, y la victoria del parlamento y el anglicanismo sobre la corona y sus tendencias absolutistas y cripto-católicas. Comparado con el otro gran evento político de la Inglaterra del siglo XVII, la Guerra Civil, la Revolución Gloriosa se encuentra muy alejada de nuestra noción contemporánea de *revolución*. La Guerra Civil, por otra parte, con los *Diggers* y su discurso de la propiedad colectiva, los *Levellers* con su manifiesto de *Agreement of the People* y el establecimiento del Parlamento Largo; la disolución de éste y el establecimiento del *Rump Parliament*, la ejecución de Carlos I y el Protectorado de Cromwell, encaja mucho mejor ya no sólo con nuestra definición contemporánea de *revolución*, sino además con el imaginario que a ella viene aparejado.

A su lado, la Revolución Gloriosa no parece más que la culminación de la ideología Whig en el formato de una reinstauración monárquica. Precisamente este transvase de la corona de una dinastía a otra y la consolidación definitiva de un modelo de monarquía parlamentaria, eran los elementos que permitían un siglo después a los colonos americanos levantados en armas identificar un evento histórico como revolucionario, en lugar de entender a la revolución como un cruento conflicto civil preñado de transformaciones políticas y sociales.

Lo que se va a explorar en este capítulo es la transformación que experimentó el concepto de *revolución* (*revolution*) durante la Guerra de Independencia Americana. Este evento coincide con un momento

---

1 En este capítulo las expresiones "independencia" o "revolución americana" se refieren al proceso protagonizado por las Trece colonias inglesas en América del Norte cuyo desenlace fue la constitución de los Estados Unidos como una república independiente (n. del comp. FW).

fundamental que el historiador Reinhart Koselleck denominó *Sattelzeit*, un periodo histórico en el que el vocabulario político sufrió grandes transformaciones. El principal objetivo del texto será mostrar cómo el uso tradicional del concepto de *revolución* reveló límites semánticos durante la Revolución americana, pues si bien había sido útil para explicar el levantamiento contra la metrópoli, resultó insuficiente para expresar la necesidad de llevar a cabo transformaciones sociales y políticas. Por lo que los *Padres Fundadores*[2] se sirvieron del término *experimento* para completar el universo referencial que el concepto de *revolución* en aquel momento no llegaba a abarcar.

— Explosión de un término plural durante la Guerra de Independencia (1763-1786) —

La revisión de algunas de las fuentes documentales de la Revolución americana revela tres momentos distintivos en el uso y significación del concepto *revolución*.

Un primer momento iría desde el año 1763 a 1786, con el inicio de las protestas coloniales por la reestructuración imperial implementada por el Acta de Proclamación de 1763,[3] así como con nuevas cargas

---

2 Padres Fundadores (*Founding Fathers*) es el nombre que en la cultura política estadounidense se les otorga a la generación de hombres de la élite colonial que lideraron la Revolución americana. Todos tenían en común el encontrarse muy bien posicionados dentro del orden social colonial y ser partícipes de la ilustración. El grupo se dividía entre una élite urbana que dominaba las grandes ciudades del norte, entre los que predominaban los comerciantes y abogados, y un amplio grupo de plantadores esclavistas provenientes del sur. Algunos de los Padres Fundadores fueron grandes eruditos, como los redactores de la Declaración de Independencia: Benjamin Franklin, Thomas Jefferson y John Adams. Y como generación dieron cuerpo a la ilustración en la Norteamérica colonial. De hecho, su caso presenta una singularidad dentro de las distintas ilustraciones nacionales, y es que se trata del único grupo que no se limitaron a influenciar a sus gobernantes, sino que tomaron ellos mismos el poder para llevar a término su proyecto político ilustrado, el *experimento americano*. Los cinco primeros presidentes de los Estados Unidos fueron Padres Fundadores, tanto aquellos conocidos como "La dinastía virginiana", por provenir todos de ese Estado (1º George Washington 1789-1797, 3º Thomas Jefferson 1801-1809, 4º James Madison 1809-1817 y 5º James Monroe 1817-1825), como el sucesor de Washington y segundo presidente el abogado de Massachusetts John Adams (1797-1801).

3 El Acta de Proclamación fue una medida de la corona que prohibía la expansión de los colonos al oeste de los montes Apalaches con el fin de evitar conflictos con las tribus indias, y de paso poder desmantelar en parte el costoso sistema de fuertes fronterizos. Pero eximía de la prohibición a los soldados acuartelados en estos fuertes que podían tomar las tierras "libres" del oeste, lo que provocó la ira de los colonos, sobre todo de los más pobres que buscaban oportunidades y de los tramperos que buscaban pieles.

impositivas que llevarían a un levantamiento de las colonias.[4] A la que seguiría la Guerra de Independencia, que comenzó en 1775 con las batallas de Lexington y Concord, y que finalizará en 1783 con el tratado de París. Tras la que habría una turbulenta época de experimentación política y conflicto social en los recién creados Estados Unidos, conocida como la Época crítica (1783-1787), situación que daría lugar a un intento de estabilizar la confederación con una constitución federal en 1787 (Bosch 2005, 1-56).

Entre 1787 y 1789 puede reconocerse un segundo momento en el que revolución se constituye en un concepto político central como vía de expresión de los agravios sufridos por los colonos a manos del rey y del parlamento inglés. Sin embargo no será un concepto político fundamental en sentido koselleckiano, pues para ello tendría que haber una disputa por su significado, cosa que las fuentes recién muestran en el tercer momento que se inicia en 1789 y se prolonga hasta 1824. Lo que sí muestran las fuentes es una enorme polisemia del término durante todo el proceso. Hay múltiples significados por el hecho de ser tanto una metáfora científica como un término político, así como por ser un concepto en tránsito desde el ámbito del espacio de experiencia hacia una significación mayor como horizonte de expectativa (Kosellek 1993, 337).

Hasta donde he podido comprobar, el primer Padre Fundador en utilizar el término fue George Washington, en un despacho militar para su superior el Coronel Stanwix en Fort Loudon (1757), por un enfrentamiento con los indios cheroke durante el conflicto con Francia en la Guerra de los Siete Años (1756-1763). En el despacho, *revolución* se refiere a una acción inusual de los indios que acechan Fort Cumberland, y toda la serie de sucesos fuera de lugar que acontecen allí (Washington 1889, I 453). Pero el primer uso político del concepto en Washington se da en una carta a William Crawford el 25 de septiembre de 1773, comentando el Acta de Proclamación aprobada una década antes, y a cuyos

---

4   El impuesto sobre el azúcar (1764), sobre la moneda (1764) con un intento previo en 1751, la ley del acuartelamiento de soldados británicos en residencias coloniales (1765) –en vigor con anterioridad durante la guerra de los siete años–, la ley del timbre (1765) –impuesto sobre las publicaciones–, el acta declaratoria (1766) –reforma o anula impuestos y normas anteriores por las protestas coloniales–, el acta de Tonwshed (1767) –que pretendía establecer un impuesto en las colonias para que el gobierno inglés les pagara a los magistrados coloniales, y de esta manera garantizar su lealtad a la corona sin que supusiera un coste para esta–, y finalmente la Ley del Té (1773) que provocaría el famoso Motín del Té en Boston, para muchos el inicio de la revolución por la escalada de violencia que se inició en la colonia de Nueva Inglaterra (Bosch 2005, 9-16).

efectos vaticina lo siguiente: "Pienso que no se debe perder el tiempo en tener [a los oficiales y soldados británicos] buscando [tierras que reclamar al oeste de los Apalaches], con el fin de que alguna nueva revolución pueda ocurrir en nuestro sistema político" (1889, II, 388). La idea de una revolución por venir también está presente en John Adams, quien en una carta a James Warren en 1774 afirma que "Nuestros hijos podrían ser testigos de revoluciones, y ser partícipes y activos en moldearlas, en maneras que no podemos ni imaginarnos" (Adams 1854, 337). Ambos extractos muestran un uso del concepto de *revolución* como un fenómeno futuro y poco común en la época, en donde predominaba un sentido antiguo que denota circularidad y retorno (Koselleck 1993, 70-71).

Los dos usos poco comunes que acabo de mostrar son el resultado de las tensiones imperantes entre el parlamento y los gobernadores coloniales, por una parte, y los colonos, por la otra. Hay que recordar que cuando Washington escribe a Crawford, los conflictos armados se encontraban prácticamente reducidos a las colonias de Nueva Inglaterra, y cuando Adams escribe a Warren tan sólo en esa región había un movimiento independentista notable, mientras que en el resto de las colonias reinaba un sentimiento de búsqueda de reconciliación, tal y como se demostró en el Primer Congreso Continental (1774) y en las primeras sesiones del Segundo (1775). Del comentario de Adams resulta interesante el matiz de novedad histórica que introduce, reflejando que la agitación política ya empieza a introducir horizontes de expectativa en un concepto que por lo demás sigue formando parte de los espacios de experiencia.

Según el conflicto vaya escalando, el horizonte de expectativa irá creciendo para John Adams, hasta convertir la revolución en un evento sin parangón para la historia de las naciones. En 1775 le escribía a Joshiah Quincy que

> Los hechos más insignificantes, los eventos más triviales conectados con la gran causa americana devendrán importantes en esta situación crítica de nuestras circunstancias, cuando una revolución parece estar en los designios de la providencia, esta [la revolución] se vuelve tan importante como ningún hecho acontecido para la humanidad. (Adams 1854, 361)

Y en 1776 advertía en una carta a William Cushing que "Nos encontramos en el mismo meollo de una revolución, la más completa, inesperada y notable en la historia de las naciones" (Adams 1854, 394).

En ambas citas pueden apreciarse usos ya modernos de *revolución*. Sobre todo por las referencias a lo inesperado, la completitud, lo nunca acontecido, todos estos son atributos que no estaban hasta el momento vinculados al concepto de *revolución*, con su referencia a lo recurrente, a la restauración. Lo que indica que el movimiento de independencia llevaba en su seno un poso de radicalidad que sólo unos pocos de sus protagonistas fueron capaces de percibir.

Aunque premonitorio, este uso del concepto *revolución* en términos que se acercan a su variante moderna, va a resultar aislado. En los escritos de los Padres Fundadores *revolución* aparecerá en la inmensa mayoría de los casos como sinónimo del conflicto de la Guerra de Independencia, experimentando una inflación sostenida en su uso a partir de 1776 con la Declaración de Independencia, por el hecho de la aceptación y toma de conciencia de la ruptura con la metrópoli.

Usos tales como "la presente revolución" (Hamilton 1904, I 200; Adams 1852, 107; Jefferson 1900, 735), o "trece revoluciones del gobierno civil contra una nación muy poderosa" (Adams 1852, 25) serán muy comunes, vinculando el término *revolución* a las nociones de *guerra* e *independencia*, lo que llevará a que una vez conseguida la independencia se popularice la expresión *guerra revolucionaria* (*revolutionary war*) para lo que en la actualidad denominamos *Guerra de Independencia Americana* (Hyneman & Lutz 1983, I 1112, 1208; Jefferson 1900, 75, 123, 148; Adams 1854b, 616, 630; Hamilton 1904e, 409). Hamilton lo expresa de manera clara años después en un panfleto firmado como Camillus en donde habla de "una guerra revolucionaria, una guerra de la libertad contra la usurpación" (1904, V 409 [nº XVIII, 1795]), ofreciendo una definición escueta y precisa de lo que por aquellos tiempos se entendía por guerra revolucionaria, y en consecuencia por revolución en su uso más extendido.

Esta va a ser una época, por lo tanto, en la que convivan usos tradicionales del concepto de *revolución* con otros minoritarios aunque cada vez más significativos de su uso moderno como transformación y cambio. En 1774 el reverendo congregacionalista Gad Hitchcock asimilaba "revoluciones en el estado" con "disturbios y tumultos", y en el mismo escrito se refería a "la revolución" como "la sucesión de una ilustre casa" (refiriéndose a la corona en 1688), por lo que encontramos que el concepto antiguo de *revolución* aún se usa en su doble vertiente de rebelión y restauración. En la temprana fecha de 1762, el también reverendo congregacionalista Abraham Williams se refirió en uno de sus sermones a "todas las revoluciones del gobierno" (Hyneman & Lutz 1983, I 13), siendo esta una expresión habitual en la bibliografía posterior. La expresión, muy común en la época, puede ser interpretada como sucesión de las formas de gobierno siguiendo el esquema de Polibio, siendo el uso más probable en este caso. Posteriormente aparecerá la fórmula *revolución en el gobierno* en la que la preposición *of* de la primera fórmula cambia por *in* (desde "revolution of government" a "revolution in the government") denotando un cambio en la propia sustancia gubernamental.

Por otra parte Hamilton utiliza en esta época expresiones más amplias del concepto como "revolución en nuestras leyes" (1904, I 115) entendida como un cambio de paradigma legal, o "revolución de los precios en general" (Hamilton 1904, III 407) como una convulsión en los precios de la mayoría de los productos, aplicando el concepto al derecho y la economía. Asimismo, Jefferson le escribe a Madison en febrero de 1876 que "Si los europeos vieran que todos los Estados se conducen por lo que la Asamblea de Virginia ha realizado, se produciría una revolución total en su opinión sobre nosotros y respecto a nosotros" (Jefferson 1900, 158). En este sentido, un cambio de parecer radical se entiende como una revolución en la opinión, y se aplica también al ámbito de la opinión pública.

Por lo tanto, de 1763 a 1786 tenemos una popularización del término *revolución* auspiciado por la Guerra de Independencia y las aspiraciones de cambio que ésta trajo consigo. Sin embargo, este cambio que se entiende como una ruptura con la metrópoli, no es aún entendida como una ruptura temporal con el pasado y la tradición.

De hecho, la propia Declaración de Independencia con su retórica de derechos inalienables, con su exposición de agravios y usurpaciones que justifican la separación, así como con el establecimiento de nuevos Estados como solución al problema, resulta indicativo de la concepción política y del tiempo histórico que hay detrás de la ruptura (Jefferson 2014, 20-25). La Declaración se refiere a formas de gobierno, lo que la inscribe aún en una concepción de la política clásica. En este sentido, la institución de un nuevo gobierno se justifica en "principios evidentes por sí mismos" (Jefferson 2014, 20), y por lo tanto como parte de una visión fundada en el espacio de experiencia y en una tradición que ha sido truncada y debe ser restituida, pero no en un horizonte de expectativas de una novedad radical. Es la restitución de una virtud que ha cesado por la corrupción de un rey que ha cometido el delito de usurpación y ha ejercido la tiranía y, por lo tanto, el ejercicio de un derecho de resistencia a un poder injusto que lleva a la separación como única solución, y no por el deseo de fundar un mundo nuevo sobre un sistema político nunca probado.

Sin embargo, la ruptura histórica que supone la primera experiencia descolonizadora de la historia, es mucho más profunda de lo que muchos Padres Fundadores están dispuestos a admitir al inicio, y el sentimiento de novedad histórica que Adams entreveía en su intercambio epistolar va a irrumpir con tal fuerza en los debates sobre la nueva constitución federal que va a dejar obsoleto el concepto antiguo de *revolución*.

— Debates sobre la constitución federal y popularización del concepto de *experimento* (1787-1789) —

Es en este contexto en el que se convoca para la primavera de 1787 a una nueva Convención Continental con el fin de reformar los Artículos de la Confederación aprobados una década atrás por el Segundo Congreso Continental para regir (en un sentido muy amplio) a los trece Estados recién independizados y en proceso de crear sus propias constituciones. El aparataje legal de los Artículos de la Confederación se reveló insuficiente para conducir las necesidades de la alianza, sobre todo tras la Rebelión de Shay acaecida en Nueva Inglaterra a finales de 1786 e inicios de 1787. Un grupo de veteranos de la Revolución americana se levantó en armas junto a agricultores empobrecidos por la depreciación del dinero y los bonos de deuda con los que se les había pagado como compensación por sus servicios en la guerra. La rebelión fue aplastada, pero estuvo cerca de tomar Boston (Bosch 2005, 49-50), y coincidió con un fuerte movimiento *leveller* en los Estados del sur, prefigurando una situación revolucionaria radical dentro de la Revolución americana. La elite colonial, los nuevos amos de la recién creada Confederación, aterrados y sin suficientes instrumentos de coacción, decidieron reformar las leyes que los unían para poder ofrecer una respuesta coordinada a futuras rebeliones. Y de este modo, si la Declaración de Independencia se redactó desde un espíritu emancipador y rupturista con el statu quo, la futura constitución se redactaría desde un espíritu de orden y conservacionismo del nuevo status político.[5]

---

5   Tomo esta idea de Carmen de La Guardia y su asignatura *La Corrupción de la virtud: de las repúblicas a los imperios*.

La cuestión estaba entonces en el camino a seguir en el carácter de la reforma de los Artículos de la Confederación (siendo este un punto de consenso de casi todos los Padres Fundadores como una vía de defensa de sus privilegios). Pronto se formaron dos bandos, aquellos que querían transformar la arquitectura constitucional para generar un gobierno central fuerte, con un ejército común, un banco central que pudiera emitir deuda pública y un ejecutivo con herramientas de gestión política. Estos se llamaron a sí mismos federalistas. Opuestos a ellos, los defensores de las legislaturas estatales y de la vía en la que avanzaba el país acabaron siendo conocidos como antifederalistas. Estas dos fuerzas protagonizaron en la Convención Constitucional, en las legislaturas estatales y en panfletos aparecidos en la prensa uno de los debates más apasionados y profundos de la teoría política norteamericana.

El resultado fue la aprobación de la constitución federal el 17 de septiembre de 1787 en la Convención Constitucional, y su ratificación por los Estados (algunos con mucha resistencia) desde el 7 de diciembre de 1787, fecha en la que Delaware se convierte en el primer Estado ratificador, hasta el 10 de enero de 1791 en que Vermont se convierte en el último en adoptarla. En el terreno de la cultura política y en el concepto de *revolución* también se operó una gran transformación. En esta época se dio lo que Gordon S. Wood ha denominado "el fin de la política de los clásicos" (1969, 606-619), que resultó en un desvanecimiento en la referencialidad y los valores neoclásicos tan populares a inicios de la revolución, y que conllevó a una perdida y transformación en los valores republicanos asentados en la lectura y la reivindicación de los autores de la Grecia y la Roma clásica (Reguera 2012, 335-339; Schlesinger Jr. 1988, 29).

Más exactamente, se dio un repunte del uso de los ejemplos clásicos en 1787-1788 tras el cual se buscó un nuevo paradigma de referencia político. Dicho repunte es visible en elementos identitarios como el hecho de que Hamilton, Madison y Jay aún firmasen sus papeles de *El federalista* como *Publius*, y sus adversarios como *Brutus*, así como es visible también en un sentido profundo en las numerosas referencias al mundo clásico que persisten en esas publicaciones. Sin embargo los debates federalistas y antifederalistas van a ser el canto del cisne del neoclasicismo político. Con ellos se sustituirá la idea de que la Revolución americana era la restauración de la virtud cívica robada por la tiranía, entendiendo *revolución* como parte de un esquema polibaliano de tránsito de formas de gobiernas virtuosas a corruptas, y virtuosas de nuevo (Polibio 1996), a entender la experiencia revolucionaria como "el establecimiento de nuestro nuevo gobierno [que] parece ser el último *gran experimento* para la promoción de la felicidad humana por medio de un razonable pacto en la sociedad civil", en palabras de George Washington a la ciudadana Catherin M. Graham, en una carta escrita en 1790 que con el tiempo ayudaría a extender la idea de América como experimento (Washington 1988, 537 –destacado nuestro–).

Esta manera de plantear el sentido de la revolución americana, o incluso la historia de los Estados Unidos en su conjunto, no sólo se popularizó entre los Padres Fundadores, sino que ha sido una idea recurrente en muchos historiadores del siglo XX como Carl L. Becker y su obra *The United States: an experiment in democracy* (1920) o el ensayo de Arthur Schlesinger Jr. *America: Experimentor Destiny* (1977) incluido y divulgado en su colección de ensayos titulada *Los ciclos de la historia americana* (1987). Así lo atestigua Schlesinger Jr.:

> Los Padres fundadores vieron la república americana, no como una consagración divina, sino como la prueba de una hipótesis frente a la historia. Pero la misma fe en el experimento implicaba el rechazo del dogma republicano clásico de que el tiempo originaba inevitablemente la decadencia. "Los hombres que hicieron la constitución" escribe Henry Adams "pretendían mediante ella dirimir una cuestión con la Antigüedad" (…) En palabras de John P. Diggins: "Mientras que la tesis de Maquiavelo supone que la virtud sólo puede reinar con el tiempo y que el tiempo también amenaza la virtud, la tesis federalista supone que el tiempo es básicamente redentor, no destructivo… El esquema maquiavélico presupone la futilidad del tiempo, el de Madison su fertilidad". De modo que el experimento era el modo de escapar del destino clásico republicano. (1988, 29)

Por lo tanto vemos que el concepto de *experimento* llegó para instaurar una nueva consciencia histórica implícita en las rupturas que el proceso revolucionario estaba realizando, pero que el antiguo sentido del concepto *revolución* y la tradición clásica no podían reflejar. El tiempo como fenómeno político dejaba de ser una amenaza para convertirse en una oportunidad, y el futuro, con sus horizontes de expectativas, cobraba un nuevo significado. Ya no se trataba de volver a instaurar formas de gobierno virtuosas tras la revolución, sino de atajar los problemas con soluciones del presente y mirando hacia el futuro.

Después de dejar la presidencia, el propio Jefferson pondría palabras a esta superación de referentes clásicos en una carta a Isaac Tiffany (1816) considerando la futilidad de los antiguos como referente para el gobierno, tal y como se puede apreciar en este comentario sobre los escritos políticos de Aristóteles:

> Tan diferente era el tipo de sociedad entonces y para esas gentes de lo que existe ahora y para nosotros, que considero que poco aprendizaje puede obtenerse de sus escritos sobre el gobierno (…) El más absoluto experimento de un gobierno, democrático y representativo a la vez, nos ha sido reservado a nosotros. (…) La introducción de este nuevo principio de la democracia representativa ha dejado obsoleto prácticamente todo lo escrito con anterioridad acerca de las formas de gobierno. (Jefferson 1900, 51)

Una vez más, el concepto de *experimento* está presente para subrayar la ruptura con el pasado –y en este caso además con la historia entendida como *Historia Magistra Vitae*, como una colección de ejemplos a emular y de los que se puede y debe aprender–; en esta ocasión referido a la mismísima tradición aristotélica, que no sólo fue el eje vertebrador de la principal tradición política de occidente, sino que además era una pieza vital en los orígenes y desarrollo del concepto tradicional de *revolución*. Si el esquema aristotélico ya no era válido, el polibaliano tampoco, salvo la noción de constitución mixta (la República Romana), como superadora del esquema de la *anaciclosis* de las formas de gobierno simples. Sin duda esta idea (pasada previamente por Montesquieu y Locke) es el motivo que subyace a la concepción de la democracia representativa como experimento americano. Un sistema nacido del presente, sin referencia al pasado, y que debe durar para siempre evitando con su equilibrio y moderación la disolución de la comunidad política. Con este cambio, la idea misma de utopía política comienza a posarse sobre el concepto de *revolución* en los últimos años de nuestro estudio.

Aún con todo, el concepto de *experimento* no era nuevo. Llevaba mucho tiempo utilizándose, sobre todo en el ámbito científico. De hecho, compartía espacio lingüístico en la física con el concepto de *revolución* aplicado a la astronomía. Jefferson los utilizará a ambos tanto para sus escritos científicos como para los políticos, por lo que no es raro que los Padres Fundadores los acabasen asimilando.

Antes de los debates constitucionales de 1787, el concepto de *experimento* ya tenía usos políticos. El reverendo congregacionalista Phillis Payson se refiere en 1778 a la posibilidad de una religión estatal (debatida durante la revolución) como un "peligroso experimento en el gobierno", y recomienda aplicar las lecciones de la historia, la filosofía y la política mediante "observación y experimento" (Hyneman & Lutz 1983, I 530), convirtiéndose esta última fórmula en una coletilla común del lenguaje político para hablar de lo que hoy llamaríamos reforma. Pero no reforma como antítesis de revolución, pues de hecho en esta época revolución va a empezar a equipararse a reforma como cambio gradual en una forma política que puede transformarse hacia algo nuevo sin alterar el conjunto del orden social. Así lo entendió John Adams en un discurso ante los estudiantes del College de New Jersey en 1798 siendo presidente (Adams 1854, 206).

El momento clave para el afianzamiento del concepto de *experimento* será durante los debates para la adopción de la constitución federal. En la asamblea de Massachusetts se hablará de que se va a experimentar una "revolución constitucional" en menos de dos años por las elecciones a representantes, lo que también será llamado "una revolución general en el gobierno" y a la constitución se la denominará "un gran experimento político" (Elliot 1836, II 77-78, 167-168 y 154). En Nueva York revolución se asimilará a guerra civil (Elliot 1836, II 335) así como a la Guerra de Independencia. La constitución será denominada "nuevo experimento en política" y "nuevo sistema" (Elliot 1836, II 219), y Hamilton advertirá que sin la estabilidad que proveerá la constitución, los americanos estarán condenados a "realizar experimentos sin fin" (Elliot 1836, II 302) En Pensilvania el representante James Wilson dirá que la idea de "una revolución en el gobierno" en el resto del mundo se considera algo violento y a evitar, pero que la experiencia americana demuestra lo contrario (Elliot 1836, II 433). Por lo tanto vemos que en los Estados del norte, revolución y experimento se vinculan para esta época ya con transformaciones políticas, y en donde el concepto de *experimento* es el que imprime el sentido de novedad asimilado a la Constitución, que es lo que se considera que nunca se ha probado.

En los Estados del sur la relación con el concepto de *experimento* no va a resultar tan armoniosa, sobre todo porque se teme que la nueva constitución pueda poner en peligro sus soberanías, y aquí hay cabida para razonamientos tanto de los defensores de la soberanía popular como de la esclavitud. La mayor controversia se dará en Virginia entre Patrick Henry, receloso del experimento, y James Madison, ardiente defensor del mismo. Henry dirá que "A menos de que exista un gran y terrible peligro, no se deberá probar ni cambios ni experimentos" (Elliot 1836, III 151). En esta misma tónica dirá que "Todo hombre en este comité debería estar alarmado sobre el hecho de realizar experimentos inusuales en el gobierno" (Elliot 1836, III, 172), a lo que Madison responderá que no ve razones para estar alarmado por hacer experimentos basados en los mejores principios (Elliot 1836, III 398) y desvinculará los experimentos en la forma republicana de gobierno de la anarquía, así como defenderá la necesidad de éstos en términos muy similares a Hamilton (Elliot 1836, III 394, 399-400). Y esto no debe ser motivo de sorpresa, pues ambos moldearon el sentido del concepto de *experimento* en los papeles de *El federalista*.

En *El federalista* nº 39, Madison se pregunta si la forma de gobierno debe ser estrictamente republicana para América. Contesta que sí, pues es la única que el pueblo americano puede aceptar, y esto es así por su experimento político que se basa en la capacidad del hombre en el autogobierno (Hamilton, Jay & Madison 1787-1788, 194). En el nº 40, Madison denomina al experimento como la corrección de los errores de un sistema (Hamilton, Jay & Madison 1787-1788, 204) y en el nº 85, Hamilton ensaya la idea que luego expondrá en la asamblea de Nueva York de que sin la constitución "se expone a la Unión al peligro de sucesivos experimentos, en la búsqueda quimérica de un plan perfecto" (Hamilton, Jay & Madison 1787-1788, 454-455).

Lo que todos estos usos del concepto de *experimento* demuestran es que en los años del debate constitucional americano, dicha noción se está utilizando para referirse al campo de significados que unos años más tarde, y hasta nuestra época, adquirió el término *revolución*. Es decir, como un espacio de experiencia política que abre un nuevo horizonte de expectativa. Como una transformación política que a través de lo nunca probado ayuda a alumbrar un mundo nuevo. El concepto de *experimento* es la formulación de la noción de *revolución* que podía producir una clase burguesa (o plantadora en muchos casos) e ilustrada como la de los Padres Fundadores, y una ilustración además basada en el empirismo. Una transformación realizada mediante la experimentación a partir de principios de gobierno que buscan la estabilidad mediante el equilibrio institucional. Un concepto de transformación limitada propio de una élite que quiere conservar su poder recién adquirido.

Sin embargo, es un concepto fundamental para el alumbramiento de la noción de *revolución* como transformación radical, pues ayuda a romper con la idea de la revolución como retorno y restauración, y encarrila el concepto hacia una concepción del tiempo histórico de progreso y novedad. Sobre todo porque la noción de *experimento* introduce la distinción entre una fase de conflicto violento y de ruptura, seguida por otra fase posterior al conflicto donde se sigue realizando una transformación social en base a la modelación de nuevas instituciones por medio de unos principios políticos. Esto es algo novedoso, pues el concepto tradicional de revolución como rebelión hacía referencia al hecho insurreccional, pero una vez restaurado el orden la revolución acababa y se volvía a alguna de las viejas formas de gobierno. El concepto de *experimento* por el contrario abre la puerta a poder pensar en una revolución permanente y trascendente al periodo de lucha.

Puede que ningún documento haya influido tanto en la popularización y extensión de la noción de *experimento* como la famosa locución del primer discurso inaugural de George Washington (1789), que vinculó la labor del experimento a una suerte de misión nacional: "La preservación del fuego sagrado de la libertad y el destino del modelo republicano de gobierno son justamente considerados, quizá, profundamente, finalmente, como ligados al experimento confiado al pueblo americano" (Washington 1988, 426; Schlesinger Jr., 1988, 29).

El experimento ya no se trata sólo de una fase más de la revolución como parte del desarrollo institucional y la necesidad de probar novedosas formas de gobierno, sino que forma parte del deber de preservación del "fuego sagrado de la libertad y el destino del modelo republicano de gobierno" "confiado al pueblo americano". El deísmo que Washington comparte con muchos otros Padres Fundadores le lleva a considerar el experimento como una misión providencial, redentora, expansiva y universal tal y como los girondinos y jacobinos considerarán tres años después la revolución cuando comiencen a extender su credo a través de guerras defensivas a lo largo y ancho de Europa.

Se abre por tanto una nueva concepción en la noción de *experimento* que en Francia se asimilará al concepto de *revolución*. La idea de un destino universal de la humanidad vinculado a la experiencia transformadora que debe extenderse por todo el mundo y convertirse en el signo de la época. Podemos encontrar esta idea claramente en una carta a John Adams de 1796, en la que Jefferson le confiesa que "esta, espero que sea la era de los experimentos en el gobierno" (Jefferson 1900, 386) y cinco años más tarde en su discurso de investidura como presidente dirá a la ciudadanía que los principios de gobierno [americanos] guían "nuestros pasos a través de una era de revolución y reforma" (Jefferson 1900, 327). Lo que en un principio iba a ser la era de los experimentos en gobierno, acaba convirtiéndose en la era de la revolución y la reforma. Este importante desplazamiento es obra de la Revolución francesa, de su radicalismo y de cómo este elemento acabó por reformular el proceso de transformación del concepto de *revolución* que se había iniciado en la Revolución americana.

— Radicalización del concepto de *revolución* por la Revolución francesa (1789-1824) —

La última gran transformación del concepto *revolución* que se atisba en las fuentes, se encuentra vinculado al enorme y contradictorio impacto que tuvo la Revolución francesa en la joven república estadounidense. Enorme y contradictorio porque si bien muchos celebraron que sus antiguos aliados siguiesen el mismo camino de emancipación que ellos habían transitado, los federalistas temían que la Revolución francesa radicalizara a sus propios ciudadanos y pusiera en peligro el restablecimiento de las relaciones comerciales con Inglaterra.

Aquellos que podían tener esperanzas en que la guerra faccionalista terminase con la aprobación de la constitución en todas las legislaturas estatales, vieron su sueño truncado por un reavivamiento de la lucha entre aquellos que apoyaban a Francia o a Inglaterra en el conflicto europeo. Esta decisión no sólo implicaba elegir entre una política exterior internacionalista (la seguida por Jefferson y los republicanos) o aislacionista (la elegida por Washington, Adams, Hamilton y los federalistas), sino que además suponía posicionarse sobre el significado y la radicalidad del proyecto revolucionario y del experimento republicano de los Estados Unidos.

De hecho su experiencia revolucionaria les sirvió a los americanos para prever la Revolución francesa incluso antes de que esta sucediera. En su correspondencia con el Marqués de Lafayette, Washington utiliza en varias ocasiones el término *revolución* para referirse a la agitación en la Francia pre-revolucionaria. El 19 de junio de 1788 le realiza una advertencia premonitoria a un año de la Toma de la Bastilla: en su opinión, la actitud del rey Luis XVI ante el parlamento (los Estados Generales) va a encender la llama del descontento entre los franceses, por lo que aconseja a Lafayette que le sugiera a Luis XVI que realice "una revolución gradual y tácita en favor de sus súbditos, mediante la abolición de los cuadernos de quejas y definiendo [diferenciado] mejor los poderes del gobierno" (Washington 1988, 401).

Con el comienzo de la revolución en Francia, los Padres Fundadores de tendencia más conservadora no pudieron reprimir sus suspicacias ante el evento, incluso antes de su radicalización en tiempos del Terror. Así puede apreciarse en una carta de John Adams a Richard Price en 1790:

> La revolución en Francia no podría dejarme indiferente; pero la experiencia me ha enseñado con amargura a regocijarme con un estremecimiento: Sé que los enciclopedistas y economistas: Diderot y D' Alembert, Voltaire y Rousseau, han contribuido a este gran evento más que Sidney, Locke o [Benjamin] Hoadley, posiblemente más que la revolución Americana; y te advierto, que no sé qué podría hacer una república de treinta millones de ateos. La constitución [Americana] no es otra cosa que un experimento, y será alterada [por los acontecimientos]. (Adams 1854, 563-564)[6]

Esta no es la única carta de Adams expresando su preocupación. Ese mismo año escribe a Alexander Jardiner para advertirle que aquellos que dirigen las revoluciones son espíritus fieros poco dados a la reflexividad y la calma, más interesados en inflamar a las masas que en buscar la verdad, y que este peligro amenaza a Francia. Pues el deseo de cambio en Francia es poderoso y eso no le satisface. Por otra parte él se siente muy satisfecho con sus propios principios, los de la Revolución americana, que juzga eternos y que acabarán prevaleciendo en el mundo pues representan el equilibrio y la mesura (Adams 1854, 567-568).

Por supuesto que Adams habla más desde sus miedos personales que desde su brillante capacidad analítica, pues el impacto de la Revolución americana en la francesa fue mucho más profunda de lo que está dispuesto a admitir, de hecho, si no fuera así, sus miedos del contagio de la radicalidad de la segunda a la primera serían infundados. De la misma manera, la Revolución americana tuvo un impacto en el mundo Atlántico que, como una onda expansiva, sacudió múltiples países ge-

---

6   Adams conocía el país al haber estado destinado en la corte de Luis XVI como enviado del Congreso Continental para ayudar al embajador Benjamin Franklin a conseguir un mayor apoyo francés durante la Revolución americana.

nerando insurrecciones que la tomaron como modelo, tal como ocurrió en Irlanda (1782-1787), Bélgica y Lieja (1787-1790), Holanda (1783-1787), Ginebra, e incluso se ha especulado que en Inglaterra (1779) (Hobsbawm 2011, 62). Eso sin contar la enorme influencia ejercida más tarde en las independencias de las otras partes de América (hispana, luso y francesa) e, incluso, en las Cortes de Cádiz en España. La influencia de la Revolución americana no era un asunto de principios y de autores, como creía Adams, sino del desmoronamiento general del Antiguo Régimen y del primer ejemplo revolucionario para el resto de naciones. Y Francia fue otra pieza más del dominó de esa onda expansiva previamente mencionada, pero una pieza que, al contrario que las otras, por sus contradicciones internas e importancia geopolítica, provocaría una onda expansiva aún mayor, que no sólo haría tambalear a otros países, sino a todo un régimen histórico, de ahí su radicalidad y radicalización. Por otra parte, incluso en el uso del término *revolución*, en Francia influyeron las relaciones trasatlánticas.

Arendt especula que el primer uso del término *revolución* en Francia fue utilizado por el duque de La Rochefoucauld-Liancourt advirtiendo al rey de los ánimos del pueblo de Paris a dos días de la toma de la Bastilla; a lo que Luis XVI exclamó "¡Es una revuelta!" y el duque le matizó "No, señoría, es una revolución" (Arendt 2009, 49). Sin embargo la anécdota es demasiado redonda y posiblemente sea apócrifa.[7] Dorinda Outram, por otra parte, identifica al Conde de Mirabeau durante los Estados Generales como el primero en utilizarlo en Francia. Después de esto, el término se habría utilizado de manera caótica e indiscriminada durante el Terror, lo que habría llevado a Condorcet a escribir y pronunciar en la Asamblea Nacional su famoso discurso *Sobre la revolución: sobre el significado de la palabra "revolucionario"* (1793), tan sólo un día antes de ser purgado de la Asamblea junto al resto de girondinos (Outram 1987, 140-141, 144).

El caso de Condorcet es interesante, pues junto al Marques de Lafayette es uno de los principales ilustrados franceses que tuvieron una

---

7   La anécdota es simbólicamente muy poderosa, pero es difícil saber cuál fue el contenido de la conversación. Jefferson, que se encontraba en París el día de la toma de la Bastilla, señala en su Autobiografía que se la relató el Sr. Corny, uno de los cinco hombres del comité que intentó rendir pacíficamente la fortaleza en primer término. Jefferson recoge la visita del duque al rey para darle la noticia de la toma de la Bastilla, pero cuenta que fue la misma noche de la toma, y no dos días antes, y no dice nada de la conversación y del uso del término *revolución* (Jefferson 2014, 90).

relación de amistad directa con los Padres Fundadores, manteniendo un intercambio recíproco de ideas. La influencia de Thomas Jefferson para ambos es decisiva en el desarrollo de la Revolución francesa, no en vano, el primer borrador de la *Declaración de los Derechos del Hombre y el Ciudadano* la escribieron los tres, Lafayette, Condorcet y Jefferson, en casa de este último que era el embajador estadounidense en Francia en ese momento, y tomando como inspiración la *Declaración de Derechos del Estado de Virginia* escrita por George Manson (Jefferson 1900, 91; Jefferson 2014, 96-97; Schofield 2005, 307). Condorcet y Jefferson se hicieron amigos por intercesión del embajador saliente, Benjamin Franklin, cuando Jefferson llegó para sustituirle, quedando los tres unidos por su acción de ilustrados en el progreso político, el cultivo de la ciencia y su visión fisiocrática. De esta amistad Jefferson tomará la fundamentación lógico-teórica para su fisiocracia, y Condorcet muchas de las ideas políticas de Jefferson (Schofield 2005). No es descabellado pensar de hecho que compartiendo ambos un lenguaje científico en que usaban el concepto de *revolución*, y el hecho de que Jefferson ya utilizase profusamente *revolución* para la política, Condorcet obtuviera una sensibilidad especial hacia el término que le llevase a escribir *Sobre la revolución* en las postrimerías de su caída en desgracia.

En su escrito Condorcet reclama que el término revolución está hecho para la Revolución francesa, una revolución formada para la libertad que es el verdadero significado de revolución como lucha contra la tiranía. Y Condorcet comienza entonces a considerar las formas en que el adjetivo revolucionario puede utilizarse para los supuestos en que se dé adhesión, avance o triunfo de la libertad (2012, 190). El hecho de que Condorcet deba afanarse en definir el término *revolución*, refleja que se ha convertido en un concepto político fundamental; un concepto polémico central por cuya definición pugnan los actores, pues de ello depende la significación de una realidad en concreción. Asimismo, nos pone sobre la pista de que el término ya es plenamente moderno.

La realización del tránsito a un concepto moderno de *revolución* se caracteriza porque este pasa a referirse a un horizonte de expectativa, a una perspectiva de transformación social en base a un conflicto motivado por principios políticos con la pretensión de construir una nueva sociedad a partir de dichos principios.

En los Estados Unidos el concepto de *revolución* pasaba a convertirse también en un concepto político fundamental y polémico. Pero la tran-

Fabio Wasserman (comp.)

sición no fue sencilla pues significaba vincular *revolución* a un horizonte de radicalidad que muchos temían, y por eso hubo una batalla por definir el concepto en términos no radicales, incluso aunque eso supusiera volver al término antiguo. Esto se puede apreciar en un texto publicado por Hamilton bajo el pseudónimo de *Americanus* en 1794:

> Si se les deja a ellas mismas [las potencias europeas] todas ellas salvo una [Francia], con naturalidad verán en nosotros a un pueblo que restauró mediante una revolución en el gobierno, un refugio contra la usurpación de los derechos y privilegios anteriormente disfrutados, y no como un pueblo que por elección ha escogido un cambio radical y completo en el establecimiento de su gobierno, en la búsqueda de nuevos privilegios y derechos, llevados a un extremo, tal vez irreconciliable con cualquier forma de gobierno compartida. Ellos verán en nosotros a un pueblo que muestra respeto por la propiedad y la seguridad personal, que, en medio de una revolución, se abstuvo con ejemplar moderación por cualquier recurso violento o sanguinario, instituyendo un gobierno adecuado para la protección de las personas y la propiedad. (1904, V 94-95)

Tal y como se puede comprobar, y a pesar de los esfuerzos de Hamilton, el término *revolución* no deja ponerse las bridas de su antiguo significado como restauración, y en seguida aparecen las referencias al cambio radical, a la violencia y a las formas de gobierno nunca probadas. Esto demuestra que los cambios conceptuales devienen de una combinación de tres factores:

- De las tradiciones discursivas en las que transitan y se emplean los conceptos.
- De los eventos históricos que dan soporte material y plausibilidad explicativa a los conceptos, condicionando su significado durante momentos de ruptura que quiebran las tradiciones.
- De los actores y su capacidad de pugnar por el significado de los conceptos en el momento que los eventos históricos trastocan las relaciones de poder.

El evento de la Revolución americana fue un primer golpe de obsolescencia sobre el concepto antiguo de *revolución*, lo que provocó la aparición del concepto de *experimento* para poder dar cabida a la necesidad de hablar sobre la novedad histórica. La radicalidad de la Revolución francesa permeó en el concepto obsoleto y le dio una nueva significación a la que ya no se podía dejar de aludir, y por lo tanto el concepto se volvió imprescindible, incómodo para los defensores del status quo, a la par que fundamental para los que aspiran a la transformación, que a su vez abandonaron el concepto de *experimento* en aras de un nuevo concepto de mayor alcance explicativo.

Esto resultó un problema para los federalistas, pues los Estados Unidos se fundaban en una revolución, y su significado radical arrojaba una sombra sobre su propio proyecto, pues el hecho de que Francia y los Estados Unidos fueran repúblicas con un origen revolucionario hacía que muchos estadounidenses simpatizasen con la Revolución francesa. Por lo que los federalistas intentaron desacreditar el término *revolución* contraponiéndolo al de *experimento*. Prueba de esto son las lecciones del profesor de derecho del Columbia College, James Kent, quien en 1794 considera que se están llevando a cabo grandes revoluciones en Europa en los terrenos del gobierno, la política y la moral; lo que supondrá nuevas formas de pensar y sobre el destino de la sociedad. La demolición de los fundamentos del antiguo orden servirán para romper las cadenas de la opresión en Europa, pero esa nueva pasión por la novedad, para Kent, no hará ningún bien en América, pues podría malograr todo lo que se ha logrado. Por tanto, propone continuar por la senda de libre investigación y experimento de buena fe que comenzaron los patriotas revolucionarios (Hyneman & Lutz 1983, II 948-949).

El pastor baptista Jonathan Maxci, por su parte, advirtió a su congregación contra los "demagogos revolucionarios", maravillados con "revoluciones perpetuas" y que sólo hablan de igualdad y quieren implantar democracias, es decir asambleas de hombres reunidos que son tan tiránicas como las monarquías despóticas. "Modernos zelotes de la reforma revolucionaria" que proponen que la ciencia del gobierno es la más sencilla. Maxci se opone a esta idea, pues para él la ciencia del gobierno se basa en principios, y la única manera de deducirlos es mediante el experimento (Hyneman & Lutz 1983b, 1053-1054).

— Conclusiones —

Sin embargo, todos estos intentos de contraponer la *revolución* al *experimento* (entendido ahora este como reforma, una transformación moderada y razonada) van a ser en balde. Pues por muy moderado y procesual que fuera el significado de *experimento* como transformación, este se usaba en el mismo terreno referencial en el que se estaba utilizando el término *revolución*. Por lo tanto, la contraposición no prosperó, y lo que ocurrió fue que el término *experimento* volvió a quedar otra vez relegado a las ciencias, mientras que *revolución* terminó de desplazarlo definitivamente y de constituirse como concepto de transformación y de horizonte de expectativas.

Prueba de ello fueron las elecciones presidenciales de 1800, en las que Jefferson derrotó a Adams y con ello los federalistas perdieron el poder gubernamental, ascendiendo los republicanos que habían simpatizado con la Revolución francesa. A estas elecciones se las llamó la *Revolución de 1800*, y no sólo por sus detractores, también por los vencedores de las mismas. Así lo expresó Jefferson unos años después de dejar su cargo en una carta a Spencer Roane en 1819:

> La revolución de 1800 fue una verdadera revolución en los principios de nuestro gobierno, como la revolución de 1776 lo había sido en su forma; no efectuada, de hecho, por medio de la fuerza, como la anterior, sino por medio del racional y pacífico instrumento de la reforma, del sufragio popular. (Jefferson 1900, 741)

El concepto de *revolución* se encontraba pues no sólo normalizado sino suficientemente aceptado como para poder designar una presidencia. A pesar del tono optimista de Jefferson, sus dos mandatos distaron mucho de ser una revolución, y de hecho terminará de instituir el programa federalista que decía combatir. Sin embargo también puso las bases para todos los movimientos democratizadores de la década siguiente. Y lo que la *Revolución de 1800* muestra es que el concepto de *revolución* moderno se encuentra plenamente operativo. La crisálida ha terminado de romperse y de su interior ha surgido un concepto que apunta hacia el progreso, que se materializa como horizonte de expectativa, que vincula el ahora con el mañana, sin importar los fundamentos del ayer, y en muchas ocasiones, constituyéndose a pesar de estos.

El concepto antiguo de *revolución* era un espacio de experiencia, porque ofrecía un esquema de transformación cerrado sobre sí mismo y ajeno a la novedad histórica, porque el bien se encontraba en el pasado, en una era de oro perdida que había que recuperar, y por eso se hacían las revoluciones. El concepto antiguo de *revolución* creía en las ucronías. Por el contrario, el concepto de *revolución* moderno es un horizonte de expectativa, porque afirma que nada bueno puede sacarse del presente y del pasado y por eso mira hacia el futuro animado por la fe en el progreso, y por ello cree en las utopías. El tránsito del concepto antiguo al moderno es la transformación de la creencia social en que ya no existen las edades de oro perdidas, sino que las edades de oro están por llegar y se conquistan. La transición de un sentido del concepto a otro no sólo nos habla del cambio en el significado del lenguaje político, sino que la relación de los sujetos con su capacidad de acción e impacto en el tiempo, cómo lo viven, y lo imaginan, cómo viven a través de él y se comprenden a sí mismos por medio de este, todo esto también se ha transformado.

La Revolución americana puso sobre la mesa un horizonte político distinto al que la tradición política había postulado desde Aristóteles. Esta situación llevó a que el concepto de *revolución* tradicional quedase superado y apareciese el concepto de *experimento* como una forma de transición que diera cuenta del nuevo escenario. La Revolución francesa supuso la gran ruptura con el orden social precedente y por ello se significó con una gran radicalidad política de la que la Revolución americana carecía, recuperando el concepto de *revolución* y cargándolo con su fuerza de cambio. Cuando los Padres Fundadores del partido federalista fueron conscientes del nuevo significado radical que el concepto de *revolución* estaba experimentando por causa de la francesa intentaron contraponerlo como cambio radical a *experimento* entendido como reforma. Pero el término había calado entre la población, y el concepto de *revolución* quedó fijado en el vocabulario político como el paradigma lingüístico de los horizontes de expectativa.

— Bibliografía —

Adams, J. (1852), *The Works of John Adams*, Boston, vol. VII.

Adams, J. (1853), *The Works of John Adams*, Boston, vol. VIII.

Adams, J. (1854), *The Works of John Adams*, Boston, vol. IX.

Arendt, H. (2009), *Sobre la revolución*, Madrid.

Bailyn, B. (2012), *Los orígenes ideológicos de la Revolución norteamericana* [1967], Madrid.

Bosch, A. (2005), *Historia de los Estados Unidos 1776-1945*, Barcelona.

Condorcet, N. (2012), *Political Writings*, Cambridge.

Elliot, J. (1836), *The Debate in the State Conventions on the Adoption of the Federal Constitution*, Washington, vols. II y III.

Hamilton, A. (1904), *The Works of Alexander Hamilton in Twelve Volumes*, New York.

Fabio Wasserman (comp.)

Hamilton, A., Jay, J. y Madison, J. (1787-1788), *The Federalist* [2001], Indianapolis.

Hobsbawm, E. (2011), *La era de la revolución 1789-1848* [1962], Barcelona.

Hynemann, C.S. y Lutz, D.S. (1983), *American Political Writings during the Founding Era 1760-1805*, Indianapolis, vols. I y II.

Jefferson, T. (1900), *The Jeffersonian Cyclopedia: A Comprehensive Collection of the Views of Thomas Jefferson Edited by John P. Folley*, New York.

Jefferson, T. (2014), *Escritos Políticos: declaración de independencia, autobiografía, epistolario*, Madrid.

Koselleck, R. (1993), *Futuro Pasado: para una semántica de los tiempos históricos*, Barcelona.

Parrington, V.L. (1927), *Main Currents in American Thought, 1: The Colonial Mind 1620-1800* [1987], Norman.

Outram, D. (1987), "Words and Institutions during the French Revolution: The Case of 'Revolutionary' Scientific and Technical Education" en P. Burke y R. Porter (eds.), *The Social History of Language*, Cambridge, pp. 120-135.

Pocock, J.G.A. (1975), *El momento maquiavélico: el pensamiento político florentino y la tradición republicana atlántica* [2008], Madrid.

Polibio (1996), *Historias, libros V-XV*, Madrid.

Reguera, M. (2012), "Patriotismo y romanidad en la revolución americana: el patriotismo ilustrado y su tránsito al moderno nacionalismo", *Encuentros en Catay* 26, pp. 330-342.

Schlesinger Jr., A.M. (1988), "La teoría de América, ¿experimento o destino?", en *Los ciclos de la historia americana*, Madrid, pp. 21-40.

Schofield, N. (2005), "The Intellectual Contribution of Condorcet to the Founding of the US Republic 1785-1800", *Social Choice and Welfare* 25, pp. 303-318.

Washington, G. (1889), *The Writings of George Washington: Collected and Edited by Worthington Chauncey Ford*, New York.

Washington, G. (1988), *George Washington: A Collection*, Indianapolis.

Wood, G.S. (1969), *The Creation of the American Republic 1776-1787* [1998], Chapel Hill.

Capítulo III

El lenguaje político y la Revolución francesa: el universo discursivo de las nociones-conceptos[1]

Jacques Guilhaumou

Centre National de la Recherche Scientifique
Laboratoire UMR "Triangle" (ENS-LSH Lyon)

— Introducción —

En el transcurso del debate sobre el veto real en la Asamblea Nacional que se desarrolla durante los primeros días de septiembre de 1789, Rabaud Saint-Etienne expresa su inquietud por "la pobreza de nuestro idioma para expresar ideas políticas absolutamente nuevas para la masa de la nación" (*Archives Parlementaires* VIII, 68). Sieyès, presente en aquel debate, aprueba la intervención de su colega, al tiempo que considera que él ha sido, ya desde 1788 y muy especialmente con *¿Qué es el Tercer Estado?*, el principal inventor del "nuevo idioma político".

Al término de su trayectoria intelectual a mediados de la década de 1810, Sieyès regresa a esa cuestión en los siguientes términos:

> Quienes forman una ciencia en la cual deben ordenarse y fundirse un sinnúmero de ideas que, mal o bien, ya existen en el idioma usual, están en un gran aprieto. Esas ideas, o más bien las palabras que las expresan, están sujetas a numerosas acepciones, por así decir, móviles. Los necesarios matices carecen de signos precisos y propios. Las mismas nociones han estado mal hechas desde su origen, o han sido alteradas con el tiempo. Y no obstante hay que hablar, observar los hechos exactos, vincularlos entre sí, analizarlos, extraer de ellos nociones generales, encontrar esas nociones en determinadas consecuencias rigurosas, en fin, razonar. Todo ello supone la creación de una nueva lengua con materiales confusamente dispersos y que se

---

1   El texto es una versión actualizada de "La langue politique et la Révolution française" (Guilhaumou 2005). Traducción de Agustina Blanco. Revisión técnica de la traducción de Noemí Goldman y Fabio Wasserman.

resisten a recibir un empleo determinado. (Nota manuscrita titulada *Onéologie, Archives Nationales*, 284 AP 5 (3))

Semejante proceso de creación de un "nuevo idioma" de "la ciencia política" es lo propio de la Revolución francesa. Consideramos actualmente que es dable cotejar el conocimiento que tenemos de los lenguajes de la Revolución francesa –campo de investigación presente en el ámbito científico en Francia desde hace más de cuarenta años, amplificado a lo largo de la década de 1980– con los avances historiográficos recientes, poniendo particular atención en la manera en que allí se despliegan las *nociones-conceptos*, entre los usos reflexivos de los actores y los conceptos analíticos de los historiadores.

Notemos ante todo que el acontecimiento revolucionario, contexto principal de la creatividad política en materia de lengua, no está exento de un trasfondo social. Es en ese sentido que nos vemos confrontados de plano con un universo de nociones que corresponden a la manera habitual en la que los seres humanos interpretan su experiencia del mundo de modo casi natural. Se trata del terreno de las "mœurs", según la expresión empleada en aquella época, que Sieyès califica de forma efímera, aunque significativa, mediante el neologismo de "sociología" (Guilhaumou 2006b).

Ese terreno común del lenguaje corriente, describible bajo la noción-concepto de *utilidad*, constituye *la base sociológica* del necesario proceso de generalización del idioma político, en la medida en que permite que las nociones adquieran una dimensión conceptual en función de una sistematización abstracta, mientras conservan un nexo con la observación empírica de los hechos. Esta presencia permanente del "organismo social" confiere un giro realista al ámbito del "arte social" donde se fabrican las nociones artificiales del idioma político, por la singular presencia de las experiencias individuales.

Es cierto que los revolucionarios heredan de la Ilustración el principio de conexión entre la realidad y el discurso, es decir, el recurso a la analogía como único medio para ejercer un control semiótico; esto es, para fijar reglas racionales de uso de las palabras en el campo de las representaciones. Pero estas reglas se mueven dentro de un universo de nociones expresivas que son al mismo tiempo usos y conceptos, constituyendo así, mediante la multiplicación de las experiencias discursivas, una maraña de nociones contextualizadas. Más aún, el investigador actual se desmarca a su vez de esa profusión en aras de la claridad, multiplicando, contra su voluntad, los "usos dispersantes y mutantes", según la expresión de Maurice Tournier (2003) de aquello que nosotros llamamos *nociones-conceptos*.

Moverse en el mundo de los *usos conceptuales* que devienen en *conceptos en uso* no es, pues, tarea sencilla. Con la publicación de *Histoire de la langue française* en los años 1960, Ferdinand Brunot había abierto el camino, y los trabajos de lexicología política de estos últimos treinta años lo ampliaron de manera singular, tanto en el plano de los materiales como de las problemáticas. Repasemos rápidamente las principales etapas editoriales de ese derrotero por el interior de los estudios sobre las nociones-conceptos de la Revolución francesa.

Mientras que en Alemania se pone en marcha la vasta empresa del *Handbuch politisch-sozialer Grundbegriffe in Frankreich (1680-1820)* (Lüsebrink, Reichardt y Schmitt 1985-2000; véase también Reichardt 1997 y 2003), en Francia es momento del proyecto de publicación, en 1987, por el equipo 18e et Révolution de la École Normale Supérieure de Saint-Cloud, del segundo fascículo del *Dictionnaire des usages sociopolitiques, 1770-1815* sobre las *nociones-conceptos*, donde se establece, bajo nuestra pluma, el objetivo de dar cuenta de las palabras con valor conceptual a menudo citadas, pero más bien desconocidas en su realidad discursiva. La publicación en 1995 del coloquio de Saint-Cloud *Langages de la Révolution (1770-1815)* acentúa la importancia de los estudios sobre la expresión de los conceptos en el lenguaje, siempre bajo los auspicios del equipo 18ème et Révolution, verdadero protagonista de toda esa empresa francesa. Por último, el volumen de 2003 sobre *Notions-concepts en révolution*, signa una nueva etapa de la investigación mediante el establecimiento de un nexo regular, en el marco de la red internacional *History of Political and Social Concepts Group*, entre *la historia lingüística de los usos conceptuales* practicada por los investigadores franceses, *la historia del discurso*, iniciada en los años 1970 por John Pocock y Quentin Skinner en el campo de la investigación angloparlante, y *la historia semántica*, en torno a Reinhart Koselleck y Rolf Reichardt, en el mundo alemán (Bödeker 2002; Guilhaumou 2002). En relación a nuestro recorrido personal, desde *La langue politique et la Révolution française* (1989) hasta *Discours et événement* (2006a), se ha tornado central el abordaje de la problemática del acontecimiento discursivo/lingüístico, organizada alrededor de las categorías *reflexividad discursiva* e *intencionalidad histórica*.

No obstante, dentro de ese vasto campo discursivo, nos limitamos al universo de las *nociones-conceptos* específicas de los lenguajes revolucionarios, contextualizándolo a su vez según los momentos de la Revolución francesa. A la presentación de los resultados del análisis discursivo de las nociones en uso se añade, pues, una preocupación por dar cuenta de las sucesivas configuraciones de las coyunturas políticas en el terreno propiamente discursivo. Pero cabe observar que esta trayectoria es desequilibrada por la desigual repartición de los trabajos lexicológicos sobre cada período, lo que nos incita a tener un interés particular por el momento inaugural de los años 1770-1780, poco conocido y equivocadamente calificado como prerrevolucionario.

— I —
El momento protopolítico: los años 1770-1780

El primer momento histórico que nos proponemos caracterizar constituye el objeto principal de nuestras investigaciones actuales, en la medida en que durante mucho tiempo ha sido descuidado tanto por los historiadores como por los lexicólogos. Se trata de los años 1770-1780, a los que calificamos de momento protopolítico –o neopolítico– en referencia a la aparición, en ese período, de un deseo ontológico de tematizar la realidad social mediante objetos nocionales inéditos, sobre una *base sociológica* apta para permitir el surgimiento de una nueva lengua política.

A decir verdad, antes de adoptar el nombre de "sociología" bajo la pluma de Sieyès, esa *base sociológica* se constituyó en la transición, perceptible ya en los años 1770, entre una visión esencialista de la sociedad que no puede pensar al pueblo en acción, y ciertas consideraciones sobre el orden social en términos de experiencia, donde determinadas formas de acuerdo, e incluso de desacuerdo, se instauran entre las élites y el pueblo evidenciando ciertos dispositivos populares de actuación. Así pues, al interrogar el devenir del sustantivo *pueblo* en los escritos literarios y los testimonios judiciales, Deborah Cohen (2010) precisa de qué se trata ese pragmatismo de las construcciones identitarias populares y su articulación con el discurso erudito. De modo tal que se abre un espacio de los posibles a la experiencia del todo social, inmediatamente relevado por un espacio de lo pensable en ese momento nominalista donde el poder ontológico de la sociedad se convierte en una temática política (Kaufmann 2000). Es ese espacio básicamente nominalista lo que deseamos caracterizar aquí a grandes rasgos.

Ese momento nominalista corresponde en primer lugar al tiempo de imposición de la opinión pública, no solo bajo la forma de una realidad empírica mediante la multiplicación de los espacios de sociabilidad (salones, academias, cafés, etc.) donde se ejerce un uso público del razonamiento, sino también de manera *artificialista*, es decir, con un tenor a su vez más jurídico, más individualista, más político, que anuncia el modelo nacional y legislativo de 1789. Así, otra noción-concepto es reveladora del *peso sociológico* de ese momento, la de *individuo*. En un sentido utilitario, el *individuo* es definido por su propia capacidad de autoconservación, por ende, bien cerca de la naturaleza. Pero esos usos también denotan, entre los economistas, un corrimiento de las preocupaciones "poblacionistas", hacia consideraciones sobre la libertad individual, por medio de un fenómeno de expansión de su naturaleza al conjunto de la sociedad, pero con sus límites propios en términos políticos.

Por lo tanto, más allá de ese posicionamiento sociológico, se lleva a cabo un *trabajo del espíritu político*, bajo la égida de las figuras complementarias del observador filósofo y el legislador, que compete de entrada a un nominalismo político y lleva el nombre de "arte social" (Kaufmann y Guilhaumou 2003). Aquí, el legislador, que concibe y realiza el orden social, lo hace en virtud de un "arte social" que toma en cuenta la mera realidad del individuo empírico.

Consideramos que ese trabajo del espíritu político halla un contexto favorable a mediados de la década de 1770 y puede así provocar una ruptura a lo largo de la de 1780. De este modo, se establece un innovador dispositivo de descripciones y acciones sociales, calificado por Sieyès como "metafísica política".

Ese nuevo dispositivo primero fue situado discursivamente por Keith Baker (1990) en el interior de una tripartición entre el discurso judicial de los parlamentarios, el discurso administrativo de los reformadores y el discurso de la voluntad de los filósofos políticos, de Rousseau a Sieyès. Así se esboza la preeminencia progresiva de la *temática política*. Sin embargo, los trabajos de Daniel Gordon (1994) complejizan tal transición hacia la dominación de lo político al tomar en cuenta las consecuencias de la autoinstitución de lo social. En efecto, mientras que la noción de *sociedad civil* ha adquirido un lugar singular dentro del nuevo discurso social, la *societalidad* ya puede desglosarse según diversos registros igualitarios, en virtud del uso novedoso y generalizado de la adjetivación "social", legitimada por la edición de la *Enciclopedia* de 1765, sin predeterminación alguna para la acción política. Por otra parte, es posible detectar la presencia y el desarrollo de los componentes esenciales de la noción de *libertad* en los cuerpos y las comunidades del Antiguo Régimen: la igualdad, la libertad-protección y la libertad-participación, ciertamente en el seno de una jerarquía social siempre tan desigual, pero que permitió la formación de un consenso cívico, una vez suprimida la hipótesis de la monarquía absoluta (Van Kley 1994).

A decir verdad, el trayecto histórico que conviene aquí tomar en cuenta es aquel que nos conduce desde el fracaso de los reformadores de la monarquía en 1775-1776, ante la resistencia de un "pueblo razonable", según la expresión de Mably, hasta el clima panfletario de los años 1788-1789, donde, según los historiadores, se elabora una *síntesis nacional* que elimina la referencia histórica a los hechos del pasado.

De hecho, los años 1775-1776 se ven primero signados por el ensayo abortado de Turgot de establecer la libertad de comercio de granos, la cual se choca con el movimiento conocido como "la guerra de las harinas".[2] La ilusión de convertir al gobierno en "maître des subsistances" (amo de la subsistencia) se disipa rápidamente ante la traducción de los disturbios en un relato anunciador de sucesos políticos por parte de los observadores iluminados. El "pueblo razonable" es aquí el conjunto de los sujetos activos que se oponen al liberalismo de los economistas y que, por eso, se desligan del influjo del entorno monárquico. El pueblo amplifica su importancia de manera más racional por medio de la transformación del lenguaje privado en un lenguaje público, es decir, de interés general, centrado en la ley a partir de los asuntos judiciales. Asuntos cuyas riendas toman ciertos mediadores, como sabemos; en este caso, los abogados, que se permiten publicar memorias de factura política donde contemplan ya la existencia de un cuerpo político de la nación (Bell 1994 y 2001).

Por otra parte, la resistencia parlamentaria a los edictos de 1776 –edictos que afectan explícitamente a una parte importante de los privilegios del Antiguo Régimen y quieren dar la imagen de un rey "legislador absoluto" (Turgot), independiente, pues, de la mediación de los magistrados entre los súbditos y la ley–, pone fin a la esperanza reformadora de constituir un espacio cívico en torno al poder ejecutivo monárquico. Es cierto que el enfrentamiento dentro de las élites entre reformadores y conservadores no está exento de reformulaciones y con-

---

2   Ola de protestas producidas en 1775 por el aumento en el precio de los granos (n. e.).

cesiones recíprocas, en el marco de estrategias discursivas complejas, como han demostrado Denise Maldidier y Régine Robin (1974) en su estudio que confronta los edictos de Turgot con las reprimendas del Parlamento de París. Así, alrededor de la noción de *libertad*, se produce un desdoblamiento estratégico sobre la base del enfrentamiento entre una libertad "buena" y una "mala". A partir de los mismos sintagmas, y hasta de los mismos enunciados, los parlamentarios exaltan la "buena" libertad de los reglamentos del Antiguo Régimen cuando Turgot defiende la "buena" libertad de los economistas. No obstante, la recurrente crisis parlamentaria agota el hecho de la mediación y remite a la invención de la representación nacional, que se había tornado necesaria, incluso antes de la afirmación en 1789 de una inmanencia y una transcendencia soberana de la nación fuera del dominio real.

1776 es también el año en el que Mably publica *De la législation*, o *Principes des lois*. Al denunciar a "la pobre política" que "se ilusiona a sí misma" con sus remedios ineficaces, ese gran pensador da un paso más. Ya no se trata de apelar a juristas para concretar la ley entre los súbditos, sino de encontrar una figura representativa de la propia sociedad. Es así que Mably promueve, junto con otros filósofos, la figura del legislador detentor de la ciencia política y del arte político (Gauthier 1995). Si "la ciencia política" depende en adelante de los principios fijos derivados de la moral, la ley y, en última instancia, del derecho natural, "la política moderna", al pretender sustituir "la política de la naturaleza" por proyectos perniciosos, está condenada al fracaso.

A decir verdad, la afirmación de la necesaria construcción de un orden social situado en la continuidad del orden natural tiene como corolario la desconfianza respecto de todo enfoque sistémico y fisicalista, fuertemente presente en los fisiócratas. Se trata no de deducir los principios de los hechos, sobre un fondo de cartesianismo vulgarizado en la idea de evidencia, sino de observar la naturaleza del hombre, su relación con los objetos exteriores y con terceros según un "orden local" que pone el acento en la autonomía individual en el seno mismo de la reciprocidad humana. Si bien es necesario "multiplicar los hechos y las observaciones de la experiencia" según Helvetius en *De l'Homme* (1773), es decir, promover los hechos en detrimento de la evidencia, eso es en nombre de los principios de una moral en acto y, por ende, apta para significar "cómo actúa la inteligencia" ("comment l'esprit agit").

Observar al hombre en la continuidad del orden natural hacia el orden social consiste entonces en designar su finalidad, "la felicidad", y en procurar los medios para alcanzarla, por medio de la promoción del "arte social". El trabajo del espíritu humano resulta así inmenso, máxime tratándose de la tarea de su protagonista principal en materia de política, el legislador.

Por último, 1776 es el año de la publicación, seguida de su traducción francesa, de *La riqueza de las naciones* de Adam Smith, diez años después de la publicación de la obra mayor de Adam Ferguson, *Essai sur l'histoire de la société civile*. Con semejante conclusión teórica de la línea de pensadores empiristas angloescoceses, *la invención de la sociedad civil* toma cuerpo de manera particularmente significativa (Gautier 1993). Efectivamente, va de la mano de un individualismo moral que, al tiempo que afirma la potencia original del individuo, al realizar el sentimiento de simpatía en la *Théorie des sentiments moraux*, coloca en un primer plano la "preocupación por el otro". A la interrogación metafísica acerca de la naturaleza humana, de carácter fuertemente sensualista bajo la influencia de Condillac, se añade una interrogación antropológica sobre el hombre, ser social por naturaleza, y la formación del orden social.

Fue entonces en el transcurso de los años 1780 que se delineó el pasaje a una sociabilidad civil inscripta en la invención política. Entendemos por qué la expresión sieyèsiana de "metafísica política" resulta ser un precioso aporte para situar los cimientos del "nuevo idioma político". En primer lugar, se trata de aclarar cómo se torna posible un discurso sobre la utilidad del *orden social* que, bajo la pluma de Sieyès, adopta el nombre de "sociología". Sobre esa base sociológica se precisa entonces la capacidad de los autores para pensar y realizar conjuntamente nuevos objetos sociopolíticos, cuya existencia reconocen en el seno de las relaciones de reciprocidad entre los individuos singulares, aprehendiéndolos a través de nociones comprensibles y predecibles tales como *la sociedad, el orden social, el todo*, etc. Por otra parte, ese discurso reflexivo, auténtica *teoría práctica* intentada por medio de la designación de su contenido con el término de "socialismo" (Branca y Guilhaumou 2003), equivalente efímero de "arte social", sistematiza y esquematiza creencias intencionales, más allá de las costumbres usuales. Tipifica, por ende, maneras nuevas de pensar y de actuar en común, con el objeto de abrir camino a la formación de un espacio público de reciprocidad y de dilucidar el porvenir de la acción política. Este espacio/tiempo de

Fabio Wasserman (comp.)

la intersubjetividad y la intercomunicación de los individuos libres, al inscribir nociones-conceptos en el horizonte de lo pensable, habilita nuevas experimentaciones políticas, que permitirán en 1789 traducir "la metafísica política" de los objetos sociales en "un sentido común de la política", gracias al advenimiento de ciertos "portadores de verdad", principalmente los legisladores (Gauthier 1992).

Más precisamente, ¿nos preguntamos qué sucede con el proyecto nocional de los pensadores de ese período?

Ante la perspectiva de la invención de la sociedad, cabe primero tomar en cuenta el punto de vista nominalista de una nueva generación de pensadores que pone el acento en el individuo y su juicio, y en el principio de actividad que lo funda. Desplazado ahora a un segundo plano en relación con un principio constituyente marcado por la voluntad y la acción, el principio de ligazón de las ideas y los signos, tan preciado para Condillac, permite empero acceder a las verdades útiles frente a una metafísica reducida a la mera recalificación del conocimiento por medio de la referencia experimental, como en el caso de la metafísica de Sieyès. Más aun, como bien ha señalado Sophia Rosenfeld (2001), se desarrolla entonces un modelo epistemológico que brinda un lugar activo a los signos, por medio de un lenguaje de acción que permite experimentar el nuevo "orden social" en un estrecho vínculo con el "orden natural".

A diferencia de los enciclopedistas, esos filósofos prácticos ya no creen en la activación de un principio pensante originario, con el objeto de hacer uso del razonamiento dentro de la opinión pública, y por ello de reducir los prejuicios, en particular los populares. Esos pensadores y las figuras que ellos proponen –trátese de Helvetius y el observador-filósofo, de Mably y el legislador, de d'Holbach y la "ciencia de las costumbres", de Sieyès y la "metafísica política"– se atienen a la afirmación de nuevos principios en tanto referentes naturales de la acción y del conocimiento, promoviendo de hecho el uso del artificio para permitir que el pensamiento acceda a la libre disposición de objetos nocionales inéditos sobre la base de una aproximación no esencialista de los hábitos sociales. Ellos colocan bien en el centro de la actividad humana *el trabajo del espíritu político* que permite tanto afirmar que existe "un pueblo razonable" (Mably) como moldear los contornos de "la clase política" (Sieyès) apta para constituir un nuevo "orden social" mediante la práctica del "arte social". Así se concreta una "metafísica política" que halla su punto de culminación en la radicalidad de 1789, gracias a una nueva generación de futuros diputados, obviamente menos conocidos que Sieyès, pero que llevan a cabo de concierto una auténtica "revolución del espíritu" según la expresión particularmente atinada de Timothy Tackett (1997). Revolución que, en contra de la política de los reformadores reales, también se expresa en la categoría de "antipolítica" (Viola 1989 y 1993).

— II —
Del advenimiento de la nación a la proclamación de la República (1789-1792)

1) 1789, "El Año de la Revolución"[3]

De 1789, seleccionaremos primero, a partir de la invención de Sieyès, de la palabra y la realidad de la "Asamblea Nacional" en el contexto de la ciudadanía activa y del sistema representativo, la traducción de la "metafísica política" en nociones tales como "Tercer Estado", "Asamblea Nacional", "poder constituyente", "constitución", etc., bajo la forma de verdades prácticas y reconocidas. El término "nación" y su contraparte nominalista, la figura del individuo-nación, se hallan en el centro de tal dispositivo (Guilhaumou 1998, cap. II). Obtienen su importancia de su progresivo despliegue en siglo XVIII, con un efecto acelerador a partir del momento en el que los ciudadanos pueden realmente constituir una nación.

Pero es la figura del legislador, adepto de un "arte social" fundado en el cimiento social de las "necesidades humanas" y de su experimentación, en referencia a una sociología de las "relaciones sociales", lo que cobra mayor relieve. 1789 es así el punto de culminación de una reflexión práctica sobre la aptitud del *legislador empírico* para encarnar la nueva síntesis nacional, construyendo el "todo" de la nación sobre una base sociológica, es decir, a partir de las necesidades una y otra vez renovadas de los individuos. Tal lazo constituyente entre lo político y lo sociológico, específico de la unidad social en revolución, circunscribe bien el cimiento de la cultura política francesa, como ha sostenido Pierre Rosanvallon (2007). Pero no por ello predetermina las potencialidades democráticas abiertas por los acontecimientos revolucionarios inscritos en el horizonte de los derechos del hombre y el ciudadano.

En efecto, 1789 es también el punto de partida de un proceso revolucionario bajo la doble modalidad de la puesta en valor de la no-

---

3   Expresión de Sébastien Mercier en *Annales politiques* del 31 de diciembre de 1789.

Fabio Wasserman (comp.)

ción de "acontecimiento", nuevo campo de experiencia señalado por los "publicistas patriotas" en el contexto de "la toma de la Bastilla", estudiada por Hans-Jürgen Lüsebrink y Rolf Reichardt (1990), y de la noción de "derechos declarados, expuestos, reconocidos, realizados", como nuevo horizonte de expectativa de toda acción revolucionaria. Entonces, a ojos de sus actores, la Revolución francesa adopta un giro repentino, incluso "sobrenatural",[4] es decir, de índole fuertemente pragmática: desarrolla su calidad experimental –de naturaleza intrínsecamente ontológica, como hemos visto– instaurando así una nueva experiencia de la temporalidad (Koselleck 1993; Hunt 2003).

El establecimiento de antagonismos entre los pares nocionales "luces/ tinieblas", "revolución/antiguo régimen" (Reichardt 2003) se inscribe dentro de una misma coyuntura. Con la Declaración de los Derechos del Hombre, el trabajo del espíritu político no es más una mera operación referencial de producción de objetos nocionales nuevos; se complejiza a raíz de un trabajo declaratorio de índole absolutamente performativo, por ende abierto a nuevas experimentaciones, como ha demostrado Christine Fauré (1992 y 1997).

A los actos del espíritu público se agregan, si se nos permite, los actos como tales de la "nueva lengua política". Así, en virtud de la "soberanía nacional" y de "la ley en el centro", ligadas en una perspectiva pragmática legitimada por la relación permanente entre el legislador y la opinión pública, aparece un dispositivo argumentativo en torno al acto de soberanía y al acto de decir el derecho, o sea, de hacer hablar la ley, que todo ciudadano posee.

Pero en el conjunto de las nociones implementadas en el transcurso del año 1789, que constituyen numerosos puntos de paso obligatorio del proceso revolucionario, se intercalan pausas, dejando así abiertas nuevas potencialidades democráticas. Tal es el caso de la noción de "pueblo": garante simbólico del "movimiento político", no por ello resulta menos ampliamente indeterminada, como ha demostrado Raymonde Monnier (2002). En cuanto a la noción de "constitución", Michel Pertué (2003) precisa que sucede lo mismo, tanto en su relación con "el antiguo régimen" como en "la revolución", por el hecho de enunciarse

---

4   Para Grégoire y los "curas patriotas" en 1789, la Revolución Francesa realiza las promesas de las Escrituras. El momento de la invención de la nación es también "el momento de la regeneración", noción-concepto destinada a una brillante carrera revolucionaria (Hermont-Belot 2000).

conjuntamente en discursos antagonistas, a falta de poder encarnar una norma imperativa e intemporal.

Puestas en contexto por su rol referencial, luego puestas en acto por su valor performativo, las nociones-conceptos de la Revolución pueden entonces realizar plenamente sus potencialidades democráticas mediante sus puestas en discurso. Tal es el reto del momento republicano, que se desenvuelve mucho antes que la proclamación de la República, en septiembre de 1792.

2) La República antes de la República[5]

Tomemos, como significativa de la dimensión fuertemente lingüística del momento republicano, la siguiente conminación de un ciudadano anónimo en el *Mercure National* del 14 de diciembre de 1790: "La lengua francesa debe experimentar al mismo tiempo que el imperio la revolución que debe regenerarla"; agrega además que esa lengua debe por fin ser "digna de un pueblo-rey". En la presentación de un diccionario contextual, tal desplazamiento de la noción de "rey" hacia la de "pueblo" contribuye a suscitar una consciencia lingüística de la búsqueda necesaria de una "clasificación exacta" de las palabras. El "gramático patriota" Urbain Domergue, creador de la *Société des amateurs de la langue française*, propone entonces, con ayuda de revolucionarios tan prestigiosos como Brissot, Robespierre Condorcet y otros, la formación de un "Diccionario verdaderamente filosófico", dando así a la noción de "regeneración" una resonancia lingüística. Domergue participa en el movimiento regenerador que permite "elevar nuestra lengua a la altura de nuestra constitución", es decir, al horizonte de la plena y entera realización de los derechos, contribuyendo por tanto a establecerla como lengua política (Guilhaumou 1998, cap. VIII).

En el seno del espacio público de discusión así instaurado, y extendido por el relevo de las sociedades fraternas y populares (Monnier 1994, 2001, 2002 y 2003), la puesta en discurso de las nociones de "democracia", "República", "libertad", "igualdad", etc. constituye entonces una verdadera *norma retórica*, ampliada por autores republicanos tales como Lavicomterie, Robert, Bonneville y otros. Raymonde Monnier ha demostrado asimismo que esa retórica nocional se radicaliza, de la huida del rey a la masacre del Champ-de-Mars, en el constante vaivén entre el

---

5   El potencial del republicanismo francés en la perspectiva de una reconceptualización de la teoría política ha sido señalado por Philip Pettit (2004)

Fabio Wasserman (comp.)

teórico publicista, como es Lavicomterie, y el periodista patriota, como es Carra. Tal puesta en discurso, en el marco de una libre comunicación de las opiniones, se introduce hasta en el mundo de la alegría: se trata de hacer reír "en el sentido de la Revolución" –por ende, de manera antiaristocrática, en contra de los publicistas realistas, que emplean el "sentido común" para ridiculizar las "razones abstractas" de los patriotas–, atestiguando a su vez un "estado de civilización" donde "la guerra de palabras" toma el lugar de la guerra real, como lo ha explicitado Antoine de Baecque (2000). Sin embargo, en el interior del país, esa puesta en discurso se ve sobre todo amplificada por la multiplicación de los portavoces, como en el caso de los "misioneros patriotas" marselleses, que recorren ciudades y campos en nombre de la "Constitución".

El verano de 1792 marca un giro nocional en el momento republicano con la aparición de nuevas potencialidades de uso de la noción de "soberanía" más allá del hecho acreditado, en virtud del poder constituyente, de "la soberanía nacional", expresión más inmediata de la soberanía deliberante. *El acto de soberanía* en sí mismo está ante todo en el centro de la argumentación jacobina en torno a "la revolución del 10 de agosto", legitimada por la noción de "movimiento popular". Una manera de estar del pueblo, bajo la expresión "el pueblo se ha alzado", coincide en adelante con la realidad más abstracta de "la lengua del pueblo" bajo la égida del *legislador natural* –un legislador naturalmente reconocido por el pueblo, incluso antes de ser empíricamente electo– cuyo prototipo es Robespierre. A partir de entonces, cada ciudadano cobra el nombre de pueblo en todo acontecimiento en el que participa, ya sea como espectador o como actor, y actúa en nombre del derecho natural declarado y realizado.

— III —

Apogeo y declive del movimiento jacobino[6]

Con "la epifanía republicana" propia de la apertura de la Convención el 21 y 22 de septiembre de 1792 (Dupuy 1994), entramos de lleno,

---

6   Distinguimos el movimiento jacobino, en contacto directo con los acontecimientos, del jacobinismo: el impacto de este último no se limita a un momento, en la medida en que corresponde a una sensibilidad que atraviesa toda la Revolución francesa, como lo muestra Patrice Higonnet (1998). Por nuestra parte, hemos propuesto un enfoque del jacobinismo dentro de la perspectiva de la tradición marxista y su visión de la Revolución francesa, esencialmente en Gramsci y el joven Marx (2011).

pues, en el *momento jacobino*, aunque más no fuera por el hecho constantemente verificado de una permanente renovación de las expresiones en uso en el decurso de una serie de acontecimientos particularmente cargados del otoño 1792 al verano 1793. Así sucede, por ejemplo, con el trayecto discursivo sobre la cuestión de las "subsistencias", que nos conduce del gran debate en la Convención del otoño de 1792, so pretexto de una "ley general de las subsistencias", a la introducción del terror en el orden del día según el mandato de Chaumette "Pan y para tenerlo la fuerza de ley", en septiembre de 1793.

De esa serie de acontecimientos, seleccionaremos, en materia de movimiento, el tiempo de la insurrección de los primeros meses de 1793 donde se cruzan disturbios en torno a las subsistencias, revuelta federalista e insurrección propiamente dicha por un complejo juego de nociones, antes que el tiempo de la introducción del terror, durante el verano de 1793, de lo cual hemos abundado en detalle en nuestros primeros trabajos sobre la muerte de Marat.

1) El peso del acontecimiento: la insurrección a la orden del día

La comprensión del acto revolucionario exige, por un lado, una aproximación discursiva del acontecimiento, para el caso donde el actor no está tan solo actuando bajo la influencia de determinaciones sociopolíticas, sino que procede sobre todo a partir de una capacidad de actuar donde manifiesta una fuerte reflexividad, o sea, una aptitud para constituir su propio saber político. Es allí donde los sucesos de 1793-1794 ponen en evidencia la amplitud de la constitución de un saber político jacobino.

Mientras que se multiplican los "desórdenes populares" por el tema de las subsistencias, teniendo como punto culminante "la jornada del 25 de febrero" de 1793, los jacobinos, en la proclama *Adresse aux sociétés affiliées*, precisan que "el auténtico pueblo no ha sido en absoluto partícipe en esos disturbios", en la medida en que los "tumultos de mujeres" estaban dirigidos por "emisarios de la aristocracia". En la misma ocasión, *Révolutions de Paris* brinda la siguiente definición de la insurrección: "Una insurrección es un combate entre los oprimidos y los opresores, pero no entre los ricos y los pobres" en virtud de la preeminencia en la búsqueda de libertad.

Los propios jacobinos son conscientes, frente al movimiento seccionario que promueve la consigna "el pueblo debe tener pan", de que no pueden impedir, incluso en sus propias filas, el llamamiento a "la insurrección nacional" cuando "ha llegado el momento de salvar la patria", como se dice en la sesión de su club el 8 de marzo (*La Quotidienne*). Así, el 10 de marzo, el orador de la diputación de la sección de la Cité se dirige a la Comuna para anunciar que "esta se ha declarado en estado de insurrección permanente". Algunos miembros de la Comuna, asombrados ante tal declaración sobre la insurrección, le piden que aclare: el orador añade entonces qué entiende por "insurrección armada", "permanencia armada", "actividad armada" según *Courrier Français* y *Journal de la Révolution de 1792*. A partir de entonces, la insurrección está al orden del día, al menos hasta las jornadas revolucionarias del 31 de mayo y del 1 y 2 de junio.

La posición del interior del país, y en particular de los marselleses, refuerza el clima de radicalidad. En su pronunciamiento ante la Convención del 17 de marzo, acompañado por una carta a los "mandatarios infieles" y por un llamamiento a "todos los verdaderos republicanos", los jacobinos marselleses exclaman, al comienzo: "Levántense: ¡la Patria está en peligro!". Luego apelan a "su derecho parcial de soberanía" para pedir que el pueblo "se alce por última vez" contra los convocantes, es decir, los diputados girondinos. La reacción de la Convención el 21 de marzo es francamente hostil: desaprueba una declaración que apunta a "establecer el federalismo" mediando la "destrucción de la representación nacional, la unidad y la indivisibilidad de la República" (*Mercure Universel*). Pero la victoria de los republicanos moderados sobre los patriotas radicales en Marsella tiende a borrar provisoriamente esa manifestación de federalismo jacobino y a focalizar la atención de la Convención en "la contrarrevolución" resultante de "la revuelta federalista". En el manifiesto del 12 de junio, titulado *Marseille aux républicains français*, los federalistas seccionarios quieren dotarse de medios de acción ("Lo que nos hace falta es el coraje de las acciones"), declarándose "en estado legal de resistencia a la opresión" contra "los facciosos" de la Convención, en este caso, la Montagne.[7] Se identifican así pues, a través de la voz de la sección 24, con "la soberanía relativa y, por así decirlo, de localidad" en el ejercicio de su "derecho de resistencia a la opresión".[8]

---

7   Archives départementales des Bouches-du-Rhône, L 2011 bis.

8   Fragmento exhibido de la deliberación del 7 de mayo de la sección 24, Archives départementales des Bouches-du-Rhône, L 1971.

Frente a semejante insurrección parcial de una parte del interior del país (Hanson 2003), el debate sobre la definición y la manera de "organizar la insurrección" domina la escena parisina. Ya el 18 de marzo, Chaumette, fiscal de la Comuna de París, define la "santa insurrección" como el "movimiento general del pueblo para asegurar la plenitud de sus derechos" (*Nouvelles politiques*). Él mismo y Hébert responsabilizan tanto al Club de los Cordeliers como a la Comuna, los "detractores de la santa insurrección", en este caso, los republicanos moderados. Pero estos últimos intervienen en el terreno de sus adversarios, la propia insurrección. Por medio de *Annales Patriotes et Littéraires* del 30 de abril, dejan constancia de que "París sigue en estado de insurrección" y que las autoridades "hasta parecen aprobar el movimiento revolucionario mediante el cual una sección del pueblo se coloca por encima de las leyes". Arguyen entonces que si "la insurrección es provocada por ambos partidos" que se disputan a Francia, ésta "tendría como objetivo aplastar a uno de ellos para que triunfe el otro, o estaría dirigida contra ambos", lo cual obliga a plantearse la siguiente pregunta: "¿Qué hacer en ese caso?". A medio camino entre los partidos, *Journal de Lyon*, en su columna del 2 de abril "Una palabra a todos los que quieren una insurrección", propone atenerse a "una insurrección de opiniones".

Mientras la familia de *insurrección* se ve aumentada por los términos de *insurreccionario, insurreccionar, insurreccional,* la insurrección propiamente dicha comienza el 30 de mayo. El estado de insurrección de las secciones parisinas se transmite de inmediato a la Convención,[9] desde la propia apertura de la sesión del 31 de mayo, hasta el anuncio por parte del presidente de que "grandes movimientos están teniendo lugar en la ciudad de París", mientras que un diputado se preocupa porque "una sección se ha declarado en insurrección". La intervención del procurador síndico del departamento de París clarifica la situación: "El movimiento extraordinario que se manifiesta en la ciudad de París debe ser considerado una insurrección moral". El razonamiento legitimado por la Convención de las secciones en permanencia permite entonces que los *montagnards* afirmen que "el pueblo hará por su libertad una insurrección entera" (Danton), en virtud de la implantación de un proceso de revolución permanente. Al día siguiente, el 1 de junio, Barère precisa

---

9   Seguimos la presentación de los debates en *Archives parlementaires*, p. 638 y ss., basándonos principalmente en *Le Moniteur.*

entonces que "nunca hay que juzgar las revoluciones". Al tiempo que reconoce que "se ha producido un gran movimiento en París", machaca la palabra libertad, incluida la libertad de opinión, para marcar bien que se trata de una insurrección en armonía con su concreción, la formación de una nueva "Constitución republicana" cuya iniciativa conserva la Convención contra toda forma de federalismo. Con la nueva Declaración de Derechos del Hombre y del Ciudadano de 1793, Revolución y constitución participan en un mismo movimiento: "Un pueblo siempre tiene derecho a rever, reformar y cambiar su Constitución". El derecho a la insurrección, pues, se inscribe allí de modo natural: "Cuando el gobierno viola los derechos del pueblo, la insurrección es, para el pueblo y para cada porción del pueblo, el más sagrado de los derechos y el más indispensable de los deberes" (artículos 28 y 34).

2) La síntesis nacional bajo la égida del "lado izquierdo"[10]

Una vez inscrito el derecho a la insurrección en la Constitución, y el terror presente en el orden del día por iniciativa del "movimiento revolucionario", la revolución permanente, lexicalmente designada mediante el uso reiterado de la expresión "en permanencia" en las asambleas deliberativas, y más particularmente en las secciones, se inscribe en el centro de los acontecimientos revolucionarios. Pero realmente no es sino con *la puesta en acto de la ley*, bajo la dirección de un "movimiento nacional" dirigido por la Convención, que se despliega la síntesis nacional que desemboca, en el año II, en una experiencia inédita de construcción del "lazo social", que se extiende hasta las instituciones más cercanas a los ciudadanos, en particular, las municipalidades y los comités de vigilancia. Se desarrolla así una relación permanente entre el centro y la periferia, entre los legisladores de la Convención, reemplazados por los representantes en misión, y los "auténticos ciudadanos" que gravitan alrededor de los oficiales de las comunas y los vigilantes de los comités revolucionarios. Corresponde aquí a Michel Biard (2002) haber demostrado cómo los "misioneros de la República" toman el relevo de los "misioneros patriotas", revivificando así el nexo París-interior y creando asimismo un espacio nocional totalizante, ocupado entonces por los términos "gobierno", "sospechosos", "moral", "actividad", "movimiento",

---

10   Hemos recalcado la originalidad de esa síntesis nacional en Brunel y Guilhaumou (1991).

etc. La dinámica que así se establece entre el ciudadano y el todo social reitera el vínculo originario entre lo político y lo sociológico, a su vez refundándolo en un espacio institucional donde la toma en consideración del conjunto de las "necesidades recíprocas" que comprende también la relación mujeres-hombres, vuelve más visible la noción de igualdad constitutiva del orden social, sin por ello socavar fundamentalmente la dominación masculina.[11]

Es por tanto a partir del complejo juego entre las nociones de "soberanía nacional", "soberanía popular" y "soberanía local", tomadas bajo la óptica de "la centralidad legislativa", que se desprende una realidad contradictoria sin dejar de ser republicana. Bajo la noción de federalismo, una parte importante del movimiento republicano ha sido objeto de condena por parte de un centro jacobino. Así, tanto en contra del "lado derecho", en referencia al federalismo moderado de la primavera de 1793, como de cara al ala radical del movimiento revolucionario, en referencia al federalismo jacobino del otoño de 1793, los jacobinos *montagnards* se sitúan en el centro de la síntesis nacional, por el hecho mismo de posicionarse del "lado izquierdo". Apoyándose en la amplificación de la relación entre la periferia y el centro en el marco del "ejercicio de la soberanía deliberante", incluyendo a las mujeres, en el campo del voto para la aceptación del acta constitucional durante el verano de 1793 (Aberdam 1999), ellos pueden así conservar la iniciativa frente al movimiento revolucionario dirigido por los cordeliers.

Es cierto que la oposición entre "lado izquierdo" y "lado derecho" remonta a los primeros enfrentamientos, en el seno de la Asamblea Constituyente, entre patriotas moderados y patriotas radicales, y muy especialmente en torno a la cuestión colonial estudiada por Florence Gauthier (2002). No obstante, en el año II, se vislumbra con nitidez que esa oposición confiere una *dimensión filosófica* en la revolución al espacio de las nociones-conceptos, en la medida en que no atañe simplemente a una "identidad" de los contrarios, cuya oposición convendría resolver por medio de la promoción del centro, una vez disuelto el movimiento jacobino. En realidad, el "lado izquierdo" ocupa un "extremo", por el reconocimiento de la universalidad del género humano (Brunel y Guilhaumou 2012), que remite al "lado derecho" a otro "extremo", de

---

11   Ha sido sobre todo con Martine Lapied que hemos llevado a cabo nuestros trabajos, en materia de historia del género, sobre la Revolución Francesa (Lapied y Guilhaumou 1997).

esencia negadora, la inhumanidad promovida por quienes preconizan un lenguaje de clase, no sólo en virtud de la "división del trabajo", sino también por el hecho, en el caso de las colonias, de un idioma del prejuicio que niega a la gente de color la dignidad de ser humano. La eliminación del "lado derecho" por medio de la inclusión del terror en el orden del día se inscribe bien en un contexto pensado en términos de un enfrentamiento de clases, del cual Grégoire, Robespierre y Marat se hicieron los portavoces en diversas ocasiones.

Semejante importancia de la problemática nocional del "lado izquierdo", que sobrepasa, pues, el mero hecho de la designación política, nos permite comprender por qué el momento jacobino no puede resumirse mediante su fase más activa, con "la insurrección" y el "terror" impuestos por la dinámica del "movimiento revolucionario" del "pueblo soberano" de 1792 a 1793. A decir verdad, si se quiere aprehender la dimensión sintética de ese momento, debemos partir aquí, como ha hecho acertadamente Françoise Brunel (1992), de la proposición de Billaud-Varenne de "crear un carácter nacional que identifique cada vez más al pueblo con su constitución". Tal carácter propio de la totalidad política permite actuar en el interior de un "movimiento nacional", ciertamente mediante la traducción permanente de la demanda popular, sin por ello dejar que se constituya "un poder ejecutivo revolucionario" autónomo, siempre susceptible de conducir al federalismo y, peor aún, de hacernos regresar a la tiranía. Con expresiones tales como "gobierno revolucionario" e "instituciones civiles" se configura en adelante un universo nocional donde la parte del proyecto es fundamental, al tiempo que se inscribe en un espacio intersubjetivo de sentimientos universalmente comunicables, según la formulación kantiana.

En efecto, el proyecto nacional del gobierno del año II despliega su actividad en el establecimiento de "instituciones civiles". La primera institución es la instrucción nacional. Esta enseña, según Barère, "la actividad revolucionaria" en tanto "primera cualidad cívica". La segunda atañe a la promoción de una "verdadera beneficencia" sobre la base de la "benevolencia recíproca", con un particular acento en el derecho a la subsistencia. Se trata aquí, siempre según Barère, pero esta vez en su Informe del 11 de mayo de 1794, de "hacer que la revolución gire en beneficio de quienes la sostienen". Por último, una tercera institución resulta igual de decisiva, la instauración del francés nacional (Balibar 1985), al cabo de una reflexión sobre la distribución entre el idioma francés y los idiomas no franceses.[12] Desde Grégoire afirmando, en su Informe al Comité de Instrucción Pública del 4 de junio de 1794, que "la unidad del idioma es parte integrante de la revolución", hasta Barère exclamando "Revolucionemos también la lengua" en su Informe sobre los dialectos del 27 de enero de 1794, se impone un programa político de universalización y de uniformización de la lengua francesa que dura hasta nuestros días (Schlieben-Langen 1996).

Por último, de una institución a otra, la noción de "fraternidad" desempeña un papel esencial, en la medida en que, como una suerte de mano invisible, es el garante de la armonía social, es decir, de un orden social tenso entre las imposiciones de la lucha inmediata y la parte necesaria del proyecto. También es un tiempo donde determinadas nociones prácticas, como *hospitalidad* (Wahnich 1997), adoptan una dimensión cívica en su totalidad, marcando así la concomitancia del movimiento de las instituciones y los principios que la fundan.

En el año II, la actividad revolucionaria llega definitivamente a su último término, al legitimar el proyecto político basado en la idea moderna de nación (Schnapper 2001). No es de extrañar, pues, que la transferencia nocional entre legisladores filósofos franceses y espectadores filósofos alemanes cobre entonces un auge considerable, como en el caso de las nociones de "revolución" y "nación", en el marco más amplio de las transferencias culturales franco-alemanas (Lüsebrink y Reichardt 1997). Así se valora en igual proporción el alcance práctico de los análisis de Marx sobre la *Montagne* en el año II en términos de extremo, en el contexto de la lectura por el joven Marx de la Revolución francesa (Guilhaumou, 2011; Brunel y Guilhaumou, 2012).

3) El momento termidoriano

Asimismo, el paradójico nexo entre el centro y los extremos permite pensar la continuidad del movimiento de las *nociones-conceptos* del momento de la convención al momento directorial, más allá del fracaso del movimiento jacobino con la caída de Robespierre en Termidor año II. Así pues, al proponer la noción historiográfica de "extremo centro" para calificar el punto ciego del momento directorial, Pierre Serna (2003) ha captado bien en qué medida el movimiento sostenido por la promo-

---

12　La Revolución "en su intento de 'uniformar el territorio' y de unir a la nación, no puede dejar de interrogarse sobre las diferencias que separan y atraviesan el país real", muy particularmente en el plano lingüístico (Julia y Revel 2008, 316).

ción de la noción de "poder ejecutivo" desde el inicio de la Revolución Francesa elimina progresivamente la retórica del deber ser, propia de los pensadores jacobinos, en beneficio de un dominio retórico de lo posible que desvía formas nocionales de la radicalidad revolucionaria ["clase (media)", "(partido de la) constitución", "orden (público)", "tiranía (del gobierno)", "anarquía (demagógica)", etc.] para valorar mejor un espacio moderado. Por otra parte, Marc Deleplace (2000) ha descrito la matriz lexical del reverso de tal "orden público", bajo la forma de un "desorden" propio de "la anarquía" y "los anarquistas", y aprehendido primero en su coherencia durante el momento termidoriano, luego en su caracterización cada vez más social durante el momento directorial. Por su parte, Sophie Wahnich (2003) ha demostrado hasta qué punto la confusión entre la noción de "orden social" y la de "orden público", realizada por los termidorianos, rechaza la demanda popular, y sobre todo su régimen emotivo, fuera del espacio público.

Del momento político termidoriano, en tanto preludio nocional del Directorio, recordemos también la inversión del "terror en el orden del día" por "el horror en el orden del día", conforme a un proceso discursivo descrito inicialmente por Bronislaw Baczko (1989). Este movimiento nocional tiende a romper la dialéctica jacobina de la lucha contra los enemigos de la Revolución y la instalación del gobierno revolucionario, ciertamente a favor de un radicalismo desviado.

Una de las consecuencias de esa ruptura es la utilización nueva en política del vocablo "reacción", tanto en París como en el interior del país (Stephen 2003). Pero más ampliamente y gracias al minucioso trabajo de Yannick Bosc (2016), lo que sobre todo llama nuestra atención es el constante *ajuste nocional* en cada debate en el seno de la Convención. A partir de un punto nocional fijo expresado en los discursos de Paine, que nos remite al posicionamiento de las nociones de "lazo social", "exclusión", "República", "igualdad", "libertad", etc. en la perspectiva del derecho natural declarado, el estudio de la movilidad nocional dentro de discursos antagonistas, en particular los de Boissy d'Anglas, pone de manifiesto une ruptura retórica en relación con 1789 en el hecho mismo de atenerse, a partir de entonces, a la noción de "orden social", como contrapeso del supuesto "desorden" de la experiencia revolucionaria. La referencia al derecho natural pierde su aspecto normativo, es decir, su dimensión de "reciprocidad" que tenía desde el inicio de la Revolución, en provecho de la afirmación de una propiedad positiva del individuo egoísta.

Todo esto se dice rápido, aunque solo fuera en relación con el avance de nuestros conocimientos históricos sobre el Directorio en el transcurso de estos últimos años. Pero, como sostiene Bernard Gainot (2001), en su estudio del concepto de "democracia representativa" en el seno del movimiento neojacobino del período directorial, los análisis lexicales, incluidos los suyos, se enfocan más en las designaciones sociopolíticas que en las nociones-conceptos.

Concluyamos, pues, sucintamente con el tiempo de la apertura de la tribuna y la máxima expresión liberal del momento napoleónico. Todo comienza con la insistencia retórica sobre la inmortalidad de la "gran Nación" en 1797 (Guiomar 2003) y culmina con la identificación de Napoleón con la nación bajo la expresión "Je suis national", tal como la encontramos en el *Mémorial de Sainte-Hélène*, obra estudiada desde una perspectiva de análisis del discurso por Didier Le Gall (2003). En el campo semántico de seis palabras-conceptos, "patria", "nación", "pueblo", "honor", "igualdad" y "libertad", las afirmaciones napoleónicas "soy la patria", "soy nacional", soy "el elegido del pueblo" se propone constituir una nueva comunidad de hombres que responda a los valores del honor, volviendo efectiva allí la unificación de esa comunidad con la igualdad y la libertad individual. Del "sentimiento fundamental" (Condillac), desplegado en "el sentimiento del yo" (Sieyès), al "sentimiento nacional" (Napoleón), el recorrido nominalista de la "metafísica política" se invierte, privilegiando ya no al individuo particular, sino su dimensión más globalizante, el "todo". Podemos sopesar el gran aprieto en el que se ve Sieyès, más bien cómodo y seguro de sí mismo en sus debates con Napoleón sobre "el camino de sus ideas metafísicas", cuando este último le pregunta, en medio de antiguos duques y marqueses, si contempla "al todo como finito", a él, que había sido el inventor del "todo de la nación". Sin saber qué responder, Sieyès se conforma con proferir una vaga interjección, "¡Oh, sí", inclinándose profundamente ante el emperador (Las Cases 1968, 516).

— Conclusión —

Luego de la redacción del presente texto en 2005, o sea, en estos últimos diez años, la atención de los investigadores se ha volcado al desarrollo de estudios con el objeto de conformar una "historia de la subjetividad revolucionaria" en relación con las proposiciones de Michel Foucault sobre la hermenéutica del sujeto (2002). En ese sentido, el acento puesto en la discontinuidad ha permitido circunscribir, de un período a otro, los principales paradigmas del estudio de los lenguajes de la Revolución francesa.

En el transcurso de los años 1970, domina *un paradigma externalista, aquel de la ideología,*[13] en el sentido de que los discursos son analizados como representaciones de la realidad revolucionaria. Ese paradigma fuertemente analítico se inscribe en el marco del estudio de las *condiciones de producción* del discurso revolucionario, en estrecho vínculo con la problematización marxista del jacobinismo histórico y la revolución permanente, del joven Marx a Gramsci. El campo histórico estudiado concierne esencialmente el discurso jacobino, muy especialmente en 1793-1794. La referencia a la hegemonía jacobina, como categoría instituyente de ese discurso, acentúa la dimensión externalista del análisis. Por otra parte, el método implementado se funda en el análisis de distintos corpus en parte informatizados, es decir, susceptibles de análisis lexicométricos con base lexical; luego toma en cuenta los criterios lingüísticos de la pragmática textual, sobre todo, la enunciación. Se instaura así una nueva forma de conocimiento práctico de la Revolución francesa en el marco del "giro lingüístico", entonces muy presente en la investigación en ciencias humanas y sociales. Sin embargo, esta perspectiva permanece cercana, en términos de resultados históricos, a los considerandos de la historiografía, como es el caso de la investigación a propósito del vocablo "sans-culotte" en Robespierre y en *Père Duchesne* de Hébert, siendo que el tema de la *sans-culotterie* está en el núcleo del enfoque marxista de Albert Soboul. La originalidad de la propuesta es de orden discursivo, por ejemplo, con la puesta en evidencia de una formación retórica jacobina diversificada dentro de la formación ideológica jacobina.

El segundo período se extiende a lo largo de toda la década de los años 1980, con el bicentenario de la Revolución francesa en perspectiva. Para el historiador del discurso, se trata entonces de disociar los criterios del análisis de los lenguajes de la Revolución francesa de los considerandos de la historiografía dominante, sin por eso abandonar la conceptualización marxista. En virtud de ello, la noción de representación, situada al

---

13 *La ideología* se entiende aquí como una lógica propia de la representación de una idea. Es procesual solo en la medida en que promueve la idea de movimiento contra las formas de sustantivación específica de los discursos dominantes (véanse las expresiones de "proceso ideológico", "formación ideológica" y "producción ideológica")

principio en el centro de los nexos establecidos entre representaciones discursivas y representaciones ideológicas, formaciones discursivas y formaciones ideológicas, es progresivamente reemplazada por la noción de *expresión*, que resulta más apropiada para dar cuenta de las materialidades discursivas. Se hace hincapié en la expresividad del lenguaje que remite a la propia vivencia y al modo en que esa vivencia se inscribe en la propia actividad del sujeto revolucionario. Este enfoque se abre a los espacios de transiciones y traducciones de un campo al otro del saber político en formación dentro de la diversidad misma de los actores de la Revolución francesa (espectadores, protagonistas, actores de primer plano).

Así pues, se instaura *un paradigma de la traductibilidad de los lenguajes*[14] sobre la base de nuevas perspectivas metodológicas tanto relativas al lenguaje como lingüísticas. Ciertamente, el nexo con la tradición marxista se mantiene por la referencia a la noción gramsciana de traductibilidad de los lenguajes y las culturas, y su fundamento, la historicidad del sentido común. Aquí, lo propio del sentido común es su constitución mediante la presencia de los juicios reflexivos tanto, si no más, de los espectadores del acontecimiento revolucionario como de sus actores. Como lo ha demostrado Kant, esos juicios hacen sentido común en la medida en que introducen, incluso en la sociedad civil, una simpatía de aspiración presente en el acontecimiento bajo la forma de un entusiasmo compartido asimismo por los espectadores (Foucault 2009). No obstante, Gramsci, al insistir en *Cuadernos de la cárcel*, particularmente en el 11 (1984), en el hecho de que todo lenguaje contiene los elementos de una concepción del mundo, considera que el sentido común es producto de un devenir histórico, por ende, tiene una fuerte dimensión de historicidad.

Pero es ante todo el aporte del método de la etnometodología, una de las principales corrientes de la sociología radical, y su interés por la reflexividad de las descripciones sociales (Garfinkel 2006), lo que permite abordar de cerca el decir y el actuar reflexivo de los actores revolucionarios, en particular en el espacio de los portavoces. Al enunciar el prin-

---

14 La traductibilidad de los lenguajes y las culturas remite a un proceso dialéctico que se expresa en el seno de las contradicciones del movimiento histórico, como la contradicción entre la ideología dominante y las ideologías dominadas propia de la lucha de clases. Pone de manifiesto formas recíprocamente traducibles o no de saberes dentro de los acontecimientos, por ejemplo, en lo que atañe a la presencia o no de acontecimientos revolucionarios en diversas culturas políticas europeas. Ese nuevo paradigma ha permitido así la apertura de la historia del discurso a la historia de los conceptos (Guilhaumou 2006a).

cipio de reflexividad de toda descripción, es entonces posible describir saberes discursivos en el seno mismo de las estructuras cotidianas de la actividad histórica.

Por otra parte, los operadores lingüísticos se delinean y se diversifican tanto por el lado del análisis lexical como del aporte del análisis gramatical. Asimismo, el análisis léxico-semántico se sistematiza con la publicación del *Dictionnaire des usages socio-politiques (1770-1815)* que, como hemos visto, es editado en volúmenes sucesivos y en términos de traductibilidad en torno a categorías expresivas definidas: las designaciones socio-políticos, las nociones-conceptos y las nociones específicas de la consciencia lingüística. La cohabitación del corpus con el archivo, la diseminación de los actores estudiados, la diversificación de los procedimientos discursivos tomados en cuenta, todo ello concurre a traducir la historicidad de la Revolución francesa en espacios recíprocos y discontinuos. Se pasa entonces del análisis de las condiciones de producción del discurso revolucionario al de sus *condiciones de posibilidad*, lo cual también tiende a internalizar la aproximación al proceso revolucionario, es decir, a situarla dentro de una discontinuidad temporal específica de las diversas formas históricas del sujeto revolucionario actuante.

En la actualidad, comienza a configurarse un paradigma más unitario, más conceptual, más identitario, aún más operativo, el *paradigma de la creencia*. Este paradigma nos sitúa siempre a mayor distancia de la explicación histórica en términos de práctica ideológica, pero también genera debate. En efecto, lo propio de recurrir a la *creencia* es introducir la historicidad de los lenguajes bajo las modalidades historicistas causa/efecto, fin/medio y, por ende, poner a distancia la expresividad del acontecimiento revolucionario, su autenticidad propia. En virtud de ello, se coloca el acento en el sujeto, su imaginario y no ya en la dimensión subjetiva de la expresión discursiva. El debate versa entonces en torno a la historia en el presente de la Revolución francesa: la noción de incertidumbre, relevo de la inquietud frente a los acontecimientos actuales, se opone a la certeza (Wittgenstein 1988) y a su corolario, la búsqueda de la autenticidad del acontecimiento. Los investigadores que asumen estas perspectivas afirman que sólo el presente es real, lo cual suscita un debate sobre lo que significa el instante presente de la experiencia en su simultaneidad misma. Frente a la afirmación de la presencia inteligible del pasado únicamente en el presente, se trata ahora de indagar en la veracidad de la afirmación "sólo el presente es real" (Perrin 2007), para sentar las bases de una genealogía del lenguaje fundada en el empleo cotidiano de las palabras de la Revolución francesa que permita colocarse a distancia de la creencia en la existencia de los actores de la Revolución como seres presentes. Tal genealogía discursiva de la creencia remite a una gramática efectiva de la expresión *indexical* "ahora", significativa de la afirmación de la única realidad del presente. En adelante, el conocimiento práctico del fenómeno revolucionario deriva, en términos de creencia, de una perspectiva ontológica y crítica, remite, pues, a una gramática de las *condiciones de existencia*, es decir, a las maneras de ser, de decir, de actuar dentro de un acto revolucionario sujeto a circunstancias particulares. El discurso revolucionario es entonces aprehendido en sus usos y no bajo la forma de tipos y reglas. Claro está que el reto mayor es el de la naturaleza de la verdad revolucionaria en el marco mismo de la discontinuidad histórica, pero ella depende del consentimiento que le conferimos, esto es, de la creencia. El enfoque de Sophie Wahnich de los afectos y emociones relacionados con la traducción del concepto de intuición sensible se sitúa en el centro de ese debate sobre el presente de los acontecimientos revolucionarios: esta investigadora confronta así a la posición actual que observa la Revolución Francesa únicamente en términos del presentismo. Los trabajos de Deborah Cohen sobre la identidad subjetiva del yo en Revolución, su identidad propia en relación con nuevas formas de identidades colectivas, asociadas a la noción de pueblo, se insertan en ese debate pero vinculados con el cuestionamiento marxista al cual adscribimos. Aquí, las identidades individuales y las identidades colectivas, como en el caso del sujeto-ciudadano y del pueblo, se convierten en tantos enigmas lexicales, del mismo modo que se habla hoy de enigma revolucionario (Tarragoni 2015), como existen maneras de ser, de decir y de hacer perceptibles en lo que dice el actor revolucionario actuando en el seno del pueblo. En esta vía, un renovado interés por el léxico de la Revolución francesa cobra una dimensión específica. Tal es el caso de la herramienta lexicométrica excepcional de la que disponemos desde hace poco con el primer volumen del *Dictionnaire Robespierre* (Vetter, 2015). Mientras que los primeros trabajos sobre el discurso de Robespierre se interesaban, por ejemplo, en el campo semántico de "virtud" (Geffroy 1977), este Diccionario brinda el recuento de los casos donde aparecen las siguientes expresiones: "virtud cívica"/"virtudes cívicas", "virtud política", "virtud privada"/"virtudes privadas", "virtud pública"/"virtudes públicas", "virtud republicana"/"virtudes republicanas", "virtudes domésticas", "virtudes sociales". Y el examen de sus frecuencias permite entonces comprobar la neta predominancia, en la línea rousseauniana, de la esfera pública sobre la esfera privada a raíz de un ajuste constante, crítico y recíproco de la práctica de la virtud en un deber ético, frente a una visión lábil de la virtud.

En este nuevo marco de una aproximación a las identidades revolucionarias, proponemos actualmente constituir una gramática discursiva de la "lucha de clases" propia de la acción política a lo largo de la Revolución francesa. A distancia de las categorías de la historiografía de la Revolución francesa, se trata de considerar esa gramática como un libro de cuentas que revela las "transacciones lingüísticas reales" (Wittgenstein). De hecho, nuestra investigación discursiva más reciente (Guilhaumou 2015) trata de las formas relativas al lenguaje de las identidades individuales comprensibles a partir de un corpus de *Conducta políticas* revolucionarias del año II, que han permanecido manuscritas e inscriben la lucha de clases en una temporalidad discursiva homóloga a una gramática de la primera persona, del "Yo". Así podemos reformular qué hay de nuevo en la articulación de las identidades individuales con la identidad colectiva expresada en las consignas del movimiento revolucionario en 1793. Lo cual nos permite poner en evidencia una gramática de la negación y de la coordinación situada en el interior mismo del proceso dialéctico de la lucha de clases. La cuestión del abordaje de los lenguajes de la Revolución francesa en términos de creencia es, por ende, la siguiente: cómo identificar una revolución que ciertamente posee la virtud de ser ella misma, de ser expresiva, pero donde nuestra mirada reconoce identidades específicas y, por lo mismo, introduce un debate sobre la creencia en cierta forma de instantaneidad del presente del acontecimiento revolucionario en el presente actual. ¿A través de qué vía configurar discursivamente la identidad individual ciudadana y la identidad colectiva popular en un mismo objeto, si semejantes identidades se subjetivan en formas de creencia? ¿La subjetivación revolucionaria remite a expresiones subjetivas auténticas o a Sujetos de creencia tomados del imaginario del pasado reconocible únicamente a través del presente? Es en virtud de los dilemas introducidos por estas cuestiones que proponemos una "línea de análisis gramatical" para el avance y el enriquecimiento de los trabajos sobre los lenguajes de la Revolución francesa.

— Bibliografía —

Aberdam, S. *et al.* (1999), *Voter, élire pendant la Révolution française (1789-1799). Guide pour la recherche*, Paris.

Baczko, B. (1989), *Comment sortir de la terreur. Thermidor et la Révolution*, Paris.

Baecque, A. de (2000), *Les éclats du rire. La culture des rieurs au 18ᵉ siècle*, Paris.

Baker, K. (1990), *Au tribunal de l'opinion. Essai sur l'imaginaire politique au XVIIIᵉ siècle*, Paris.

Balibar, R. (1985), *L'institution du français. Essai sur le colinguisme des Carolingiens à la République*, Paris.

Bell, D. (1994), *Lawyers and Citizens. The Making of French Political Elite in Old Regime France*, Oxford.

Bell, D. (2001), *The Cult of the Nation in France. Inventing Nationalism, 1680-1820*, Cambridge, Mass.

Biard, M. (2002), *Missionnaires de la République. Les représentants du peuple en mission (1793-1795)*, Paris.

Bosc, Y. (2016), *La terreur des droits de l'homme. Le républicanisme de Thomas Paine et le moment thermidorien*, Paris.

Bödeker, H.E. (dir.) (2002), *Begriffsgeschichte, Diskursgeschichte, Metapherngeschichte*, Göttingen.

Brunel, F. (1992), "Introduction", en J.-N. Billaud-Varenne, *Principes régénérateurs du système social*, Paris, pp. 13-62.

Brunel, F. y Guilhaumou, J. (1991), "Les moments de la Révolution française et la synthèse politique", en A. de Baecque y M. Vovelle (eds.), *Recherches sur la Révolution*, Paris, pp. 45-51.

Brunel, F. y Guilhaumou, J. (2012), "Extrême, extrêmes: réflexions sur Marx, le côté gauche et les Montagnards", en M. Biard, B. Gainot, P. Pasteur y P. Serna (dirs.), *Extrême? Identités partisanes et stigmatisation des gauches en Europe (XVIIIᵉ-XXᵉ siècle)*, Rennes, pp. 67-81.

Cohen, D. (2010), *La nature du peuple. Les formes de l'imaginaire social (XVIIIᵉ-XXIᵉ siècles)*, Seyssel.

Deleplace, M. (2000), *L'anarchie de Mably à Tournon (1750-1850). Histoire d'une appropriation polémique*, Lyon.

Dupuy, H. (1994), "L'épiphanie républicaine dans les actes de la séance inaugurale de la Convention", en M. Vovelle (dir.), *Révolution et République. L'exception française*, Paris, pp. 159-171.

Équipe "18ᵉ et Révolution" (F. Dougnac, A. Geffroy, J. Guilhaumou, M.-F. Piguet, R. Monnier (eds.) (1985-2003), *Dictionnaire des usages socio-politiques (1770-1815)*, Paris, 7 vols.

Équipe "18ᵉ et Révolution (dir.) (1995), *Langages de la Révolution*, Paris.

Fauré, C. (1992), *Les déclarations des droits de 1789*, Paris.

Fauré, C. (1997), *Ce que déclarer veut dire: histoires*, Paris.

Foucault, M. (2002), *La hermenéutica del sujeto. Curso en el Collège de France (1981-1982)*, México.

Foucault, M. (2009), *El gobierno de sí y de los otros. Curso en el Collège de France (1982-1983)*, Buenos Aires.

Gainot, B. (2001), *1799, un nouveau jacobinisme? La démocratie représentative, une alternative à Brumaire*, Paris.

Garfinkel, H. (2006), *Estudios de etnometodología*, Barcelona.

Gauthier, F. (1992), *Triomphe et mort du droit naturel en révolution: 1789-1795-1802*, Paris.

Gauthier, F. (2002), *Périssent les colonies plutôt qu'un principe! Contributions à l'histoire de l'abolition de l'esclavage, 1789-1804*, Paris.

Gauthier, F. *et al.* (dir.) (1995), *La politique comme science morale. Colloque Mably*, Bari.

Fabio Wasserman (comp.)

Gautier, C. (1993), *L'invention de la société civile. Lectures anglo-écossaises (Mandeville, Smith, Ferguson)*, Paris.

Geffroy, A. (1977), *Matériaux pour l'histoire du vocabulaire français*, Paris, t. 11.

Gordon, D. (1994), *Citizens without Sovereignty. Equality and Sociability in French Thought 1670-1789*, Princeton.

Gramsci, A. (1984), *Cuadernos de la cárcel*, México, t. 4 (cuadernos 9, 10, 11 y 12).

Guilhaumou, J. (1989), *La langue politique et la Révolution française*, Paris.

Guilhaumou, J. (1998), *L'avènement des porte-parole de la République (1789-1792). Essai de synthèse sur les langages de la Révolution française*, Lilles.

Guilhaumou, J. (2002) "L'histoire linguistique des usages conceptuels à l'épreuve des événements linguistiques", en H. Bödeker (dir.) *Begriffsgeschichte, Diskursgeschichte, Metapherngeschichte*, Göttingen, pp. 123-158.

Guilhaumou, J. (2005), "La langue politique et la Révolution française", *Langage & Société* 113, Le politique en usages (XIVᵉ-XIXᵉ siècle), pp. 63-92.

Guilhaumou, J. (2006a), *Discours et événement. L'histoire langagière des concepts*, Besançon.

Guilhaumou, J. (2006b), "Sieyès et le non-dit de la *sociologie*: du mot à la chose", *Revue d'Histoire des Sciences Humaines* 15, Naissance de la science sociale (1750-1850), pp. 117-134.

Guilhaumou, J. (2011), "Marx et la langue jacobine. Un espace de traduisibilité politique", en J. Guilhaumou y P. Schepens (dirs.), *Matériaux philosophiques pour l'analyse de discours*, Besançon, pp. 51-82.

Guilhaumou, J. (2015), "Révolution française et grammaire de la lutte de classe. Marx, Gramsci, Wittgenstein", *Actuel Marx* 58, Histoire et lutte de classes, pp. 76-92.

Guilhaumou, J. y Branca, S. (2003), "Socialisme", en Équipe "18ᵉ et Révolution" (eds.), *Dictionnaire des usages socio-politiques*, Paris, vol. 7, pp. 143-180.

Guilhaumou, J. y Monnier, R. (dirs.) (2003), *Des notions-concepts en révolution*, Paris.

Guiomar, J.-Y. (2003), "Histoire et signification d'une expression célèbre: la grande nation (août 1797-automne 1799)", en Equipe "18ᵉ et Révolution", *Dictionnaire des usages socio-politiques*, Paris, vol. 7, pp. 67-82.

Hanson, P. (2003), *The Jacobin Republic under Fire. The Federalisre Revolt in the French Revolution*, Pennsylvania.

Hermont-Belot, R. (2000), *L'abbé Grégoire. La politique et la vérité*, Paris.

Higonnet, P. (1998), *Goodness beyond Virtue. Jacobins during the French Revolution*, Cambridge, Mass.

Hunt, L. (2003) "The World We Have Gained: the Future of the French Revolution", *American Historical Review* 108/1, pp. 1-19.

Julia, D. y Revel, J. (2008), "Posfacio", a M. de Certeau, D. Julia y J. Revel, *Una política de la lengua*, México.

Kaufmann, L. (2000), *A la croisée des esprits. Esquisse d'une ontologie du fait social: l'opinion publique*, Tesis de doctorado, Paris.

Kaufmann, L. y Guilhaumou, J. (eds.) (2003), *L'invention de la société. Nominalisme politique et science sociale au XVIIIᵉ siècle*, Paris.

Koselleck, R. (1993), *Futuro pasado. Para una semántica de los tiempos históricos*, Barcelona.

Lapied, M. y Guilhaumou, J. (1997), "L'action politique des femmes pendant la Révolution française", en C. Fauré (ed.), *Encyclopédie historique et politique des femmes*, Paris, pp. 139-168.

Las Cases, E. de (1968), *Mémorial de Sainte-Hélène*, Paris.

Le Gall, D. (2003), *Napoléon et le Mémorial de Sainte-Hélène. Analyse d'un discours*, Paris.

Lüsebrink, H., Reichardt, R. y Schmitt, E. (dirs.) (1985-2000), *Handbuch politisch-sozialer Grundbegriffe in Frankreich (1680-1820)*, München, Heft 1-20.

Lüsebrink, H. y Reichardt, R. (1990), *Die "Bastille". Zur Symbolgeschichte von Herrschaft und Freiheit*, Frankfurt-am-Main.

Lüsebrink, H. y Reichardt, R. (1997), *Kulturtransfer im Epochenumbruch Frankreich- Deutschland 1770 bis 1815*, Leipzig.

Maldidier, D. y Robin, R. (1974), "Polémique idéologique et affrontement discursif en 1776: les grand édits de Turgot et les remontrances du Parlement de Paris", en J. Guilhaumou, D. Maldidier, A. Prost y R. Robin, *Le discours comme objet de l'histoire*, Paris, pp. 13-81.

Monnier, R. (1994), *L'espace public démocratique. Essai sur l'opinion à Paris de la Révolution au Directoire*, Paris.

Monnier, R. (2001), "Démocratie représentative et république démocratique", *Annales Historiques de la Révolution française* 3, pp. 1-21.

Monnier, R. (2002), "Autour des usages d'un nom indistinct: *peuple* sous la Révolution française", *Dix-huitième siècle* 34, pp. 389-418.

Monnier, R. (2003), "Républicanisme et Révolution française", *French Historical Studies* 26/1, pp. 87-118.

Perrin, D. (2007), *Le flux et l'instant. Wittgenstein aux prises avec le mythe du présent*, Paris.

Pertué, M. (2003), "La notion de constitution à la fin du 18ᵉ siècle", en J. Guilhaumou y R. Monnier (dirs.), *Des notions-concepts en révolution*, Paris, pp. 39-54.

Pettit, P. (2004), *Républicanisme. Une théorie de la liberté et du gouvernement*, Paris.

Reichardt, R. (1997), "Die *Revolution*- ein magischer Spiegel", en H.J. Lüsebrink y R. Reichardt (eds.), *Kulturtransfer im Epochenumbruch Frankreich-Deutschland 1770 bis 1815*, Leipzig, vol. 2, pp. 883-999.

Reichardt, R. (2003) "Visualiser la logomachie entre *Lumières* et *Ténèbres* ou les étranges métamorphoses de l'éteignoir dans les estampes (1789-1830)", en J. Guilhaumou y R. Monnier (dirs.), *Des notions-concepts en révolution*, Paris, pp. 15-38.

Rosanvallon, P. (2007), *El modelo político francés. La sociedad civil contra el jacobinismo, de 1789 hasta nuestros días* [2004], Buenos Aires.

Rosenfeld, S. (2001), *A Revolution in Language. The Problem of Signs in Late Eighteenth-Century France*, Stanford.

Schnapper, D. (2001), *La Comunidad de los ciudadanos: acerca de la idea moderna de nación*, Madrid.

Schlieben-Langen, B. (1996), *Idéologie, révolution et uniformité de la langue*, Liège.

Serna, P. (2002), "Existe-t-il un 'extrême centre'? Ou le point aveugle de la République directoriale. L'exemple de la *Décade*", en J. Guilhaumou y R. Monnier (dirs.), *Des notions-concepts en révolution*, Paris, pp. 149-168.

Stephen, C. (2003), "*Réaction* dans le Midi: le vocable de la vengeance", en J. Guilhaumou y R. Monnier (dirs.), *Des notions-concepts en révolution*, Paris, pp. 157-186.

Tackett, T. (1997), *Par la volonté du peuple. Comment les députés de 1789 sont devenus révolutionnaires*, Paris.

Tarragoni, F. (2015), *L'énigme révolutionnaire*, Paris.

Tournier, M. (2003), "Préface" a J. Guilhaumou y R. Monnier (dirs.) *Des notions-concepts en révolution*, Paris.

Van Kley, D. (1994), *The French Idea of Freedom. The Old Regime and the Declaration of Rights of 1789*, Stanford.

Vetter, C., Marin, M. y Gon, E. (2015), *Dictionnaire Robespierre. Lexicométrie et usages langagiers. Outils pour une histoire du lexique de l'Incorruptible*, Trieste.

Viola, P. (1989), *Il trono vuoto. La transizione delle sovranita nella rivoluzione francese*, Torino.

Viola, P. (1993), *Il crollo dell'antico regime. Politica e antipolitica nella Francia della Rivoluzione*, Roma.

Wahnich, S. (1999), "Les révoltes de l'hospitalité. Analyse sémantique d'une notion pratique", en Équipe "18e et Révolution", *Dictionnaire des usages sociopolitiques (1770-1815)*, Paris, vol. 6, pp. 31-51.

Wahnich, S. (2003), "Désordre social et émotions publiques pendant la Révolution française", en L. Kaufmann y J. Guilhaumou (eds.), *L'invention de la société. Nominalisme politique et science sociale au XVIIIe siècle*, Paris, pp. 227-260.

Wittgenstein, L. (1988), *Sobre la certeza*, Barcelona.

Capítulo IV

La polisemia de las revoluciones franco-antillanas

Alejandro E. Gómez

UNIVERSITÉ SORBONNE NOUVELLE-PARIS 3

A fines de enero de 1794 se incorporaron a la Convención Nacional, en París, los tres representantes que habían sido elegidos por la colonia de Saint-Domingue. Entre ellos figuraba un hombre de color llamado Jean-Baptista Belley, un antiguo esclavo y veterano de los conflictos revolucionarios en ese territorio caribeño. La llegada de este personaje a la capital francesa generó una ola de euforia, ya que su presencia simbolizaba no sólo el fin de la esclavitud sino también el carácter universal de la revolución que estaban viviendo.

Este hecho es uno de los mejores ejemplos de los muchos entrelazamientos que se pueden hacer entre la metrópoli y los espacios coloniales durante era revolucionaria. En efecto, desde Pondichery y Chardenagore en la India, pasando por el archipiélago de las islas Mascareñas en el Océano Índico y la Isla de Gorea en la costa de Senegal, hasta los espacios caribeños y norteamericanos, el proceso revolucionario metropolitano generó gran expectativa, y a veces incluso conflictos y dinámicas políticas análogas a las suscitadas en la metrópoli.[1]

Estas situaciones fueron particularmente intensas en las Antillas Francesas, lo cual se debió, sobre todo, al estrecho contacto entre ese espacio insular y la metrópoli. A esto habría que agregar la importancia que tenían las plantaciones en esas islas para el comercio atlántico francés y, por ende, para los *hinterlands* de las principales ciudades portuarias metropolitanas y la economía francesa en general. Otra variable de importancia eran las profundas diferencias existentes entre los diversos sectores que conformaban las poblaciones coloniales, y que el proceso revolucionario avivó. Para el caso antillano, se trataba de 'sociedades de

---

[1] Wanquet 1991; Carton 2008; Biondi y Little 2016; Pouliquen 1989

tres niveles', es decir, conformadas esencialmente por Blancos, libres de color, y Negros; los cuales, a su vez, podríamos subdividir *grosso modo* de la siguiente manera:

Los llamados negociantes (*négociants*), representantes de mercaderes y armadores metropolitanos que apoyaban el mantenimiento del pacto colonial o *exclusif*, pero no el monopolio de las compañías comerciales.

Los colonos (*colons*), conformados por metropolitanos y Blancos criollos, subdivididos, por un lado, en Pequeños Blancos (*petit Blancs*), artesanos y cultivadores que competían con los sectores de color de condición libre; y por el otro, en Grandes Blancos (*grands Blancs* o *habitants*), propietarios de plantaciones y que, en muchos casos, eran de linaje aristocrático.

La gente de color (*gens de couleur*), compuesta sobre todo por individuos mezclados o *sang-mêlés* con distintos niveles ascendencia euroafricana (principalmente mulatos y cuarterones), y también por los Negros libres. Estos sectores eran crecientemente discriminados debido, sobre todo, a los resquemores que generaba el aumento de su población, y al impacto de una suerte de racismo ilustrado. Pese a las diferencias y la desconfianza recíproca existente con los Blancos, y tal como sucedía en otros espacios coloniales, los sectores de color de condición libre normalmente apoyaban el mantenimiento del sistema esclavista y colaboraban con los primeros para sofocar las frecuentes revueltas de esclavos y para combatir el cimarronaje.

Finalmente estaban los esclavos, los cuales, en vista de que se trataba de colonias de plantación, eran muy numerosos hasta el punto de superar ampliamente a los Blancos y a la gente de color, llegando a alcanzar el medio millón en el caso de Saint-Domingue.

Los espacios coloniales franceses eran gobernados directamente desde Versalles, a través de los departamentos de colonias y de la marina bajo la dirección de un ministro secretario de Estado. Esta forma despótica de gobierno ministerial, y el mantenimiento del pacto colonial, habían sido tradicionalmente foco de tensiones con los colonos antillanos. Esta situación llevó a la introducción de reformas en la segunda mitad del siglo XVIII, entre la cuales cabe destacar la atenuación relativa de las restricciones monopólicas del pacto colonial (el llamado *exclusif mitigé*). Esta iniciativa buscaba aumentar la introducción de esclavos, y también calmar las aspiraciones políticas de los colonos mediante la creación de asambleas coloniales para la gobernación provincial. Esta última medida fue aplicada en las llamadas Islas del Viento (Îles du vent) o Antillas Menores en 1787, quedando pendiente para Saint-Domingue. Estas asambleas fueron ocupadas principalmente por Grandes Blancos, principales propietarios de las islas, lo que agudizó las diferencias que estos tenían con los negociantes.

Otros focos de tensión lo constituían las frecuentes revueltas de esclavos (sobre todo en Saint-Domingue, donde todavía estaba fresca en la memoria la tentativa de revuelta de Mackandal de 1758), a lo cual habría que agregar la existencia de gran cantidad de cimarrones, y el aumento de la población de color libre. Entre los miembros de este último sector existía una poderosa elite mulata, sobre todo en la Provincia del Sur de Saint-Domingue. Pese a sus fortunas y altos niveles de blanqueamiento (muchos eran cuarterones), eran crecientemente discriminados en términos raciales, por lo que elevaron quejas a las más altas autoridades de la colonia, e incluso obsequiaron una costosa embarcación al monarca en 1783. Por otro lado, las colonias antillanas presentaban graves problemas económicos en la víspera de la revolución, como las consecuencias alimentarias a nivel local de la baja de la producción de trigo en la metrópoli, y el paso de un poderoso huracán que arrasó las Islas del Viento y algunas regiones al sur de Saint-Domingue. Las penurias subsiguientes en esta última colonia obligaron a las autoridades locales a introducir modificaciones en el pacto colonial, atenuando aún más el *exclusif*, a lo cual se opuso el gobierno metropolitano lo que reavivó las tensiones con los colonos.

Este es el contexto en el el estalla la revolución o las revoluciones en los espacios franco-antillanos. Para explicarlas estudiaremos en forma articulada las particularidades de los conflictos y procesos políticos que se produjeron en la metrópoli y en los espacios coloniales antillanos desde 1789 hasta la independencia de Haití en 1804. Se trata de un período en el que, debido sobre todo a la aceleración del tiempo histórico, las nociones políticas y sus derivaciones morfológicas se caracterizan por tener una polisemia en extremo activa, la cual se va adaptando a la dinámica de los acontecimientos. En lo que se refiere a la noción de *revolución*, si bien va a mantener el sentido político de cambio súbito e irrevocable de régimen, durante el período se pueden apreciar igualmente otros usos (por ejemplo, para denominar conmociones sociales, reformas políticas, cambios de ministro, independencias coloniales y golpes de Estado), así como también valoraciones opuestas y gradaciones destacando, sobre todas las demás, las "grandes" revoluciones: la de 1792 que fundó la república, y la de 1794 que acabó con el régimen del Terror (Rey 1989 y 2010).

Los rasgos particulares de los espacios coloniales franceses en el arco de las Antillas abrían la posibilidad de que el proceso político que estaba en marcha en la metrópoli pudiese generar en ellas "algunas extrañas revoluciones", como bien advertía a sus superiores el gobernador de Guadalupe en octubre de 1789. Pese a ello, como veremos a lo largo del trabajo, los mismos no escaparon a la polisemia semántica y valorativa generada en el proceso revolucionario francés, al menos no hasta que la ruptura con la metrópoli se hizo necesaria para el caso de Saint-Domingue.

— Revoluciones a medida —

Desde la convocatoria a Estados Generales en enero de 1789, cada facción con intereses o sensibilidades relativas a los espacios coloniales buscaron aprovechar la coyuntura para –como dijera un colono en la época– "operar la revolución que desean". Para ello hicieron uso de una práctica común en el período revolucionario: conformaron círculos y clubes políticos a través de los cuales ejercieron presión para lograr sus objetivos. Los armadores y mercaderes de los puertos metropolitanos se reunieron en torno al *Comité des députés extraordinaires des manufactures et du commerce de France*. Su influencia fue tal que –en aras del libre comercio, pero sin tocar el *exclusif*– lograron la abolición de los privilegios monopólicos de la *Compagnie des Indes*, y la postergación indefinida de toda discusión relacionada con el lucrativo comercio atlántico de esclavos.

Los colonos por su parte fundaron varias asociaciones políticas, entre las cuales cabe destacar dos. En primer lugar, el *Comité des colons de Saint-Domingue*, también llamado *Comité Colonial*. Fundado en julio de 1788 por plantadores absentistas, sus miembros lograron arrogarse una parte importante de la representación de esa colonia en las distintas asambleas que se formaron durante todo el período revolucionario en la metrópoli. En segundo lugar, la *Société correspondante des colons français* o, simplemente, *Club Massiac* (nombre tomado de la casa señorial que ocupaba en París). A esta sociedad no le interesaba, a diferencia de la anterior, la reducida representación colonial, sino tratar directamente con los ministros para evitar la aprobación de leyes coloniales adversas a los intereses de sus miembros.

En el campo adversario surgió la llamada *Société des Amis de Noirs*. Fundada en 1788 por el líder girondino Jacques-Pierre Brissot, contó entre sus filas con eminentes políticos de la época como Condorcet, Mirabeau, Pétion y el abate Grégoire. Esta sociedad se inspiró sobre todo en la organización y objetivos del Comité británico para la supresión del comercio de esclavos fundada el año anterior en Londres, aunque diferenciándose de éste por su carácter eminentemente laico. Sus objetivos iniciales eran la supresión de la trata y la abolición gradual de la esclavitud; lo cual, de lograrse, constituiría en sí mismo, en palabras de Brissot, una revolución. Hacia fines de 1791, al ver frustrados sus esfuerzos, se concentraron en la lucha por la igualdad política para la gente de color. Este giro la alejaba de las causas para las cuales había sido fundada, por lo que sus actividades menguaron pues comenzaron a confundirse con las de la incipiente facción de la Gironda, liderada por el mismo Brissot. En la disolución de dicha sociedad probablemente también contribuyó la simpatía que demostraron hacia la causa anti-esclavista individuos de otras facciones políticas que no eran miembros de la sociedad, como el líder montañés Maximilien Robespierre, quien se oponía a la trata de esclavos y que, en esa misma época, defendió entusiastamente la causa de la gente de color.

Las elites mulatas de Saint-Domingue también tuvieron delegaciones en la metrópoli. Su objetivo principal era contrarrestar la creciente discriminación racial de la que eran víctimas, la cual, desde su punto de vista, violaba sus derechos de súbditos franceses (por ser descendientes de hijos legítimos de colonos) consagrados en el Código Negro de 1685. Pese al éxito relativo que tuvieron inicialmente sus gestiones, se les negó la designación de representantes a los Estados Generales y la redacción de *Cahiers de doléances* (registro de aspiraciones y quejas de las asambleas que elegían los diputados a dicho cuerpo). En 1789, uno de los referidos delegados de nombre Vincent Ogé, se dirigió al *Club Massiac* buscando ingenuamente hacer causa común con el círculo de los plantadores en temas de posible interés mutuo (como la remoción de autoridades metropolitanas en las colonias, la elección de generales o intendentes por las asambleas coloniales, la apertura de los puertos antillanos al comercio extranjero, etc.), y ante el peligro que corrían de perder su patrimonio ante las posibles rebeliones de esclavos que podrían estallar motivadas por el clima revolucionario que se respiraba en el Atlántico francés. Ante la apatía de estos, los delegados de color se tornaron hacia los *Amigos de los Negros*, quienes asumieron entusiastamente la defensa de su causa. Con el apoyo de estos, y aprovechando la aprobación de los *Derechos del Hombre y del Ciudadano*, fueron finalmente escuchados en la Asamblea Nacional en octubre de 1789; no logrando, sin embargo, tener una representación propia.

— Autonomía para las colonias —

El 8 marzo de 1790, los colonos y negociantes en conjunto lograron que la Asamblea Nacional sancionara un decreto que establecía el libre comercio y la eliminación de los privilegios de las compañías comerciales en las Antillas. Al año siguiente lograron lo propio con la costa occidental de África. Todo ello a pesar de los esfuerzos para abolir la trata por parte de influyentes políticos amigos de los Negros, como Brissot y Mirabeau, quienes criticaban duramente la postura de todos aquellos que proponían el fin de los privilegios de las compañías por atentar contra la libertad, mientras hipócritamente apoyaban el mantenimiento la esclavitud y la trata de esclavos. Dicho decreto también otorgaba mayor autonomía política a las asambleas coloniales, lo que era un verdadero logro para los colonos. Seguidamente, el día 28 de ese mismo mes, se aprobó una instrucción que establecía que los electores para las asambleas coloniales serían sólo aquellos que cumpliesen con las condiciones para ser ciudadanos activos, pero sin indicar claramente si la gente de color podía cumplir con tal condición, algo que habían exigido en los debates previos los asambleístas amigos de los Negros.

Esta ambigüedad generó una serie de conflictos en prácticamente todas las Antillas Francesas, cuando los Pequeños Blancos pretendieron impedir que los mulatos ejerciesen el derecho a ser electores. El primero y más grave tuvo lugar el 3 de junio de 1790 en Saint-Pierre, un importante puerto comercial al norte de Martinica, donde catorce milicianos de esa condición fueron masacrados cuando pretendieron desfilar junto a los miembros de la recientemente creada Guardia Nacional, durante las celebraciones de la tradicional Fiesta de Dios. Este hecho marcó el inicio de una guerra civil en la que se vieron enfrentados el partido de mulatos y plantadores contra el de los negociantes y los Pequeños Blancos. Este conflicto se extendió rápidamente a Guadalupe y otras islas francesas más pequeñas en las Islas del Viento; las cuales, en conjunto, compartían una gobernación común ubicada en la ciudad de Fort-Royal (al suroeste de Martinica). Los enfrentamientos no mermaron sino hasta finales año, tras la llegada de un poderoso contingente armado enviado desde la metrópoli; una parte del cual se dirigió a Saint-Domingue, para evitar que las convulsiones se extendieran a esa importante colonia.

En efecto, en Saint-Domingue se estaban presentando situaciones similares con numerosos linchamientos de mulatos desde fines de 1789. Allí, a diferencia de Martinica, los pequeños y los Grandes Blancos habían logrado ponerse de acuerdo para relajar las exigentes condiciones censitarias establecidas en la metrópoli para ser elector, pero dejando explícitamente fuera a los mulatos de la ciudadanía. De tal manera, entre marzo y abril de 1790, se conformó en la ciudad de Saint-Marc (al centro-oeste de la colonia) y únicamente con miembros blancos, la denominada Asamblea General de la Parte Francesa de Saint-Domingue. Desde su instauración, este cuerpo procuró evitar la aplicación de todo decreto proveniente de la metrópoli favorable a los afro-descendientes de condición libre. También dio pasos importantes para poner fin al *exclusif,* decretando la libertad total de comercio con el extranjero, e incluso, en pos de establecer mayor autonomía con la aprobación de unas bases constitucionales para la colonia que disminuían considerablemente los poderes del gobernador y del intendente.

Estas medidas produjeron una breve guerra civil, la cual terminó cuando las fuerzas de "pompones rojos" de la asamblea de Saint-Marc, fueron derrotadas por las fuerzas de "pompones blancos" leales al gobernador Blanchelande –sobre estas categorías se volverá más adelante–. Muchos asambleístas lograron escapar y se embarcaron para la metrópoli, donde, en vista de que eran considerados como los legítimos representantes de los ciudadanos de Saint-Domingue, fueron escuchados en la Asamblea Nacional. Finalmente se decidió disolver la asamblea general de Saint-Marc en octubre de 1790, temiendo que la situación pudiese degenerar afectando la producción agrícola y, sobre todo, que la colonia se independizara siguiendo el ejemplo de los Estados Unidos.

— Ciudadanía para los mulatos —

Aquel mismo mes, la Asamblea Nacional aprobó un decreto mediante el cual se prohibía a sí misma discutir sobre el estatus político de los habitantes de las colonias (incluyendo, por supuesto, a la gente de color), a menos que fuese solicitado explícitamente por las asambleas coloniales dominadas por los Blancos locales. Esta medida presumidamente conciliadora fue criticada duramente por los amigos de los Negros, sobre todo por el abate Grégoire quien advirtió sobre una posible insurrección mulata. Es probable que para ese entonces Grégoire ya estuviera al corriente de las intenciones de Vincent Ogé, quien desde mediados de julio de 1790 había partido de vuelta a Saint-Domingue. Una vez en esta colonia, Ogé conformó un pequeño contingente armado de alrededor de 700 mulatos. Su cuartel general lo estableció al sur de Cap-français, en Grande Rivière, desde donde envió una comunicación a la Asamblea Colonial exigiéndole que honrara la instrucción del 28 de marzo aceptando en su cuerpo a representantes de la gente de color. Para evitar confusiones y también evitando aumentar los temores de los Blancos, en esa misma misiva dejó claro que su petición no incluía a los esclavos negros. Luego de una corta resistencia, la tentativa de insurrección fue aplacada por una fuerza militar de pompones blancos y rojos que se habían unido ante la "amenaza" mulata. Esto forzó a Ogé y otros cabecillas a huir a Santo Domingo, donde fueron aprehendidos por las autoridades españolas y luego extraditados. De vuelta en Saint-Domingue, se les siguió juicio tras el cual fueron condenados a muerte. Así, el 9 de marzo de 1791, el cuarterón y líder del movimiento insurreccional mulato, Vincent Ogé, fue quebrado en la rueda en la plaza pública de Cap-français.

Cuando la noticia de esta cruel ejecución llegó a París, provocó una ola de indignación, lo cual fue explotado hábilmente por los amigos de los Negros, quienes venían defendiendo la legitimidad de la causa de los mulatos para justificar su insurrección. Con el pasar de los días, el apoyo a los mulatos fue aumentando, como se pudo apreciar en las numerosísimas declaraciones de apoyo o *votos* que hicieron llegar a la Asamblea Nacional muchas sociedades de Amigos de la Constitución de todos los rincones del país. Esta presión generó un candente debate en la Asamblea Nacional que condujo a la aprobación de un decreto el 15 de mayo de 1791, en el cual finalmente se permitía el acceso a la ciudadanía activa a la gente de color; aunque en realidad, sólo las elites mulatas podrían disfrutar de este privilegio, ya que normalmente eran ellas las únicas que cumplían con la condición exigida de legitimidad (tener padre y madre libres). Esta medida provocó la ira de los Blancos en Saint-Domingue, quienes impidieron su aplicación arguyendo que no se debían eliminar las barreras "inalterables" e "insuperables" del color, pues ello acarrearía el fin de la institución de la esclavitud. Por lo tanto, siguieron impidiendo que la gente de color tuviese representación en las asambleas coloniales. De inmediato los mulatos se organizaron para defender sus derechos, comenzando así otra guerra civil.

— ¿Una revolución vudú? —

Este conflicto se vio opacado por una rebelión masiva de esclavos que estalló en agosto de 1791 en Cap-français la Planicie del Norte (*Plaine du nord*), una región con numerosas plantaciones y donde se concentraba la mayor parte de los esclavos de la colonia. La misma venía siendo planeada desde hacía meses, lo que permitió establecer una amplia red conspirativa entre esclavos, cimarrones y Negros libres. Poco antes de que estallara la rebelión, los cabecillas se reunieron en Morne Rouge (una colina en las afueras de Cap-français), donde se celebró una ceremonia dirigida por un sacerdote vudú originario de Jamaica, llamado Dutty Boukman. Allí, los Negros en su mayoría bozales oriundos del centro y la costa occidental de África, tomaron la sangre de un puerco sacrificado ritualmente por una sacerdotisa, para de esta manera hacerse invulnerables. El plan consistía en incendiar sistemáticamente las plantaciones de la Provincia del Norte, e iniciar seguidamente una revuelta masiva. La insurrección comenzó en la noche del 21 de agosto y prosiguió por más de un mes. En ese lapso, los Negros en rebelión se dispersaron por la toda región incendiando cerca de 200 plantaciones y matando cientos de personas blancas. Otras tantas se refugiaron en Cap-français, ciudad que, aunque sitiada por tierra, logró resistir los ataques.

El 21 de septiembre, y ante la gravedad de la situación, la Asamblea General decidió finalmente reconocer el decreto del 15 de mayo de 1790, permitiendo de esta manera el acceso a la ciudadanía activa a la gente de color que cumpliese con las condiciones censitarias exigidas, y que fueran hijos legítimos. Este hecho permitió una alianza circunstancial entre Blancos y mulatos en la Provincia del Norte, que unieron fuerzas para combatir la insurrección. Al final, Boukman y otros líderes insurrectos fueron muertos, aparentemente tras exponerse innecesariamente en el asalto que hicieran a Cap-Français, creyéndose invencibles. Pese a que la rebelión logró ser relativamente controlada, marcó un hito no sólo porque fue la revuelta de esclavos más grande de la historia moderna, sino también porque muchos rebeldes nunca pudieron ser capturados.

Una vez aplacada la insurrección, la paz pareció imponerse en toda la colonia, a lo que siguió una política de reconciliación. En prácticamente la totalidad de las ciudades se firmaron concordatos en los que se convenía satisfacer las peticiones de los mulatos, las cuales se reducían en esencia a que los Blancos cumpliesen con el referido decreto. En Puerto Príncipe, sin embargo, la resistencia de los Pequeños Blancos a pactar con los mulatos generó un nuevo foco de conflictos. Estos últimos decidieron entonces reclutar Negros (esclavos y cimarrones), a quienes apodaron "los Suizos" en honor a la guardia personal mercenaria de Luis XVI, y con quienes lograron derrotar a los primeros. En dicha ciudad, el 18 de octubre, una compañía de estos combatientes desfiló para celebrar la victoria junto a otras de Blancos, mulatos, y Negros libres. Estas festividades culminaron con un *Te Deum* en la iglesia principal de la ciudad. Dos días más tarde, la asamblea local acataba el decreto del 15 de mayo, pero ampliando su cobertura a todos los hombres de color, esta vez sin limitaciones por ilegitimidad, con lo que se incluía a los mulatos pobres y a la mayoría de los Negros libres.

Este estado de fraternidad inter-racial habría de durar poco. El regimiento de "Suizos" fue desbandado poco después y muchos sus miembros asesinados e, incluso, vendidos como esclavos, lo que avivaría las diferencias entre Negros y mulatos.

— Decretos discordantes —

En Francia, los miembros de la Asamblea Nacional se habían dejado convencer por los plantadores de que los desórdenes que estaban teniendo lugar en Saint-Domingue se debían al decreto igualitario del 15 de mayo. Por esta razón, el 24 de septiembre de 1791 se emitía uno nuevo que devolvía a las asambleas coloniales controladas por los Grandes Blancos la potestad de legislar sobre el estatus de los individuos de color y los esclavos. También se las arreglaron para que poco antes de que se aprobara la constitución que había venido elaborando la Asamblea Nacional (que tenía un carácter constituyente), se agregara una cláusula que indicara que la misma no era aplicable a los espacios coloniales. Al conocerse la noticia en Saint-Domingue, los Pequeños Blancos intentaron aplicar el nuevo decreto pero los plantadores locales, conscientes del peligro que corría la colonia por la rebelión de esclavos, decidieron ratificar los acuerdos alcanzados con los mulatos.

Fabio Wasserman (comp.)

A fines de noviembre, cuando la municipalidad de Port-au-Prince estaba a punto de ratificar su concordato correspondiente, algunos Pequeños Blancos asesinaron a un militar mulato, lo que significó el reinicio de las hostilidades. En un marco conflictivo que recuerda al suscitado en Martinica desde 1790, muchos Grandes Blancos que comenzaban a manifestar una tendencia realista, se unieron a los mulatos y Negros libres en contra de la facción de los Pequeños Blancos, quienes tenían una tendencia más jacobina. A partir de ese momento, la colonia quedó sumida en el caos, y así lo reflejaron los reportes que llegaban a la Asamblea Legislativa (entidad metropolitana que sustituyó a la Asamblea Nacional, luego de aprobada la constitución en octubre de 1791). Esos hechos generaron un nuevo debate en dicho cuerpo, el cual se extendió hasta el 28 de marzo de 1792, cuando, pese a las objeciones de la diputación de los colonos, se votó a favor de una nueva resolución que reinstauraba los derechos de ciudadanos activos a todos aquellos mulatos y Negros libres que reuniesen las condiciones censitarias vigentes. Dos días más tarde, tras dos años de intentos frustrados, finalmente se permitió comparecer de nuevo ante un legislativo metropolitano a una diputación mulata, la cual estuvo encabezada por el cuarterón Julien Raymond, quien hizo su entrada al recinto donde funcionaba la Asamblea Legislativa, en el Palacio de Tullerías, en medio de fervorosos aplausos.

Las consecuencias del decreto del 4 de abril (fecha en que el rey aprobó la resolución del 28 de marzo) no se hicieron esperar. En Guadalupe y Martinica sirvió para acercar los intereses de plantadores y sectores mulatos unidos en torno a lo que comenzaba tomar rasgos de facción monárquica, en contra de los Pequeños Blancos que conformaban la facción patriota. En la metrópoli los patriotas representaban el sector más radical de la revolución, cuyos miembros se mostraban como fervientes partidarios de las ideas nuevas y enemigos de la aristocracia, tomando el nombre de *sans-culottes* a partir de 1793. Esas facciones antillanas también se definieron respectivamente como "pompones blancos" y "pompones rojos", aunque para el caso de Saint-Domingue la primera pugnaba por mantener los vínculos existentes con la metrópoli, mientras que la segunda apoyaba a la asamblea colonial de Saint-Marc y su pretensión por establecer el comercio libre.

— La Revolución del año II en las Islas del Viento —

Cuando en septiembre de 1792 se conocieron las noticias de que en Francia la monarquía había sido abolida y sustituida por una República, los oficiales estacionados en el Caribe francés (en su mayoría aristócratas) decidieron abrazar la causa monárquica con el apoyo de los plantadores, por lo que muchos patriotas emigraron a las islas vecinas. Este hecho debilitó la alianza que habían establecido los plantadores con los mulatos, debido a las diferencias ancestrales que tenían ambos grupos, y por las dudas que estos últimos tenían en cuanto a que se les permitiese mantener el estatus de igualdad que habían alcanzado. Estas dudas fueron avivadas por el agente Jean-Baptiste Lacrosse, enviado desde la metrópoli por el nuevo legislativo republicano, la Convención Nacional, para apoyar a los patriotas. Aunque sólo se pudo instalar en la única isla francesa que había rechazado la causa monárquica, Santa Lucía (al sur de Martinica), desde allí hizo circular panfletos en los que incitaba a los mulatos a abrazar la causa republicana como medio para eliminar el antiguo régimen y, con él, la línea que los separaba de los Blancos. Como consecuencia de esto, muchos mulatos igualmente tomaron el camino de la emigración.

La mayoría de los patriotas de las Antillas Menores se reunieron en la isla inglesa de Dominica, donde decidieron llevar a cabo elecciones para elegir sus representantes parlamentarios que habrían de viajar a Francia para incorporarse a la Convención Nacional. Entre los sufragantes, el 15% se identificó como gente de color, resultando uno de ellos electo: el mulato martiniqués, Jean Littée. Llegado a Francia, fue objeto de una recepción similar a la que se le hiciera a Raymond unos meses atrás, y su ingreso a dicho ente legislativo fue interpretado como una prueba fehaciente de la lealtad de los electores de las islas hacia la República, y un vaticinio de la pronta recuperación de las mismas de manos realistas.

Y no se equivocaban, ya que en enero de 1793 las Antillas Menores francesas pasaron a estar bajo control republicano, luego de que los plantadores y los mulatos que habían permanecido en la isla retiraran su apoyo a los oficiales realistas. Ello se debió en gran medida a la propaganda desplegada por Lacrosse, quien había hecho circular el rumor de que la República había despachado una poderosa escuadra naval, y también había asegurado a los Plantadores que no emanciparía a sus esclavos. Se produce entonces una emigración masiva de más de 100 oficiales del ejército y más de 2000 partidarios de la causa monárquica. Estos parten a bordo de tres barcos de guerra hacia la isla de Trinidad. De allí, los oficiales pasan a la tierra firme donde son aceptados en las fuerzas militares del rey de España, mientras que las embarcaciones se unen a una escuadra naval española en el Caribe.

En Guadalupe y Martinica se hicieron sendos recibimientos a Lacrosse a su llegada el 20 de enero y el 3 de febrero respectivamente. En marzo, algunos mulatos de Guadalupe le enviaron una misiva manifestándole su adhesión al nuevo sistema, en la que se describían como los "nuevos ciudadanos". En lo sucesivo, la gente de color de esta isla comenzó a desarrollar cada vez más devoción por la República. Esto se debió, sobre todo, a las medidas integracionistas puestas en práctica por el nuevo gobernador, Víctor Collot. Las mismas estaban encaminadas a que los mulatos tomasen consciencia de sus nuevos derechos ciudadanos, lo que se hizo a través de la promoción de clubes jacobinos (como la *Société des amis de la République française* de Basse-Terre), los cuales comenzaron a jugar un papel clave en la vida política de la colonia. Otra medida que se tomó en esa época tanto por Collot como por el gobernador de Martinica, el general Jean-Baptiste Rochambeau, fue el nombramiento de algunos miembros de ese sector socio-racial como oficiales de los batallones de colonias. Con ello se rompía con la larga tradición de exclusión de los mulatos de los grados más altos de los cuerpos armados coloniales.

— Abolición, contrarrevolución y terror —

Todos estos hechos coincidieron con el inicio la guerra de la Primera Coalición contra la República francesa. Este conflicto bélico tuvo en el Caribe uno de sus principales escenarios. Ese mismo año, los plantadores de diversas colonias francesas, temiendo por su seguridad y también perder para siempre la fuente de su prosperidad a causa de la revolución, firmaron en Londres y Jamaica respectivamente los tratados de Whitehall y la Capitulación de la Grande-Anse. Mediante estos acuerdos los británicos se comprometían a mantener la esclavitud a cambio de la subordinación de los franceses que habitaban las islas. A principios de 1794, Martinica y Guadalupe cayeron en manos de fuerzas británicas, las cuales fueron recibidas con los brazos abiertos por los plantadores. Ese mismo año, Saint-Domingue era invadida, al sur, por tropas británicas, y al norte, por españolas. El estallido de la guerra fue aprovechada por muchos esclavos rebeldes y cimarrones de esta última colonia quienes se sumaron a las fuerzas británicas y, sobre todo, a las españolas como "tropas auxiliares". Entre estos últimos se encontraban individuos que posteriormente jugarán un papel protagónico en el proceso revolucionario franco-dominicano, como Toussaint Breda (luego Louverture) y Jean-Jacques Dessalines.

Desde septiembre de 1792 se encontraba en Saint-Domingue una comisión encabezada por el agente Léger Félicité de Sonthonax; un brissotino quien era, además, miembro activo de la *Société des amis des Noirs*. Apenas llegados a dicha colonia, estos comisarios hicieron una declaración pública de apoyo a la institución de la esclavitud, en la que afirmaban que para ellos sólo había dos tipos de personas: ciudadanos libres sin distinción de color y esclavos. Esta declaración en gran medida reflejaba el objetivo de su misión, el cual, aparte de poner coto a las revueltas de esclavos, era el de hacer cumplir el decreto del 4 de abril de igualdad para la gente de color. En relación a esto último, Sonthonax puso todo su empeño en ganarse a los mulatos aplicando las mismas políticas integracionistas y de concientización ciudadana que se habían introducido en las Antillas Menores: los nombró oficiales y fundó clubes jacobinos. Todo esto coincide con una radicalización de la revolución en Francia que conlleva a la abolición de la monarquía y la instauración de la república: la llamada Revolución del año II. Los riesgos de la "patria en peligro" contribuyen igualmente a agravar la percepción de los oponentes, ahora vistos como contrarrevolucionarios o enemigos de la revolución; nociones que también atraviesan el Atlántico, y comienzan a ser usadas en el contexto antillano.

Para esa época, la causa republicana en Saint-Domingue seguía siendo fuerte, contrariamente a lo que sucedía en Guadalupe y Martinica. Por esta razón, Sonthonax comenzó a ejercer la dirección de un ejecutivo enérgico a fin de acabar con las pretensiones de los contrarrevolucionarios y con el poder de los Blancos en general. Para esta empresa contó con el apoyo de los mulatos, pero luego, dándose cuenta de la importancia numérica que tenían los Negros (tanto libres como esclavos), y considerando la cantidad que de estos se habían pasado al bando español, decidió emitir el 21 de junio un decreto de conscripción de esclavos ofreciendo libertad a aquellos que tomasen las armas en nombre de la República. A pesar de que este decreto sólo ofrecía una emancipación condicionada y que se limitaba a la Provincia del Norte, la gran expectativa que tenían los esclavos tras la instauración de la República les llevó a interpretarla como una abolición universal. Dado lo delicado que se presentaba el panorama militar para las fuerzas republicanas a finales de 1793, Sonthonax no hizo nada para impedir esa interpretación; más bien la afianzó con un nuevo decreto fechado el 29 de agosto, el cual cumplía con los términos universales que esperaban los esclavos. Esta iniciativa tuvo el éxito esperado, ya que al poco tiempo muchos de los Negros que se habían pasado al bando hispano comenzaron a incorporarse a las filas republicanas francesas, incluyendo los referidos Dessalines y Louverture.

Esta medida no fue del agrado de los mulatos, quienes nunca se habían mostrado favorables a una abolición inmediata de la esclavitud. Además, la misma significaba una igualación con los Negros, lo que iba en contra de las aspiraciones de casta que tradicionalmente habían tenido y que habían defendido sus delegados en la metrópoli. En consecuencia, muchos de sus combatientes comenzaron a dejar sus posiciones militares a las fuerzas enemigas, e incluso algunos se pasaron de nuevo al campo contrarrevolucionario de los plantadores, siendo tachados por Sonthonax como "enemigos de la revolución". Una vez perdido el apoyo de los mulatos, este comisionado pasó a basar todo su poder en los Negros, sobre todo en los experimentados combatientes que desertaban en masa de las filas españolas. En un primer momento, no fue sencillo controlar y mantener la disciplina de los combatientes negros, los cuales asaltaron y saquearon Cap-Français, lo cual generó una ola emigratoria masiva de miles de personas blancas que se dirigieron principalmente a los Estados Unidos.

Para procurarse el apoyo del gobierno metropolitano, se envió a Francia una comisión de tres diputados de Saint-Domingue conformada por un blanco, un mulato y el referido negro libre Jean-Baptiste Belley. En los escritos y discursos de este último destaca, por un lado, su apego y agradecimiento a la nación que había hecho libres a los descendientes de África, y que además les había acogido en su seno como ciudadanos, por lo cual juraba en nombre de sus hermanos defender el pabellón tricolor (símbolo esencial de la cohesión de la nueva nación francesa) hasta la última gota de sangre. Por otro lado, también podemos observar en los escritos de Belley su desprecio maniqueo por los contrarrevolucionarios y otros enemigos de la república –una actitud, como ya se indicara, muy en boga en aquel período de la revolución– canalizado especialmente contra miembros del Club Massiac (Belley 1794 y s/f).

Poco después de la incorporación de dicha diputación a la Convención Nacional, este ente legislativo en forma unánime aprobaba, el 4 de febrero de 1794, un decreto que abolía la esclavitud en las colonias y concedía la ciudadanía francesa a todos los hombres que en ellas residían sin distinción de color. Este decreto fue celebrado con gran pompa dada la connotación universalista que el mismo tenía en cuanto a la igualdad de todos los hombres. Las expectativas que generó entre el pueblo parisino se tradujo en una gran celebración en las inmediaciones del *Templo de la Razón* (nombre que se daba ahora a la catedral de Nôtre Dame), donde las masas se reunieron para escuchar discursos y cantar himnos alegóricos, ovacionando de esta forma el nuevo tiempo de libertad que aquel decreto parecía anunciar. Manifestaciones de júbilo como la anterior se repitieron en toda Francia: desde las grandes ciudades portuarias como Burdeos y Le Havre, hasta pequeñas poblaciones provincianas.

Paradójicamente, los amigos de los Negros no pudieron disfrutar lo que sin duda habría sido un feliz día para ellos, ya que, siendo en su mayoría girondinos, sufrieron en carne propia la represión desencadenada durante el régimen de Terror instaurado por la convención montañesa en octubre de 1793. En efecto, muchos de ellos fueron arrestados e incluso ejecutados, como en el caso notable del fundador de dicha sociedad, Jacques-Pierre Brissot. Resurgirá brevemente en 1797 de la mano del abate Grégoire, bajo el nombre de *Société des amis des noirs et des colonies*, pero sin tener la influencia política que tuvo en tiempos de la Gironda. Bajo el régimen del Terror también fueron perseguidos los miembros del Club Massiac, en este caso debido a sus filiaciones aristocráticas y sus posiciones contrarrevolucionarias; por lo que muchos emigraron a otros territorios europeos, e incluso a los Estados Unidos.

— La "buena palabra" de la revolución en el Caribe —

En junio de 1794 llegó a Guadalupe un contingente militar con el objetivo de expulsar a los ingleses. El mismo estaba bajo el mando de varios comisarios civiles, entre quienes destacaba el antiguo comerciante marsellés Víctor Hugues. Estos vinieron "armados" con los decretos de igualdad para los mulatos de 1792 y de abolición de la esclavitud de 1794, lo que les permitió conformar un ejército que pasaba de 2000 efectivos y reclutar tripulaciones para armar más de 120 buques corsarios que serían la pesadilla de ingleses y españoles en los meses subsiguientes. Los corsarios franco-antillanos, además de llevar a cabo acciones militares coordinadas en contra de embarcaciones y posesiones enemigas (como se viera en Grenada, Sainte-Lucie, y Saint-Vincent), también se dieron a la tarea de esparcir la "buena palabra" de una revolución igualitaria y emancipadora donde quiera que fueran. Esto propició, directa o indirectamente, cerca de una decena de revueltas por toda la región caribeña solamente en 1795, e incluso una conspiración jacobina en la tierra firme hispana en 1797.

Pese a que dichas "armas" políticas facilitaron la derrota de los ingleses que capitularon el 11 de diciembre de 1794, en seguida quedó en evidencia que no sería fácil mantener el orden ni la economía de la isla, ya que muchos ex esclavos abandonaron de inmediato sus lugares de trabajo; incluso algunos se dieron a la tarea de pillar y saquear las plantaciones. Fue por ello que se emitieron nuevos decretos más severos dirigidos únicamente a los nuevos "ciudadanos negros", prohibiéndoles abandonar las plantaciones so pena de ser considerados como traidores a la patria. Entre tanto, en Saint-Domingue los conflictos militares habían hecho surgir nuevos liderazgos de color entre las fuerzas republicanas francesas. Hacia finales de la década, un general mulato, André Rigaud, se había hecho fuerte en su feudo en la Provincia del Sur, aunque subordinado jerárquicamente del negro Toussaint Louverture, quien se había convertido en General en Jefe de las fuerzas republicanas francesas. En agosto de ese año, las fuerzas británicas capitularon debido sobre todo a la altísima mortandad que habían sufrido sus tropas a causa de la fiebre amarilla. Antes de retirarse, el alto mando británico llegó a un acuerdo de libre comercio con Louverture, pese al estado de guerra aún existente entre Gran Bretaña y la República Francesa.

— Termidor y temores contrarrevolucionarios —

Tras la Reacción Termidoriana que pone fin al período del Terror en 1794, se instauró un régimen político, el Directorio, el cual daría un nuevo impulso a la versión burguesa de la revolución, y también permitiría la vuelta a Francia de muchos emigrados. Es un período marcado por la inestabilidad política, debido a los riesgos contrarrevolucionarios (plasmados claramente durante el llamado Terror Blanco) y las tensiones generadas por la supresión de la mayor parte de las medidas sociales y democráticas tomadas en los años anteriores. A pesar de que muchos miembros de la nueva clase política responsabilizaban a las políticas

radicales aplicadas en años anteriores de los desórdenes en las islas francesas, esas medidas no incluyeron –tanto por razones prácticas como
filantrópicas– la reversión de la abolición de la esclavitud ni la supresión
de los derechos ciudadanos concedidos a los mulatos. Esta continuidad
garantizó que los líderes de color en las colonias antillanas siguieran sin-
tiéndose parte de la nación francesa y, por lo tanto, fieles a la república.

Tras la victoria de la facción monarquista de Clichy en primavera
de 1797, algunos plantadores pasaron a ocupar puestos en el nuevo
gobierno y comenzaron a hacer planes para reinstaurar la esclavitud en
las colonias. Pese a la caída del gobierno monarquista después de un
golpe de estado republicano en septiembre de aquel año (V Fructidor),
en las colonias se siguió pensando que en Francia la contrarrevolución
estaba tomando el poder. A esto habría que agregar el descontento que
pudieron producir las destituciones de Sonthonax y Hugues, sobre todo
del segundo, puesto que el primero, debido a pugnas por el poder con
Louverture, se encontraba en camino a Francia. Todo esto explica en
gran medida el mal recibimiento que tuvieron en las colonias las nuevas
autoridades nombradas por el Directorio a fines de 1798, los generales
Desfourneaux para Guadalupe y Hédouville para Saint-Domingue. En
Guadalupe, al poco tiempo de la llegada de Desfourneaux estalló una
pequeña insurrección de Blancos, mulatos y "ciudadanos negros"; el
mismo Hugues fue sospechado de complicidad, por lo que fue detenido y
enviado como reo a Francia. En la misma época en Saint-Domingue, las
fuerzas de Louverture, apoyadas por una insurrección popular, sitiaron
CapFrançais, lo que obligó a Hédouville a volver a la metrópoli.

Antes de partir, Hédouville libró al general mulato Rigaud de toda
subordinación militar, lo que generó una pugna por el poder con Louverture. Esta situación conlleva a un nuevo conflicto militar conocido
como la Guerra del sur o de los cuchillos, que estalló en junio de 1799.
Tras varios meses de enfrentamientos, la ratificación de la autoridad de
Louverture por el Consulado (gobierno instaurado en la metrópoli tras el
golpe de estado del 4 de Brumario) y el apoyo militar que recibiera de la
marina británica y también de los Estados Unidos (debido a un acuerdo
con el Presidente John Adams), hicieron que el conflicto comenzara a
decantarse a su favor. Finalmente, en marzo de 1800, Rigaud y cientos
de sus partidarios decidieron abandonar el territorio.

Esta victoria convirtió a Louverture en la principal autoridad de la
colonia. Buscando recuperar la producción de las plantaciones, puso en

práctica una rígida política económica, la cual incluía medidas coercitivas similares a las aplicadas en Guadalupe para que los antiguos esclavos volviesen al trabajo como obreros rurales asalariados, al mismo tiempo que invitaba a los plantadores Blancos a volver al territorio. La llegada de muchos de estos, y la creación de una suerte de segunda servidumbre amparada en las referidas medidas coercitivas, generaron varias revueltas que fueron ferozmente controladas. Louverture también convocó a una asamblea constituyente buscando mantener el tipo de gobierno que se había instaurado, y los logros socio-políticos alcanzados por los afro-descendientes durante la revolución, pero sin romper con la metrópoli. Los miembros de este cuerpo fueron elegidos por las asambleas coloniales, resultando electos 7 Blancos, 3 personas de color (entre ellas Julian Raymond, quien fue uno de los artífices del texto final), pero ningún ex esclavo.

La constitución franco-dominicana, sancionada en julio de 1801, compartía diversos principios ilustrados que caracterizaron las constituciones francesas de la época, pero diferenciándose de éstas por destacar diversos aspectos de interés local. De tal manera, se prohibía explícitamente la existencia de esclavos en la colonia, se establecía la igualdad general sin importar el color de cada ciudadano, y se reconocía al catolicismo como única religión permitida. Esto último coincidía con otras medidas tomadas en esa época que prohibían el vudú y rituales de origen africano, así como los tambores nocturnos. La nueva carta también daba carácter constitucional a la política coercitiva hacía los trabajadores del campo, y declaraba a Louverture como gobernador vitalicio por "los importantes servicios que rindió a la colonia [de Saint-Domingue], en los momentos más críticos de la revolución" (Artículo 28).

— El retorno a la "normalidad"[2] —

Estos hechos coincidieron con una serie de hostigamientos a embarcaciones neutrales y aliadas, lo cual condujo a una corta *casi guerra* con los Estados Unidos y a varios impases con potencias aliadas. Estos actos de presunta piratería, y el hecho de que un negro se hubiese convertido en el gobernante de Saint-Domingue, entre otras cosas, contribuyeron a alimentar una imagen de descontrol en la metrópoli sobre lo que pasaba

---

2   Esta expresión es del historiador Bernard Gainot.

en ambos espacios coloniales –Martinica se mantenía bajo ocupación británica desde 1793–. Sobre esta apreciación negativa también incidió la instauración del régimen consular en Francia en noviembre de 1799, encabezado Napoleón Bonaparte. Casado con la martiniquesa Josefina de Beauharnais, esto pudo haber facilitado que los plantadores se acercaran de nuevo al poder; algunos de ellos incluso llegaron a formar parte del gabinete: como Barbé-Marbois, Moreau de Saint-Mery, y Pierre Maluet, este último antiguo miembro del Club Massiac. Esta situación contribuyó a un cambio de política por parte del gobierno francés hacia los ahora llamados "departamentos de ultramar".

En diciembre de 1799, se hizo una proclama dirigida a los *Bravos Negros de Saint-Domingue*, en la que detrás de una garantía por mantener vigente el decreto de abolición de la esclavitud de 1794, se escondía un mecanismo para revertir los derechos adquiridos por los esclavos durante la revolución. El mismo consistía en la separación legal de los territorios de ultramar en relación a la metrópoli, en términos muy parecidos a las aspiraciones que mostraron los plantadores durante el período revolucionario, permitiendo que las asambleas coloniales legislasen sobre todo lo referente al estatus de la población de color. Esta intención se reflejó más claramente en la nueva constitución francesa del año de 1799 (VIII, según el calendario republicano), en la que se indicaba que "el régimen de las colonias francesas es determinado por leyes especiales".

También se enviaron nuevos agentes, entre ellos algunos de los otrora "paladines" de los hombres de color, como Lacrosse, quien fue enviado con el cargo de Capitán General a Guadalupe en mayo de 1801. Éste enseguida llamó de vuelta a los antiguos plantadores para reactivar la economía de plantación en la isla, lo que generó una serie de incidentes que se saldaron con el arresto de varios militares de color. Este hecho generó una rebelión de la oficialidad de color, cuyos miembros depusieron a Lacrosse y lo expulsaron del territorio. El gobierno colonial pasó entonces a estar liderado por el mulato Magliore Pélage, uno de los primeros oficiales de color ascendidos en Guadalupe en 1794. Con Pélage ya eran dos los líderes de color que escapaban al control del Primer Cónsul; el otro, como ya se indicara, era Louverture en Saint-Domingue.

Estas situaciones contribuyeron a afianzar en el gobierno metropolitano la idea que venía forjándose desde Termidor de que eran las medidas radicales aplicadas durante los primeros años del período revolucionario las que habían arruinado y sembrado la anarquía en las colonias. El mismo Lacrosse, en un reporte que enviara a Francia luego de su expulsión, resaltaba que dichos males se debían a "la perpetuación del sistema revolucionario" (cit. en Dubois 2004, 363).

Esto, sumado a la presión ejercida por los plantadores sobre el gobierno por recuperar la economía de plantación, al temor ante la posibilidad de que tanto Pélage como Louverture pudieren eventualmente tomar el camino de la independencia, a la frustración que debió sentir Bonaparte por el fracaso de la campaña que venía de realizar en Egipto (así como a las aspiraciones imperiales que tenía en América) y probablemente también a las ideas racialistas que compartían muchos legisladores metropolitanos, hizo que se comenzara a idear un plan concreto que permitiera restablecer el antiguo orden colonial en Guadalupe y Saint-Domingue.

De acuerdo a Thomas Ott, aquel plan seguía una lógica de "Caballo de Troya" (1973, 147): en una primera etapa, se prometería a los líderes de color todo cuanto solicitaran a fin de no levantar sospechas mientras que las tropas metropolitanas ocupaban las posiciones más importantes; en la segunda, se deportaría a todo individuo de color que resultara peligroso o rehusase rendirse; y en la tercera, se desarmaría a la población de color para que los Blancos retomasen el control. A fin de contar con el apoyo de los mulatos, entre la tropa venían muchos de los que habían sido derrotados por Louverture en la Guerra del Sur, como André Rigaud y Alexandre Pétion. Estos tendrían la función de organizar a ese sector socio-racial con el fin de combatir a los Negros. Eso sí, Bonaparte había dado instrucciones secretas de que si no había enfrentamientos los combatientes mulatos también debían ser deportados. El plan estaría amparado por una ley sancionada el 20 de mayo de 1802, la *Ley relativa a la trata de Negros y al régimen de las colonias*, la cual formalizaba legalmente la reinstauración de la esclavitud y la trata de esclavos.

Inicialmente, el plan ideado por Bonaparte tuvo el éxito esperado. En Saint-Domingue, las fuerzas comandadas por el general Leclerc lograron desarmar a los combatientes negros y detuvieron a Toussaint Louverture que fue deportado a Francia, donde fallecería en cautiverio en 1803. Los mulatos que habían venido con las fuerzas expedicionarias metropolitanas, al darse cuenta de las verdaderas intenciones de los militares franceses, se unieron a los Negros lo cual daría inicio a una cruenta guerra racial de exterminio de mulatos y Negros contra franceses, la cual habría de extenderse por dos años. Entre tanto en Guadalupe, adonde fuera enviado a principios de 1802 el general Richepance también con el objetivo oculto de reinstaurar el antiguo régimen colonial, luego de someter al oficial mulato Pélage, en seguida comenzó a desincorporar a los oficiales de color. Esto provocó una rebelión dirigida por el oficial mulato Louis Delgrès, la cual se saldó con sendas masacres, ejecuciones sumarias, deportaciones masivas, y en la inmolación colectiva de cientos de combatientes de color en Basse-Terre.

A mediados de julio de 1802, cuando ya todos los focos de resistencia habían sido controlados, Richepance ponía en efecto sus órdenes iniciales emitiendo una proclama en la que declaraba que los "sangre mezclada [han sido] siempre distintos a los Blancos" y que solamente estos últimos podían ser considerados como "los indígenas de la nación francesa" Este mismo decreto ordenaba además que se retirara la ciudadanía francesa a los mulatos de la isla (Lacour 1858, 354-355). Aquel mismo mes se emitía un decreto similar en Martinica (devuelta a Francia tras el tratado de Amiens) mediante el cual la gente de color perdía los derechos políticos que habían adquirido en 1792, al tiempo que en todas las Antillas Francesas se restablecía esclavitud y la trata negrera. En aquella isla, a diferencia de Guadalupe y Saint-Domingue, apenas si hubo problemas, ya que en ella nunca había sido aplicado el decreto de abolición de la esclavitud, por encontrarse bajo ocupación británica desde 1793. Tampoco hubo mayores problemas para reinstaurar el antiguo régimen colonial en Cayena, adonde llegó con la misma misión en 1803 el otrora comisario de la Convención Nacional en Guadalupe, Víctor Hugues.

La historia fue muy distinta en Saint-Domingue, donde los mulatos y los Negros lograron resistir y, eventualmente, imponerse sobre el poderoso ejército napoleónico. Se trató de una guerra racial de exterminio recíproco, y durante la cual se cometieron terribles atrocidades. El conflicto terminó a favor de los primeros en parte debido al reinicio de la guerra con Reino Unido en mayo de 1803, cuyas fuerzas navales en seguida establecieron un eficiente bloqueo de la colonia, y también a la mortandad catastrófica que los efectivos franceses sufrieron a causa de la fiebre amarilla, entre cuyas víctimas estuvo el mismo general Leclerc. En consecuencia, a su sucesor, el general Rochambeau, no le quedó más remedio que negociar su retirada con sus contrapartes de color en diciembre de 1803. A esto siguió la declaración de independencia el 1º de enero del año siguiente, lo que dio nacimiento a la República de Haití. Bajo el nuevo régimen republicano ya no habría divisiones jurídicas ni políticas entre los distintos sectores socio-raciales que conformaban la sociedad haitiana, ya que en lo sucesivo –como indica el artículo 14 de la constitución de 1805– todos los habitantes de este país quedaban homologados bajo el nombre genérico de *Noirs* (Negros).

— La República traicionada —

Contrariamente a otros espacios coloniales, la particularidad de lo ocurrido en Saint-Domingue comenzó a alimentar desde muy temprano la idea de que un proceso revolucionario independiente estaba teniendo lugar. La primera apreciación en este sentido la encontramos en un relato publicado en Port-au-Prince en febrero de 1792, en el cual se habla de la "Revolución de Saint-Domingue". La misma habría comenzado a tomar forma "desde que los rayos de la revolución francesa comenzaron a aparecer en aquel hemisferio" y, más concretamente, en las pugnas políticas y los conflictos que generara y, más concretamente, tras la llegada de las "fatales instrucciones" del 28 de marzo de 1790 que ratificaban la ciudadanía para los mulatos (Nationale Garde 1792, 2, 26/27).

Pese a ello, la revolución a la que se hace mayoritariamente referencia en las proclamas y otros documentos oficiales –incluyendo la constitución franco-dominicana de 1801– es siempre la francesa, entendida en un sentido atlántico. Esto no es algo particular de Saint-Domingue, ya que en la época en la metrópoli se utilizaba con frecuencia el vocablo revolución para referirse a rupturas dentro de un mismo proceso; el mismo Louverture evocará en una carta a Bonaparte la "Revolución del 18 de Brumario" (Louverture 1802), para referirse al golpe de estado que llevó al poder a este último en noviembre de 1799. Esta perspectiva de participar en un proceso franco-atlántico es reforzada por el uso de la simbología revolucionaria, del calendario republicano, y de rituales políticos asociados genésicamente al proceso revolucionario que comenzara en 1789.

Las muestras de apego a la república se mantendrán incluso luego de que se hicieran evidentes las intenciones de los militares enviados por el Primer Cónsul para reinstaurar el antiguo régimen colonial en 1802 que los convertía, a ojos Louverture y Delgrès, en "enemigos de la república" (Delgrès 1082; Louverture et al 1853, 30). Esa empatía se mantuvo al menos hasta marzo de 1803, cuando, en al calor de una guerra contra las fuerzas consulares, los líderes del "ejército indígena" (*armée indigène*) eliminan la banda blanca de la bandera tricolor; una ruptura simbólica importante, no sólo por el sentido pigmentocrático de dicho gesto, ya que la misma –siguiendo lo que indicara algunos años antes el diputado Belley– simbolizaba la ruptura con una nación que había hecho libres y acogido en su seno como ciudadanos a mulatos y negros. La ruptura definitiva se consolida el 1 de enero de 1804, cuando juran la separación definitiva con Francia y declaran su apoyo a la creación de una nación independiente.

— **Conclusión** —

Como se ha podido apreciar, los espacios coloniales en el Caribe se vieron fuertemente afectados por el proceso de mutación política que estalló en Francia a finales de la penúltima década del siglo XVIII. El resultado fueron procesos íntimamente entrelazados con lo que pasaba en la metrópoli y entre sí, hasta el punto de ser prácticamente imposible explicarlos en forma separada desde una perspectiva colonial.

En tal sentido vemos, en primer lugar, cómo se reproducen fielmente en las colonias antillanas algunos fenómenos suscitados en Francia: los problemas internos en las fuerzas militares de antiguo régimen (entre la oficialidad noble y sus subalternos del pueblo llano), la migración militar y aristocrática, la defensa de la causa monárquica y/o contrarrevolucionaria por la oficialidad y las aristocracias coloniales, la formación de facciones jacobinas/patriotas por la burguesía (principalmente conformada por los Pequeños Blancos y los negociantes), la construcción imaginaria del enemigo contrarrevolucionario, y la voluntad de exportar la revolución con fines tanto geopolíticos como filantrópicos (como se viera claramente en Guadalupe entre 1795 y 1797).

En segundo lugar, en los espacios coloniales se dan también situaciones que podríamos denominar como intermedias, pues tienen un escenario compartido a ambos lados del Atlántico: como las pugnas relacionadas con el pacto colonial (los plantadores buscando mayor representación política y libre comercio, y los mercaderes metropolitanos en contra del monopolio de las compañías, pero manteniendo el *exclusif*), los reclamos de los mulatos para que se reconozca su igualdad política con los Blancos (la cual llevan primero a las autoridades coloniales, luego a la Corte, y finalmente a las asambleas revolucionarias), las diversas vicisitudes generadas por las guerras internacionales (principalmente en tiempos de la Primera Coalición), los esfuerzos en favor de esclavos y mulatos por parte de los amigos de los Negros. En forma recíproca, lo que acontece en las colonias contribuye a reforzar el carácter universal de la revolución metropolitana, tal como se puede apreciar en la forma decidida en la que los amigos de los Negros y otros políticos defendieron las causas de los sectores de color coloniales, y en el entusiasmo con el que fueron recibidos en la capital francesa los representantes de color de Guadalupe y Saint-Domingue.

En las colonias antillanas se dan también, en tercer lugar, situaciones que tuvieron eco en la metrópoli, pero que se insertaban en dinámicas estrictamente locales, como la resistencia tradicional a la esclavitud, la cual encontró su momento de mayor auge en la gran revuelta de 1791; y los conflictos entre las diversos sectores socio-raciales que conformaban las sociedades coloniales (como los suscitados entre negros y mulatos, entre estos últimos y los Pequeños Blancos, y la relación ambivalente que mantuvieron los mulatos con los Grandes Blancos). Eventualmente, tras una cruenta guerra de independencia con fuertes rasgos raciales –la cual no tiene parangón con otros conflictos similares en el marco de las revoluciones atlánticas, salvo tal vez con lo ocurrido en Guadalupe y, más tarde, con momentos similares durante las guerras de independencia en Venezuela y Nueva España–, se crea la nación haitiana que declara su independencia en enero de 1804. En los otros territorios antillanos franceses que experimentaron dinámicas históricas similares, las revoluciones fueron interrumpidas, como sucediera en Martinica tras la ocupación británica de 1793, o "confiscadas", como indica el historiador Alain Yacou (2005) para describir lo acontecido en Guadalupe cuando se imponen las fuerzas consulares en 1802.

Estas tres dinámicas geo-históricas, a la vez interconectadas y con rasgos particulares, describen –dependiendo de la perspectiva con que se las mire– un gran proceso revolucionario o varios procesos revolucionarios entrelazados que van más allá de los convencionalismos historiográficos e ideológicos que definen la Revolución francesa y la Revolución haitiana. No obstante, para los actores políticos, tanto europeos como ultramarinos, la revolución iniciada en 1789 fue una sola: la que acabara a la vez con la sociedad de órdenes, con las discriminaciones socio-raciales coloniales, con la esclavitud, con la trata de esclavos, con el exclusivismo comercial de las compañías, con las limitaciones de representación políticas coloniales, y por supuesto, con la monarquía entre otras cosas. Se trató, por lo tanto, de un proceso revolucionario durante el cual los diversos sectores vinculados a las colonias procuraron aprovechar las circunstancias para realizar revoluciones a su medida. La única excepción fueron los esclavos, los cimarrones y otros sectores negros, los cuales no vieron las bondades de la revolución hasta que fuera abolida la esclavitud entre 1793 y 1794.

La principal matriz doctrinaria de esta faceta antillana de la revolución fue el republicanismo radical que promulgaba una igualdad universal entre los hombres y que había permitido la incorporación de esclavos y libres de color al seno de la nación. Esta matriz sufre una profunda herida tras la Reacción Termidoriana de 1794, ya que, a partir de entonces, la revolución metropolitana rompe con las ideas radicales y vuelve a sus raíces burguesas, al mismo tiempo que permite el retorno de los emigrados. Esta nueva realidad política, si bien conservaba tenores abolicionistas y descolonizadores de la época anterior, se hace crecientemente incompatible con lo que acontecía en colonias como Guadalupe y Saint-Domingue, hasta romper completamente una vez que se instaura el régimen consular. Así, mientras que en la metrópoli se rompe con el período jacobino de la revolución (lo cual, en cierta forma, podría interpretarse también como una confiscación) y se desarrolla la convicción de que el sistema igualitario instaurado en las colonias es una anómala reminiscencia del mismo, en las colonias se aferran al espejismo de una república francesa socialmente liberal y multiétnica. Ambas convicciones chocarán en forma dramática cuando las fuerzas consulares pretendan reinstaurar el antiguo régimen colonial en 1802, poniendo fin con un baño de sangre a los experimentos revolucionarios en las Antillas Menores, y propiciando la escisión de la nación con el surgimiento del Imperio de Haití.

En los años subsiguientes, en una Francia en camino a convertirse en un imperio, la idea de una revolución radical se esfuma para dejar paso a las leyendas negras de Robespierre y de los "horrores" de Saint-Domingue. En lo inmediato, en la nueva nación haitiana la noción de revolución es sustituida por un relato nacional emancipador. No será sino en la década que siguiera a la independencia que algunos intelectuales haitianos comenzarán a revisar el proceso que condujo al nacimiento de Haití. Esto lo harán con ánimos nacionales historicistas, y reivindicando a los hombres de color que hicieron esa tarea posible. Este hecho produce la que quizá sea la ruptura más profunda que se diera en la polisemia revolucionaria de la época, pues el uso de expresiones como "Revolución de Haití" (Vastey 1819) para relatar la gesta de los Negros y mulatos que construyeron una nación independiente, rompe con la visión subsidiaria de la Revolución de Saint-Domingue, la cual, además, daba cabida para exponer lo sucedido en la otrora colonia como una catástrofe. En los casos de Guadalupe y Martinica, habrá que esperar nuevas revoluciones metropolitanas, las de 1830 y 1848, para que, respectivamente, los mulatos sean reconocidos una vez más como ciudadanos y la esclavitud sea de nuevo abolida.

— Bibliografía —

Adélaïde-Merlande, J. (1992), *La Caraïbe et la Guyane au temps de la Révolution et de l'Empire, 1789-1804*, Paris.

Belley, J.-B. (1794), *Belley, de Saint-Domingue, représentant du people, a ses colleagues*, Paris.

Belley, J.-B. (s/f), *De Bout d'Oreille des colons, au le systéme de l'Hotel de Massiac, mis au jour par gouli; Belly, député noir de Saint-Domingue, a ses colleagues*, Paris.

Biondi, C. y Little, R. (2016), *1789, les colonies ont la parole: anthologie*, Paris.

Blackburn, R. (1988), *The Overthrow of Colonial Slavery, 1776-1848*, London.

Carton, A. (2008), "Shades of Fraternity: Creolization and the Making of Citizenship in French India, 1790-1792", *French Historical Studies* 31/4, pp. 581-607.

Covo, M. (2011), "Caraïbes et contre-révolution", en J.-C. Martin (ed.), *Dictionnaire de la Contre-Révolution*, Paris, pp. 129-136.

Delgrès, L. (1802), *Proclamation à l'Univers Entier du 10 mai 1802*, s/d (= F. Longin, *Voyage à la Guadeloupe. Œuvre posthume*, Le Mans, 1848, pp. 191-194).

Dubois, L. (2004a), *A Colony of Citizens: Revolution and Slave Emancipation in the French Caribbean, 1787-1804*, Chapel Hill.

Dubois, L. (2004b), *Avengers of the New World: The Story of the Haitian Revolution*, Cambridge, Mass.

Dubois, L., Gaffield, J. y Acacia, M. (eds.) (2013), *Constitutional Documents of Haiti 1790-1860*, Berlin.

Équipe "18ᵉ et Révolution" (1985), *Dictionnaire des usages socio-politiques (1770-1815)*, Paris.

Gainot, B. (2003), "Métropole/Colonies. Projets constitutionnels et rapports de forces, 1798-1802", en I. Benot y M. Dorigny (eds.), *Rétablissement de l'esclavage dans les colonies françaises 1802. Aux origines d'Haïti: ruptures et continuités de la politique coloniale française (1800-1830)*, Paris, pp. 13-28.

Geggus, D. (1991), "The Haitian Revolution", en H. Beckles y V. Shepherd (eds.), *Caribbean Slave Society and Economy: A Student Reader*, New York.

Geggus, D. (1997), "Slavery, War, and Revolution in the Greater Caribbean, 1789-1815", en D. Geggus y D. Gaspar (eds.), *A Turbulent Time. The French Revolution and the Greater Caribbean*, Indianapolis, 1997, pp. 1-50.

Gómez, A. (2006), "Entre résistance, piraterie et républicanisme: mouvements insurrectionnels d'inspiration révolutionnaire franco-antillaise dans la côte de Caracas, 1794-1800", *Travaux et Recherches de l'UMLV* 11, pp. 91-120.

Lacour, A. (1858), *Histoire de la Guadeloupe, III. 1798 à 1803*, Basse-Terre.

Louverture, T. (1802), *Carta de Louverture al cónsul* [Feb. 1802], n/d.

Louverture, T. (1853), *Mémoires du général Toussaint-L'Ouverture écrits par lui-même, pouvant servir à l'histoire de sa vie*, Paris.

Nationale Garde (Port-au-Prince) (1792), *Production historique des faits qui se sont passés dans la partie de l'Ouest, depuis le commencement de la révolution de Saint Domingue, jusqu'au premier Février 1792, présentée par les Gardes Nationales du Port-au-Prince, à Messieurs les commissaires civils*, Port-au-Prince.

Ott, T. (1973), *The Haitian Revolution, 1789-1804*, Knoxville.

Popkin, J.D. (2015), "Thermidor, Slavery, and the 'Affaire des Colonies'", *French Historical Studies* 38/1, pp. 61-82.

Pouliquen, M. (ed.) (1989), *Doléances des peuples coloniaux à l'Assemblée nationale constituante, 1789-1790*, Paris.

Régent, F. (2015), "Préjugé de couleur, esclavage et citoyennetés dans les colonies françaises (1789-1848)", *La Révolution française. Cahiers de l'Institut d'histoire de la Révolution française* 9.

Rey, A. (1989), *'Révolution', histoire d'un mot*, Paris.

Rey, A. (2010), *Dictionnaire historique de la langue française*, Paris.

Vastey, B. de (1819), *Essai sur les causes de la révolution et des guerres civiles d'Hayti, faisant suite aux Réflexions politiques sur quelques ouvrages et journaux français concernant Hayti*, Sans-Souci.

Wanquet, C. (1991), "Les îles Mascareignes, l'Inde et les Indiens pendant la Révolution française", *Outre-Mers. Revue d'histoire* 78, nº 290, pp. 29-57.

Yacou, A. (2005), "Una revolución confiscada: la isla de Guadalupe de 1789 a 1803", en J.A. Piqueras (ed.), *Las Antillas en la era de las Luces y la Revolución*, Madrid, pp. 43-66.

Zavitz, E. (2017), "Revolutionary Narrations: Early Haitian Historiography and the Challenge of Writing Counter-History", *Atlantic Studies* 14/3, pp. 336-353.

Capítulo V

Revolución en España. Avatares de un concepto en la "edad de las revoluciones" (1808-1898)[1]

Javier Fernández Sebastián

UNIVERSIDAD DEL PAÍS VASCO

Gonzalo Capellán de Miguel

UNIVERSIDAD DE LA RIOJA

— La Revolución española —

E n una conferencia impartida en el Ateneo de Madrid en 1864, el joven catedrático krausista Francisco de Paula Canalejas constataba que los "historiadores modernos" habían convenido en llamar a su época "la edad de las revoluciones" (1865, 291). La omnipresencia del fenómeno revolucionario en las últimas generaciones justificaría suficientemente ese apelativo. En realidad, tal denominación había ya comenzado a insinuarse mucho tiempo atrás. Casi seis décadas antes de aquella conferencia de Canalejas, en vísperas de la gran crisis política que abriría en España el ciclo revolucionario, el dramaturgo Leandro Fernández de Moratín hacía notar en una carta a su amigo Napoli-Signorelli que "la edad presente es tiempo de revolución y transformaciones", razón por la cual el mañana se había tornado particularmente opaco, imprevisible e incierto (Fernández de Moratín 1806, 256). Entre esas dos fechas, en efecto, España había sufrido numerosos trastornos, guerras y revoluciones. Esa larga serie de perturbaciones, sin embargo, no había terminado. Hoy sabemos que todavía le quedaba por afrontar una de las conmociones más fuertes de todo el periodo, la llamada Revolución

---

1   Este trabajo es fruto de las actividades del Grupo IT615-13 y del Proyecto de Investigación HAR2017-84032-P, financiados por el Departamento de Educación, Universidades e Investigacion del Gobierno Vasco, y por el Ministerio de Economía y Competitividad del Gobierno de España (AEI, FEDER-UE), respectivamente. En algunas partes de este texto retomamos, modificados, pasajes y referencias del ensayo de Javier Fernández Sebastián y Juan Francisco Fuentes, "Revolución", en *Diccionario político y social del siglo XIX español*, Madrid, Alianza Editorial, 2002, 628-638.

Gloriosa, que dio paso a un agitado sexenio (1868-1874). El hecho es que a finales del XIX, pese a la relativa estabilidad política del último cuarto de la centuria, España había experimentado tantas alteraciones políticas y tan hondas transformaciones que "el siglo de la historia" podría denominarse igualmente con sobradas razones "siglo de las revoluciones".

La Revolución española –permítasenos subsumir, acogiéndonos a una tradición historiográfica bien establecida, todos los sucesos y procesos revolucionarios que afectaron a España entre 1808 y 1874 bajo esta cómoda etiqueta coligadora– posee, sin embargo, su propia cronología. Una cronología que desborda el marco de la clásica *edad de las revoluciones* europeas (1789-1848) (Hobsbawm, 2009; Bergeron, Furet, Koselleck, 1976; Sperber, 2005) y todavía más el de las *revoluciones atlánticas* de J. Godechot, R. Palmer y B. Bailyn (1770-1825). Tampoco coincide exactamente con la cronología más holgada propuesta por algunas aproximaciones recientes de talante más global, tales como *The Age of Revolutions*, de D. Armitage y S. Subrahmanyam (2010), o incluso *The Birth of the Modern World*, de C. A. Bayly (2010), si bien podría encajar un poco mejor con esta última cronología (1780-1914), subdividida en varios tramos parcialmente solapados. Lo cierto es que el ciclo revolucionario español se extiende dos o tres décadas más allá de 1848 y sólo parece cerrarse en el último cuarto de aquel siglo.

Casi al mismo tiempo que veía la luz la conferencia de Canalejas, el periódico satírico *Gil Blas* publicaba una caricatura alegórica (fig. 1) que representaba a la revolución bajo la imagen de una joven airada con una tea en la mano, el pecho descubierto, el cabello suelto, el vestido ceñido por un cinturón de serpientes. El dibujo representaba a esa furiosa arpía llamando ruidosamente a la puerta de un conocido político tradicionalista (Antonio Aparisi y Guijarro) y, lo que es más importante, al fondo de la escena en pos de esa alegoría de la revolución asoma su cabeza un león, trasunto del pueblo español. Tres años después, en septiembre de 1868, la revolución se haría presente de nuevo en España, destronando a Isabel II y empujando al exilio a bastantes políticos conservadores, entre ellos al mencionado Aparisi. Se iniciaba así un sexenio marcado por la inestabilidad y la agitación revolucionaria, hasta que la Restauración de la monarquía en la persona de Alfonso XII trajo una cierta estabilidad a la política española.

APARICI Y GUIJARRO — ¡La revolucion llama á la puerta!

[Figura 1. "¡La revolución llama a la puerta!", *Gil Blas*, Madrid, 18 de febrero de 1865]

Otras dos características de la Revolución española que la singularizan fuertemente en el contexto de los movimientos revolucionarios de su tiempo tienen que ver con las peculiares circunstancias de su inicio, en la crisis de 1808. En su origen estuvo la *vacatio regis* de la Monarquía, causada por el insólito desplazamiento de Fernando VII en Bayona por Napoleón para colocar en el trono de Madrid a su hermano, *el intruso* José I Bonaparte. Por tanto los revolucionarios, lejos de alzarse contra el monarca legítimo, actuaron precisamente en nombre del rey cautivo. Además, puesto que se trataba de una Monarquía imperial transoceánica, lo que empezó como sublevación peninsular se transformó muy pronto en una revolución atlántica, o más bien en una serie de revoluciones interconectadas. Desde este punto de vista, la Revolución española puede verse como la pieza metropolitana de un proceso mucho más vasto y complejo de desmantelamiento imperial que condujo a la disgregación de los territorios americanos de la Monarquía de España; proceso que un cierto número de historiadores, tras los pasos de François-Xavier Guerra, denominan *Revoluciones hispánicas*.

Un rasgo adicional de este largo proceso histórico que conocemos como Revolución española, jalonada de conspiraciones, pronunciamientos y alzamientos menores, es la duración de algunos episodios revolucionarios de gran calado. No en vano, como hizo notar Marx en sus comentarios sobre la *Vicalvarada* (1854) (Marx y Engels, 2017), y a diferencia de las revoluciones acaecidas en Francia que duraban unos pocos días, en España solían prolongarse mucho más tiempo (algo que podrá afirmarse todavía con más motivo después de 1868). Y por cierto, varios de estos movimientos revolucionarios se vieron contrarrestados por otras tantas reacciones, que en ocasiones llegaron a la guerra civil abierta, lo que evidencia el vigor de la contrarrevolución en la península durante todo el periodo (Rújula y Solans, 2017).

Ni que decir tiene que con el paso del tiempo el concepto de *revolución*, una noción altamente controvertida, sobrecargada de expectativas y emociones de uno u otro signo, fue acumulando nuevos estratos semánticos y ensanchando su cronología a medida que se iban sucediendo los acontecimientos. A ese espesor creciente contribuyeron las narrativas históricas que daban cuenta de procesos en marcha y de otros ya concluidos, desde las primeras historias "en caliente" de la Revolución de España de Blanco White, Martínez de la Rosa, Flórez Estrada o Martínez Marina hasta las posteriores a la Revolución de Septiembre, como las de Marcelino Bautista, Joaquín Costa o Blasco Ibáñez, pasando por las obras del conde de Toreno o del marqués de Miraflores a mediados de siglo, las referentes al Trienio 1820-1823, a las revoluciones europeas de 1848 o a la española de 1854 –sin olvidar las numerosas historias generales, de la Revolución francesa y de otros episodios revolucionarios de Europa y América–. Un simple listado cronológico de algunos de estos trabajos basta para constatar que ese creciente cuerpo de escritos coadyuvó poderosamente a ir dotando poco a poco al concepto de *revolución* –y específicamente al sintagma "Revolución española"– de un rango de significados cada vez más extenso y profundo. Esta historización, no exenta de politización, vino acompañada en ocasiones de una voluntad explicativa, incluso de cierta teorización –búsqueda de leyes, causas y principios que las expliquen–, que fue avanzando asimismo con el paso de las décadas.

El análisis de los libros publicados a lo largo del siglo sobre la historia de la Revolución española permite discernir tres grandes veneros confluyentes: el primero consiste en una especie de historia testimonial del tiempo presente, esto es, en la escritura por parte de algunos de los protagonistas de sus experiencias directas, usualmente centradas en episodios revolucionarios de corta duración; el segundo, se refiere a la escritura más reflexiva de la experiencia indirecta del pasado inmediato por varios publicistas e historiadores de las generaciones siguientes; el tercero abarcaría aquellos registros propiamente históricos referidos a un segmento más o menos amplio del pasado que se considera ya concluso y ha quedado definitivamente atrás. (No obstante, las aguas historiográficas de estos tres veneros se mezclan con frecuencia; así sucede, por ejemplo, en la *Historia de la Revolución Española* de M. Bautista, de 1870, donde el análisis imparcial y la búsqueda de causas y resultados propios del historiador van de la mano con las opiniones del político).

De manera similar a lo que sucederá en la época contemporánea con el concepto de *crisis*, el de *revolución* fue así extendiendo progresivamente su campo semántico desde su significación inicial focalizada en un tiempo corto o muy corto, al medio plazo y aun a la larga duración, máxime cuando la Revolución española tenderá paulatinamente a inscribirse en narrativas todavía más amplias, hasta llegar a verla como un caso particular dentro del contexto mucho más abarcador de una oleada revolucionaria euroamericana. De modo que la palabra "revolución", que empezó por referirse a un evento bastante singular y relativamente aislado, pasó luego a entenderse como una cadena más o menos larga de acontecimientos; más adelante, adoptó significados aún más vastos para referirse también a procesos susceptibles de ser divididos en varias fases, e incluso a toda una época histórica. Y a medida que el concepto va dilatándose más y más hasta convertirse en una noción epocal y en pieza central e ineludible de los grandes relatos que acompañan a las revoluciones, no será raro que algunos historiadores y publicistas –especialmente los de orientación antirrevolucionaria– lleguen a atribuirle a la revolución acciones, intenciones y metas, como si de un sujeto de carne y hueso se tratara. Esa personificación cobrará todavía más fuerza y verosimilitud con la publicación de caricaturas de la revolución en la prensa satírica de la segunda mitad del siglo.

En torno al planeta *revolución* orbita un rico vocabulario integrado por sinónimos, antónimos y términos afines, conexos y/o eufemísticos. De ese caudaloso léxico forman parte vocablos como discordia, rebelión, conmoción, insurrección, alzamiento, pronunciamiento, motín o guerra civil, pero también reforma, evolución, regeneración y muchos más. La valencia emocional de cada uno de esos términos es asimismo muy variada dependiendo del hablante, del oyente o lector, del momento y de las circunstancias. El color valorativo de *revolución*, por ejemplo, era abrumadoramente negativo a comienzos de siglo, pero en 1808 cambió súbitamente de signo para justificar la respuesta patriótica a la agresión napoleónica (Fernández Sebastián 2010, 149). Las connotaciones positivas brillan con especial fuerza cuando se predica la legitimidad de tal o cual revolución frente al despotismo o la tiranía. Más raramente, también encontramos algunos usos neutros, analíticos, del término revolución, como sucede en un puñado de artículos y opúsculos de carácter teórico. Cuando, en el último cuarto de siglo, la palabra pasó de nuevo a cargarse de connotaciones negativas asociadas al estrepitoso fracaso del Sexenio 1868-1874, los partidos liberales de la Restauración pasarían a usar preferentemente términos alternativos como reforma o evolución.

Desde el punto de vista de los lenguajes políticos, el caso de la Revolución española es asimismo singular debido al temprano solapamiento histórico –relativamente insólito en el contexto europeo– entre los discursos políticos liberales y democráticos. Con todo, la historiografía suele distinguir entre una prolongada *revolución liberal* iniciada en 1810, cuyo punto final es indeterminado y difuso, y una *revolución democrática* que, sin dejar de inscribirse en el ciclo largo del liberalismo, y aunque a veces se hace nacer en 1808, generalmente se identifica –si nos circunscribimos al siglo XIX– sobre todo con la Gloriosa (septiembre de 1868) y los seis años siguientes.

* * *

Dentro de este marco interpretativo, la trayectoria del concepto *revolución* en España atravesaría tres grandes fases o momentos. La primera comienza con el alzamiento patriótico de mayo de 1808 contra Napoleón. Es entonces cuando empieza a hablarse de "la revolución de España", expresión que sufrirá un giro semántico considerable con la reunión de Cortes en 1810, al abrirse un horizonte de libertades y derechos que acabaría plasmándose en la Constitución de 1812. Abolida la Constitución con el regreso de Fernando VII, se pondrá nuevamente en vigor tras el pronunciamiento de Riego. En ese sentido, el Trienio 1820-1823 se veía como una continuación de la revolución interrumpida en 1814, sin ningún cambio semántico relevante. En todo caso, a la altura de 1823 ha quedado muy clara por dos veces la tremenda fuerza de la contrarrevolución que los defensores del antiguo régimen son capaces de movilizar para oponerse frontalmente a los designios de los revolucionarios.

El segundo momento se abre al ponerse las bases jurídico-políticas del Estado liberal a partir de 1834 para asentar los logros de la revolución (contra la que se han alzado en armas los carlistas). Se produjeron entonces importantes desavenencias políticas entre los llamados moderados, que muy pronto se dieron por satisfechos con las reformas efectuadas, y quienes desde su izquierda –progresistas, demócratas– consideraban por el contrario que la obra revolucionaria estaba incompleta y debían apresurar su marcha. Un hito significativo en ese ruta fue la revolución de 1854 que, como anuncia Pi y Margall, dibujaba para muchos un nuevo horizonte: había que dejar atrás la revolución política y lanzarse a la revolución social (Pi y Margall [1854] 1982, 65). La Revolución de 1868 y la Constitución de 1869 han solido interpretarse como la profundización en sentido democrático de la revolución liberal española.

El tercer momento vino dado por la Restauración de la monarquía en 1874 en la persona de Alfonso XII, un régimen que su diseñador, Antonio Cánovas, planteó como la antítesis de la revolución. Se trataba de establecer la alternancia pacífica en el poder por parte de liberales y conservadores, dando paso a una nueva etapa de sosiego político. Como acertó a expresar gráficamente un caricaturista, la Restauración fue vista metafóricamente en su día como un gran balde de agua arrojada por una enérgica mujer que representa a la Monarquía española sobre el fuego de la revolución para sofocarlo (fig. 7). Por más que la hoguera revolucionaria no llegara a extinguirse por completo, fue un largo periodo de estabilidad política propiciada por la Constitución de 1876, la más longeva en toda la historia de España, que contrastaba con un pasado reciente plagado de pronunciamientos e insurrecciones que removían los gobiernos por la fuerza. El ideal de los cambios pacíficos y graduales, al estilo inglés, junto con las teorías científicas en boga que enfatizaban la importancia de la evolución tanto en el plano biológico como en lo social, reforzaron la preeminencia de la reforma sobre la revolución. Sin embargo, esta última siguió muy presente en los escritos de los partidos de izquierda que acampaban extramuros del sistema. Los propios liberales, tras el revés de 1898 frente a los Estados Unidos en la guerra de Cuba y los llamamientos subsiguientes a la regeneración de España, pusieron en circulación la idea de impulsar una "revolución desde arriba", esto es, de acometer profundas reformas políticas y sociales desde el gobierno. Tal era, creían sus defensores, el mejor antídoto contra las temidas revoluciones populares.

— Del alzamiento patriótico a la libertad constitucional —

En origen, *revolución* significaba en español, lo mismo que en las otras lenguas occidentales, la órbita que los astros describen en el universo y, por extensión, el movimiento que lleva a las cosas a volver a su punto de partida natural. A partir del siglo XVII, sin embargo, el término había ido cobrando un nuevo sentido político e histórico, indicativo del giro completo de una sociedad que, mediante un brusco cambio de régimen, se retrotraía hacia formas de libertad que había perdido con el paso del tiempo. De ahí la asociación entre revolución y regeneración habitual en el lenguaje de la Revolución francesa, que consagra la primacía del concepto político de revolución a la vez como ruptura con el Antiguo Régimen y como regeneración nacional.

En España, el primer diccionario de la RAE incluye ya en la entrada *revolución* –junto al significado astronómico originario y a otras definiciones que no son del caso– dos acepciones políticas, en las que se omite cualquier referencia cíclica. La primera, en el sentido de "inquietud, alboroto, sedición, alteración"; la segunda indica novedad radical: "Metafóricamente", añade el diccionario en cuestión, "vale mudanza, o nueva forma en el estado o gobierno de las cosas" (*Autoridades* 1737). Que esa mudanza no tenía por qué ser necesariamente traumática, lo prueba la frecuente apelación a una "feliz revolución", una expresión típica del vocabulario ilustrado para referirse sobre todo a las reformas económicas, legislativas y educativas promovidas por el gobierno de Carlos III.

A partir de 1789 y sobre todo de 1793, el concepto se carga de connotaciones peyorativas al asociarse al regicidio, el terror y la guillotina. Es muy sintomático que incluso la propaganda revolucionaria elaborada por los españoles exiliados en Francia procurara evitar el término revolución, en previsión del rechazo popular que pudiera provocar: a diferencia de Francia, leemos en uno de esos textos, "la España no necesita más que de una renovación" (Marchena 1792). Con todo, en ciertos ambientes tardo-ilustrados persiste el designio de que el poder se anticipe preventivamente a la expresión tumultuaria del descontento y profundice en sus planes de reforma: "La buena política dicta que cuando amenaza el espíritu de novedad, el ministerio se adelante a producir una revolución concertada, sin dar lugar a que la intente la ciega multitud con menoscabo de la autoridad soberana" (Traggia 1791). Un intento de anular la revolución anticipándose a ella mediante reformas promovidas desde el poder que preludia, en otro contexto y de otra forma, una idea que ganará importancia y actualidad a finales del siglo XIX en España.

En puridad, en el caso español, el primer evento que los coetáneos llamaron ya revolución fue el episodio conocido por los historiadores como Motín de Aranjuez, acaecido el 19 de marzo de 1808. Una revolución, en el sentido de tumulto o revuelta, dirigida contra el mal gobierno personificado en la figura del favorito Manuel Godoy, que si bien será pronto desbordado por los acontecimientos de mayo de ese mismo año, para algunos contemporáneos disputaría con esta última fecha el verdadero inicio de la revolución en España (Calvo Maturana 2012). Un aspecto fundamental de estos primeros usos del concepto para referirse a la situación política nacional es la idea reiterada por el poeta y publicista Manuel José Quintana en ese mismo año de que la revolución iniciada entonces es ante todo una lucha contra la tiranía, ya fuera interna, como la ejercida por Godoy, o externa, como la que poco después impondría Napoleón (*A España después de la revolución de marzo* 1808).

Tras la insurrección popular de mayo de 1808 se producirá una rehabilitación parcial del concepto, si bien asociándolo a una experiencia genuinamente nacional y patriótica, derivada del vacío de poder y de la necesidad de llenar ese vacío erigiendo nuevas autoridades e instituciones legítimas (y también, según algunas interpretaciones, de la iniquidad de las hasta entonces vigentes). Esta última visión es la que encontramos en los órganos más radicales de la España patriota, como cierto periódico gaditano que define la revolución como una "declaración de la opinión pública con los hechos", lo que explica que los gobiernos despóticos, cuando gobiernan al margen de la opinión pública, se vean desplazados por una revolución. En este sentido, según el mismo periódico, que expresa una opinión desde entonces ampliamente compartida, "el memorable dos de Mayo" de 1808 –esto es, la sublevación de Madrid contra los franceses– marcaba el "origen venturoso de nuestra revolución" (*El Robespierre español* nº 4, 1811). La revolución como ruptura y, al mismo tiempo, como obra exclusiva del pueblo figura ya en la literatura patriota de primera hora. En la respuesta del ayuntamiento de Yecla a la *Consulta al país* leemos: "Si esta feliz revolución se debe al pueblo (...) parece no puede ponerse en duda que las Cortes deben ser una verdadera y legítima representación nacional, sin atender a lo que fueron en otro tiempo" (Artola 2000, I, 329).

Pese a la acusada tendencia del liberalismo incipiente a nacionalizar y singularizar la Revolución española, subsistían las dudas sobre la pertinencia de una palabra que inevitablemente remitía al modelo revolucionario francés, el menos oportuno en aquellas circunstancias. De ahí el interés de las autoridades patriotas y de buena parte de la prensa liberal en desmarcarse del ejemplo francés, unas veces rechazando el término *revolución* y recurriendo a la voz *insurrección* como más adecuada a la singular experiencia española, otras distinguiendo entre ambas revoluciones, como hizo la Junta Central en octubre de 1808: "La revolución española tendrá (...) caracteres enteramente diversos de los que se han visto en la francesa" (cit. Moliner Prada 1984-1985, 37). O como explícitamente hizo Álvaro Flórez Estrada en uno de los más sobresalientes relatos de la revolución española del periodo, enfatizando al final de su ensayo las diferencias con la revolución de Francia. Para el liberal asturiano, que escribía en 1810, la "oposición tan notable" entre ambas revoluciones estaba en que los españoles "se penetran en el principio de las injusticias atroces del que pretende oprimirles", luchan todos unidos y logran grandes victorias ante un enemigo superior. Pero después el pueblo pierde la confianza en el gobierno "al ver subsistir todos los abusos de los que esperaba libertarse", lo cual lleva a la derrota y a la dispersión. Por ese motivo la revolución española, según Estrada, empezó bien para acabar en desastre, mientras que la francesa comenzó mal pero acabó victoriosamente (Flórez Estrada 1810, 242-243).

Fabio Wasserman (comp.)

Tampoco faltará entre los primeros liberales españoles quien reivindique *revolución* en el sentido universal que este término comenzaba a adquirir, asumiendo todas las consecuencias semánticas e históricas del concepto: "España, a despecho suyo", afirmará solemnemente Agustín de Argüelles, "ha entrado ya en el turno de la revolución", entendida como "alteración inexorable, consecuencia necesaria de la que va corriendo por toda Europa, anunciada por las luces (...) del siglo pasado" (*DS* 26/4/1811). Flórez Estrada pensaba igualmente que el mundo había entrado en una "revolución general" de la que la mismísima revolución francesa no representaba sino un momento o pieza destacada, mientras que Blanco White, consciente de la universalidad de un movimiento que alcanza también al continente americano, sugiere en sus escritos que lo que está en marcha es una gran revolución atlántica.

Sin embargo, como no dejarán de señalar varios comentaristas, en su origen la revolución española tuvo un carácter inducido, puesto que, lejos de ser fruto de una iniciativa revolucionaria autónoma, su desencadenamiento obedeció a la necesidad de dar perentoria respuesta a los graves problemas planteados por un agente externo: la intervención napoleónica en la península. A decir de Alcalá Galiano, son muchos en efecto los que piensan que la palabra revolución es poco apropiada para referirse a la guerra contra Napoleón, esto es a

> "la resistencia hecha por el pueblo español al poder francés en defensa de sus reyes y de sus leyes, y de sus altares y de sus hogares, de su independencia y de su gloria. 'Nosotros no estamos en revolución', nos han revuelto, exclamó en las Cortes un diputado muy opuesto a las reformas entonces emprendidas" (Moreno Alonso 1979, 228).

Se diría que incluso los partidarios de las reformas parecen ansiosos por desembarazarse de un término que no les agrada demasiado: significativamente, los redactores del *Semanario Patriótico,* en el último número de esta publicación periódica (19/3/1812), se apresuran a dar por clausurada la revolución una vez que la Constitución de Cádiz ha sido promulgada.

Desde 1810, algunas de las más señaladas voces del primer liberalismo español habían comenzado a aventurar diversas interpretaciones del sentido de la revolución y de sus futuros derroteros. Varios de esos textos se publicaron fuera de España, principalmente en Londres. Entre ellos descuellan el de Martínez de la Rosa sobre *La revolución actual de*

España (*El Español* n° 7 y 8, 1810, reed. 1813), el ya mencionado de Flórez Estrada, y un temprano ensayo de Blanco White publicado en el primer número de *El Español* que hizo mucho ruido, hasta el punto de que las autoridades españolas trataron de impedir la circulación del periódico londinense. Sostiene Blanco que las revoluciones sólo se justifican cuando las naciones se alzan contra un régimen despótico y glorifica a la revolución española por el pundonor demostrado por el pueblo que tomó la iniciativa en su fase inicial. Sin embargo, critica a las juntas por no haber sabido canalizar el ardor revolucionario de ese patriotismo popular espontáneo y enfatiza que para asegurar el triunfo de la revolución es preciso que España acabe definitivamente con su antigua forma de gobierno. Sólo así los españoles lograrán de verdad la libertad. De lo contrario, les exhorta, "estáis destinados a ser perpetuamente esclavos" (Blanco White 2007, II, 4-22).

[Figura 2. *The Spanish Bull-Fight, or The Corsican Matador in Danger*, por James Gillray. Londres, 11 de julio de 1808. British Museum]

Fuera de las filas del liberalismo, en 1810 se desató también la reacción hostil de los partidarios del orden tradicional. Hasta entonces, la revolución española era vista dentro y fuera de España esencialmente como una lucha en defensa de la patria y de la religión contra los invasores galos (la fig. 2 muestra un grabado de 1808 impreso en Inglaterra en el contexto de la propaganda antinapoleónica en el que los soberanos europeos, incluyendo al Sumo Pontífice, festejan la embestida del toro que simboliza al pueblo español contra José I, que yace derribado en el suelo, y contra su hermano el emperador francés). Esa lucha desigual, por supuesto, era plenamente legítima a los ojos de casi todos, incluidos los tradicionalistas. Mas, cuando las Cortes de Cádiz comenzaron sus sesiones aprobando nuevos decretos y leyes, y redactando un código constitucional, la revolución entró en una nueva fase y los enemigos del constitucionalismo insistirán una y otra vez en que los liberales actúan bajo el influjo de las ideas francesas.

Estos propagandistas de la contrarrevolución, entre quienes destaca el fraile Alvarado, *El Filósofo Rancio*, retomarán muchos de los temas y argumentos puestos en circulación por los Barruel, La Harpe, De Maistre, Chateaubriand, Hervás y Panduro, Diego José de Cádiz y otros contra la Revolución francesa. Así, el autor de cierto panfleto sostiene que la Junta Central ha embarcado a los españoles en una segunda, desastrosa revolución que aspira a "la mutación del Gobierno monárquico en (…) democrático" (Brotons y Pericás 1813, 47). Un sector de esta literatura, que prolifera sobre todo durante las dos restauraciones absolutistas de 1814 y 1823, se esforzará por asociar la semántica de la revolución al léxico de la democracia, como hace el *Nuevo vocabulario filosófico-democrático* (Thjulen [1812] 2017), así como a los ataques a la religión y sus ministros (González Villar 1817, iii-iv).

Una de las principales novedades aportadas por el Trienio liberal, con la Constitución de Cádiz nuevamente en vigor, será la estrecha identificación de la revolución con los líderes militares que encabezaron el exitoso pronunciamiento. La glorificación de Rafael del Riego como héroe mítico hizo de él, dentro y fuera de España, un símbolo de la revolución. Tras su ejecución en noviembre de 1823, pasará a ser además el más ilustre de sus mártires (*Catálogo de los héroes…* 1821; Stites 2014, 28-120).

Junto a las numerosas efigies de Riego y otros héroes liberales, encontramos en aquellos años algunas imágenes alegóricas que tratan de representar el concepto de *revolución*. En el grabado titulado "La Revolución vuelve la Ley Fundamental a España" (fig. 3), acorde con el constitucionalismo combativo del Trienio liberal, la Revolución aparece como una mujer irritada y fuerte, con la cabeza cubierta con una piel de león y apoyada en una columna, quebrando las cadenas y el yugo de la opresión absolutista. Lleva en la mano derecha una lanza, símbolo de la Libertad. La Revolución está en pie junto a una mujer ricamente ataviada, trasunto de España, y tiene a su derecha otra grave matrona que representa a la Ley. El león español está sentado al fondo de la escena (Reyero 2010, 104; *Gaceta de Madrid* 19/7/1821, 936).

La REVOLUCION vuelve la LEY FUNDAMENTAL á ESPAÑA.

[Figura 3. "La Revolución vuelve la Ley Fundamental a España", Edición de la Constitución de Cádiz de José María Santiago, 1822]

— Experiencias acumuladas, expectativas defraudadas, esperanzas renovadas (1833-1854) —

Cuando, a la muerte de Fernando VII, se reanudó el proceso de construcción del Estado liberal al precio de una larga guerra civil contra los carlistas, el vocablo *revolución* volvió a hacerse presente en la vida pública española. La utilización recurrente del término y el agotamiento de muchas de las esperanzas nacidas en 1808 traerá consigo a partir de los años treinta un cierto desprestigio social de la palabra. Además, la decepción de determinados sectores populares ante los resultados de un proceso cuyo programa emancipador juzgaban inconcluso o insuficiente llevó a muchos a creer que –más allá de las experiencias habidas– la verdadera revolución aún estaba por hacer. Para compensar esta erosión de su significado y distinguir entre concepciones más y más diversas, en torno a *revolución* aparecerá una nutrida batería de adjetivos apuntando en todas direcciones (que vienen a sumarse a los epítetos denigratorios del absolutismo contra la revolución). El hecho es que en las décadas centrales del siglo, junto a la persistencia de viejos usos del término y a la fe renovada en el comienzo de una nueva y *verdadera* revolución (consecuencia en muchos casos del naufragio de un viejo ideal), se hace cada vez más frecuente la distinción, fundamental a partir de entonces, entre *revolución política,* entendida a la manera liberal, y *revolución social* –e incluso *revolución económica*– postulada por una nueva izquierda emergente de carácter republicano y obrerista, y presentada desde la extrema derecha como inevitable secuela de toda revolución democrática. Es tal la capacidad alucinatoria de esta imagen caleidoscópica de la revolución, que en un autor como Larra podemos encontrar, en un lapso de dos o tres años, las combinaciones más variadas y contrapuestas: alude en ocasiones a la "revolución española" y a "nuestra revolución" en la clásica línea historicista del liberalismo; clama contra "esta mezquina revolución" casi a la vez que exalta "nuestra gloriosa revolución", vislumbra una "gran revolución social" en toda Europa y, a la altura del año 1836, parece creer que, en España, la revolución no ha hecho más que empezar, que "está en su primer grado", que "es vaga todavía y no reviste forma alguna determinada" (Ruiz Otín 1983, 465-469).

A la izquierda del liberalismo se extiende, efectivamente, la impresión de que, como dice un periódico, "la revolución está por empezar" (*El Sancho Gobernador* 13/11/1836), y requiere, para ser reconocida como tal, que sea portadora de un bien superior capaz de trascender el ámbito espurio de la política: para unos debe tratarse de una "revolución moral en las ideas" (*El Pueblo* 4/2/1837), de una "revolución santa" que limpie a España de ladrones y sanguijuelas (*El Republicano* 15/10/1842); para otros, sin perjuicio de compartir esta concepción moralizante del ideal revolucionario, a la revolución política consumada en los años treinta debe sucederle una "verdadera revolución social" que traiga la igualdad, la "instrucción gratuita" y la "participación en el gobierno" (*Catecismo democrático*, Murcia, 1836). En esa dirección se avanzará muy poco en los años siguientes, y no sólo en España, según constata el escritor republicano Fernando Garrido en 1864: "¡Revoluciones políticas!", exclama irónicamente, "la Francia ha llevado a cabo más de una; pero hacer una revolución económica es más difícil" (Garrido 1864, II, 228).

Y, en un momento en que cunde la conciencia de que un ciclo histórico se ha cerrado, parece llegada la hora del balance. La prensa afín al moderantismo insiste en que ahora, tras la devastación y los estragos causados por las revoluciones, la misión de los partidos conservadores es "aprovechar los elementos útiles que la revolución ha producido (…), reparar los errores en que la hicieron incurrir sus extravíos, y consolidar sus conquistas" (*El Heraldo* 16/2/1845). Este mismo periódico –que, como otras fuentes de la era isabelina, se complace en subrayar la doble faz positiva/negativa, a un tiempo constructiva y devastadora, de toda revolución– arremete en otras ocasiones contra el "frenesí anárquico y destructor" de aquellos que quieren reproducir en España "esa revolución niveladora y funesta que inundó de sangre y sembró de víctimas la vecina Francia" (*El Heraldo* 22/4/1845 y 22/6/1844).

Así pues, con el inicio de la Década Moderada (1845-1854) puede decirse que *revolución* como concepto epocal ha pasado a la historia para muchos contemporáneos, si bien el término –que tiene todavía una larga vida por delante– entrará inmediatamente en una nueva fase. Todos reconocen, en cualquier caso, que una cierta idea de revolución ha periclitado con el uso y se ha convertido en un hecho rutinario al que el país parece haberse acostumbrado. Su capacidad transformadora es puesta en entredicho tanto desde la izquierda obrera ("ha destruido mucho, pero nada ha edificado", *La Organización del trabajo* 15/3/1848), como desde los sectores más conspicuos de la derecha (buen ejemplo de ello es el artículo de Jaime Balmes "La esterilidad de la revolución española", 1950 [1843]). Sólo una posición política cerrilmente conservadora, combinada con episodios de pánico revolucionario como el que vive Europa en 1848, lleva a algún autor a considerarla "el objeto, el término, el compendio y el producto" de todos los errores políticos del siglo XIX (*Errores políticos del día* 1848, 173).

Incluso en republicanos muy influidos por el socialismo francés del momento, que tomarán parte activa en las posteriores revoluciones españolas, como el demócrata Fernando Garrido, se puede observar después de 1848 cierta prevención contra las "revoluciones materiales" de las que, a pesar de ser en muchas ocasiones "un mal necesario" que conlleva "dolores, convulsiones y agitaciones", es preciso "huir cuanto sea posible". Garrido cuestiona a quienes "en la palabra revolución encuentran respuesta para todo y una panacea universal", presunción que según él habría sido desmentida por los hechos, pues "la sociedad, después de tantas revoluciones, es hoy mucho más desgraciada que antes de haberlas consumado". Razón por la cual divide las revoluciones en dos clases: estériles y fecundas. Y el criterio para distinguirlas sería que las primeras "tienen por objetivo derribar instituciones viciosas y reemplazarlas por otras capaces de satisfacer las nuevas necesidades de la sociedad". Esta alusión a las nuevas necesidades hay que entenderla sobre el telón de fondo de un emergente telos democrático más atento al bienestar socioeconómico del pueblo que a las libertades y derechos individuales, como había sucedido en las revoluciones precedentes (Garrido 1849, 27-28).

— De 1848 al Sexenio Democrático. Acción revolucionaria y debate sobre la legitimidad de las revoluciones —

Y es que el 48 europeo no ha pasado en vano. A partir de esa fecha podríamos decir que el ideal de la revolución democrática le tomó el relevo a la revolución liberal, que muchos consideran superada. No por casualidad a comienzos de 1849 una escisión del ala izquierda del progresismo liberal español representado en el Congreso de los Diputados había fundado en Madrid el partido democrático. El nuevo partido acabará aglutinando a la juventud más radicalizada, incluidos simpatizantes y seguidores del socialismo utópico francés de Fourier y sus discípulos. Jóvenes como Fernando Garrido, Sixto Cámara, Emilio Castelar, Eduardo Chao, Nicolás Salmerón, José María Orense o Francisco Pi y Margall cobrarán ya cierto protagonismo en 1854, si bien será después del 68 cuando alcancen su máxima proyección nacional. En ese contexto se explica que incluso un liberal como Enrique O'Donnell observe que en los últimos tiempos la palabra revolución está siendo eclipsada por *democracia*, nuevo "brazo ejecutor del descontento público" que a fin de cuentas para este publicista conservador tiende a confundirse con el socialismo y aun con el comunismo (O'Donnell 1858, iv).

Así pues, en unos casos su carácter rutinario e inútil y en otros el recuerdo del 48 habían hecho que, según avanzaba el siglo, la revolución sufriera un progresivo desprestigio. Unos habían dejado de creer en ella y otros la temían demasiado. Por otra parte, el paulatino proceso de ensanchamiento, desplazamiento y multiplicación de los significados del término –de la revolución liberal a la revolución proletaria– y su aplicación más o menos trivializada a diversos ámbitos extrapolíticos –las fuentes impresas de la época registran frecuentemente sintagmas del tipo *revolución literaria, revolución estética, revolución moral, revolución en las costumbres, revolución en las ideas,* etc.– van acompañados de un mayor contraste entre los dos polos de la dicotomía revolución/reforma, cuyas fronteras semánticas se tornan bastante más nítidas que a comienzos de la centuria. En cualquier caso, con el paso de los años no faltan los teóricos, escritores o historiadores, que a la hora de ocuparse del tema –bien sea de la revolución española, de la francesa o de las revoluciones en general– lo hacen desde una perspectiva que *lato sensu* podríamos calificar de "científica".

Este tipo de reflexiones acerca de las causas, consecuencias y leyes históricas que rigen los movimientos revolucionarios –pues, incluso para un providencialista como Balmes, la Revolución francesa es "un gran libro donde los reyes y los pueblos tienen mucho que aprender" ("Consideraciones políticas sobre la situación de España", 1950 [1840])– son generalmente tributarias en mayor o menor medida de la historiografía francesa que, como es sabido, estuvo obsesionada a lo largo de todo el siglo –desde De Bonald, Ballanche y Guizot a Taine y Sorel, pasando por Thiers, Buchez, Tocqueville o Michelet– por el problema de la Gran Revolución de 1789, sus orígenes y sus derivaciones. Y, más allá de las diferencias ideológicas entre unos autores y otros, en esa rudimentaria *teoría de las revoluciones* que poco a poco va esbozándose entre escritores, políticos e historiadores españoles de distinto signo va imponiéndose un lugar común: la afirmación –que más arriba hemos visto ya, insinuada por Argüelles– de que "las revoluciones del pensamiento preceden a las revoluciones políticas" (Zabala 1900, 502).

Uno de los primeros periódicos republicanos españoles enuncia una variante izquierdista de este principio (reiterado con diversos acentos por multitud de autores, de Donoso Cortés a Modesto Lafuente, de Larra a Sales y Ferré): "Las grandes revoluciones las promueve la tiranía de los privilegiados, las dirige la sagacidad de los escritores y las consuma la energía del pueblo" (cit. Fuentes 1996, 45). Los autores conservadores, por su parte, suelen insistir en lo que de *patología social* hay en toda revolución, así como en la tendencia inexorable de muchos movimientos revolucionarios a degenerar en tiranías. Y, puesto que, para un pensador perteneciente a la extrema derecha católica como Donoso, "las revoluciones son en el orden político lo que los pecados son en el orden moral", ese "crimen supremo" contra la sociedad constituye el máximo desafío que la arrogancia de la razón humana –lo que Donoso llama la "civilización filosófica"– ha osado alzar contra ese trasunto de la agustiniana *Civitas Dei* que es la "civilización católica" (1970/1, I, 935 y II, 329 ss.; desde muy joven, por cierto, Donoso había iniciado sus reflexiones teóricas acerca de las revoluciones y su historia, de las que se ocupa ya en su *Discurso de apertura en el Colegio de Cáceres* de 1829). Esta línea de pensamiento reactiva iba a reforzarse considerablemente tras el llamado Bienio Progresista (1854-1856), con la publicación de numerosas obras antirrevolucionarias, incluyendo panfletos como *La revolución tal cual sus hijos la han definido* de Juan Antonio Cano (1861) y traducciones del francés como las obras de Monseñor Gaume (1856-1859), Monseñor Segur (1863) o Auguste Nicolás (1874).

El movimiento revolucionario de julio de 1854, que elevó de nuevo a Espartero –el "general del pueblo"– a su posición de hombre fuerte, reafirmaba la tendencia iniciada en 1820 de identificar la revolución con la figura de un militar progresista, ya fuese Riego, Espartero, O'Donnell o Prim, que será el símbolo de la de 1868 –en sus crónicas periodísticas de 1854 en el *New York Daily Tribune*, Marx no acababa de entender que la popularidad de Espartero hubiese hecho de él "la espada de la revolución" (Marx y Engels 2017, 91-99)–. A este respecto no deja de ser significativo que en algunos de los grabados que intentaron captar las imágenes de la revolución representaran, junto a escenas de lucha callejera (fig. 4), el desfile triunfal de las milicias por las calles de Madrid entre el júbilo del pueblo que había combatido en las barricadas (fig.

5). Los lemas que adornan las banderas de los milicianos y paisanos armados en esta última imagen son muy reveladores: en ellos se vitorea a la libertad, a la Constitución y al pueblo soberano, pero también a Espartero y a O'Donnell.

Defensa de una barricada en la calle Mayor.

[Figura 4. "Defensa de una barricada en la calle Mayor", *La revolución de julio en Madrid*, por Antonio Ribot y Fontseré, Madrid, 1854]

[Figura 5. "Los defensores de las barricadas", *La revolución de julio en Madrid*, por Antonio Ribot y Fontseré, Madrid, 1854]

Es notorio que en el momento de su efímera victoria los revolucionarios de 1854 sostenían concepciones muy diferentes sobre el significado y el rumbo de la revolución. Mientras que, según denunciaban –entre otros– Garrido y Castelar, el partido progresista parecía darse por satisfecho con reponer las leyes electoral y de imprenta de 1837, desde las páginas del periódico *El Eco de las Barricadas* ellos reclamaban la victoria para el pueblo y ampliaban las reivindicaciones de progreso, libertad, justicia y soberanía popular hasta incluir la libertad de cultos (Garrido 1854), exigencia que sólo iba a verse jurídicamente satisfecha años después, en la Constitución de 1869.

Abortado una vez más el proceso revolucionario dos años después, en el verano de 1856 se restablecía de nuevo la versión más conservadora del liberalismo. En ese contexto se generó una doble dinámica. A la derecha, los sectores reaccionarios, sobresaltados en los cincuenta por el aldabonazo de 1848 y en los sesenta por la llamada "cuestión romana", emprendían una verdadera cruzada contra la revolución, identificada en vísperas de la Gloriosa con el flamante Reino de Italia (cuyo reconocimiento por parte de España finalmente se produjo en 1865, en contra de los deseos e intereses de la Santa Sede). Estas campañas propagandísticas dieron origen al reagrupamiento de los antiliberales en las filas neo-católicas, que se integrarán poco después en el partido carlista (Urigüen 1986).

Desde el otro extremo del espectro ideológico, la opción de los progresistas y demócratas por el retraimiento ante unas elecciones que no sin razón consideraban amañadas por los moderados, hizo que los partidos de izquierda abrazasen una estrategia política que fiaba exclusivamente sus posibilidades de acceso al poder en la conspiración y en la vía insurreccional. Tal estrategia requería de una legitimación teórica de la acción revolucionaria. Esa necesidad condujo a un importante debate político-académico en los años que precedieron a 1868, cuando liberales unionistas, progresistas y demócratas protagonizaron conjuntamente la Revolución de Septiembre.

Atrás quedaban los tiempos en que el partido liberal progresista concurría a las elecciones a Cortes constituyentes de finales de 1854 confiando en que, una vez alcanzadas sus metas constitucionales, las revoluciones serían en lo sucesivo "innecesarias" (*A los electores* 9/11/1854). El fiasco del Bienio había llevado a los progresistas a posiciones mucho más intransigentes. Uno de sus líderes, Carlos Rubio, justificará en el órgano de su partido la nueva estrategia con estas palabras: "Aceptamos el camino revolucionario porque el legal nos está cerrado desde 1856" (*La Iberia* 15/4/1866). Para entonces, en efecto, la revolución se había convertido en su única esperanza para restaurar la soberanía popular, poniendo fin a un régimen tibiamente liberal, de cuya inclinación crecientemente reaccionaria sus adversarios coaligados hacían responsable a la dinastía reinante en la persona de Isabell II. No por casualidad entre los principales gritos y lemas de la revolución, junto a los consabidos vivas a la soberanía nacional y al más novedoso "¡Viva España con honra!", en septiembre de 1868 descollaba también un rotundo "¡Abajo los Borbones!" (En el grabado nº 5 es posible reconocer a los jefes militares alzados en Cádiz que, con el apoyo popular, arrojan al mar a una figura femenina coronada que representa a Isabel II).

Paralelamente a la adopción práctica de las vías insurreccionales por una parte significativa del espectro político, se produjo un debate teórico sobre la legitimidad del recurso a la acción revolucionaria. Se retomaba así un tema recurrente del pensamiento político occidental, que contaba con una larga tradición en el mundo hispano: el derecho de resistencia contra la tiranía (y, en general, contra el poder establecido). En la España de mediados de siglo, antes y después de la aprobación de la constitución

Fabio Wasserman (comp.)

conservadora de 1845, encontramos ya algunas defensas del derecho de insurrección, apelando a la autoridad del *De Rege et regis institutione* del jesuita Juan de Mariana, o incluso al *De Regimine principum* de Tomás de Aquino (véase, por ejemplo, el alegato de Modesto Lafuente en *Fray Gerundio* 17/11/1840). Junto a estas fuentes clásicas, algunos textos bien conocidos de las revoluciones modernas –en particular, el famoso artículo 35 de la *Declaración de derechos del hombre y del ciudadano* de la Convención francesa (1793)– habían elevado a deber sagrado el principio de insurrección "cuando el gobierno viola los derechos del pueblo". Con tales antecedentes, apenas resulta sorprendente que la defensa del derecho de insurrección se abriera camino en la publicística de la izquierda liberal-democrática de la década de 1840. El diario progresista madrileño más prestigioso del momento discurría sobre tan "delicada materia" sólo "en el terreno abstracto de las doctrinas y los principios" para que no pudiera ser acusado fácilmente de proclamar "la revolución armada y violenta" ("Derecho de insurrección", *Eco del Comercio* 7/8/1846). Tres años después, en un *Diccionario político* publicado por un grupo de jóvenes demócratas encabezado por Eduardo Chao leemos que, puesto que los partidos absolutistas rechazan la soberanía del pueblo e imponen a las masas "el deber de la obediencia", "el derecho de insurrección es patrimonio exclusivo de la democracia" (Chao et al., 1849, s.v. "Aniversario"; véase también "Conspiración", Ruiz de Quevedo 2016, 229-233 y 308-316).

El recurso a los métodos violentos en política, sin embargo, nunca dejó de suscitar reticencias y reservas morales en un amplio sector de la opinión, incluyendo algunos intelectuales progresistas. Una actitud que contrastaba con el prestigio creciente de las revoluciones en el seno de la extrema izquierda. Si a eso unimos los debates sobre la conveniencia o no de la política progresista de retraimiento electoral, se explica que a mediados de la década de 1860 el tema de la legitimidad de las revoluciones fuese objeto de controversia. La *Revista Hispano-Americana*, que se hizo eco de un ciclo de conferencias celebrado en el Ateneo de Madrid sobre esta temática, subrayó que la cuestión de "si los partidos progresista y democrático deben continuar o no su retraimiento" estaba de plena actualidad, habida cuenta de que su "abstención de la lucha legal" les condenaría a la esterilidad "si no preparan al mismo tiempo la revolución armada". Por ello, la revista consideraba de sumo interés "un examen filosófico y profundo de la legitimidad y conveniencia de emplear la fuerza y la guerra civil como medio de progreso".

GALERIA DE PINTURAS DE GIL BLAS.

Proyecto de un cuadro que representa la revolucion española, para el Museo del porvenir.

[Figura 6. "Proyecto de un cuadro que representa la revolución española, para el Museo del porvenir", *Gil Blas*, Madrid, 22 de octubre de 1868]

Tomaron parte destacada en ese debate algunos jóvenes krausistas liberal-demócratas como Francisco de Paula Canalejas, catedrático de Literatura en la Universidad Central de Madrid, y Gumersindo de Azcárate, llamado a tener un gran protagonismo en el republicanismo histórico español. La conferencia del primero (a la que hacíamos referencia al comienzo de este ensayo) se publicó en la prensa, y también como folleto independiente, generando cierta polémica.

Canalejas ensalza en su discurso el papel de las ideas en la historia, recomienda las reformas y deplora abiertamente "la glorificación de la fuerza, que no otra cosa es la revolución". A su juicio, por mucho que la reacción pretenda legitimarse por su defensa del absolutismo y la revolución por su afirmación de la democracia, una y otra son igualmente perniciosas y se realimentan mutuamente: las revoluciones siguen a las reacciones, y viceversa. Ciertamente, mientras que los revolucionarios se presentan como "apóstoles de lo futuro", los reaccionarios son, a su manera, "revolucionarios del pasado". Pero esa es una diferencia menor comparada con el hecho mucho más relevante de que ambos bandos recurren sistemáticamente a la violencia. El problema estriba en que la cultura moderna (en particular la historiografía francesa contemporánea) ha exaltado las revoluciones –a menudo metaforizadas en erupciones volcánicas, tempestades o cataclismos– como momentos solemnes de la historia en que los oprimidos ejercerían su justa venganza contra los opresores. Incluso se habría llegado al extremo de llamar revolución a todo movimiento presuntamente orientado hacia el progreso. Contra aquellos historiadores, filósofos y poetas que presentan a las revoluciones como empresas épicas y las pintan con los vivos colores de la epopeya, el autor advierte sobre los riesgos de la demagogia y del romanticismo político que excitan el "hambre de lo extraordinario" y desatan las pasiones revolucionarias –"es criminal llevar esta sed de emociones a la vida pública"–, lo que conduce fatalmente al "embrutecimiento de las muchedumbres", a la tragedia y a la efusión de sangre (*Revista Hispano-Americana* 27/8/1865).

La decidida apuesta de Canalejas por las vías pacíficas y las reformas graduales desencadenó una acalorada polémica que aquí no es posible seguir. Baste decir que el periódico *La Democracia* reafirmó la legitimidad de las revoluciones, por mucho que vinieran empapadas en lágrimas y sangre, "porque son siempre provocadas por la reacción" (cit. *La Esperanza* 9/9/1865). Ello dio pie a su vez a la prensa tradicionalista a dar la réplica a aquellos que pretenden justificar las revoluciones por la ciencia (*La Esperanza* 11/9/1865), sin dejar de criticar a Canalejas "por conceder los mismos derechos a la verdad que al error, al mal que al bien, a la virtud que al vicio", es decir por equiparar reacción y revolución (*La Esperanza* 13/9/1865). Otro miembro de la juventud liberal-demócrata del momento, Rafael María de Labra, intervino asimismo en el debate para reprochar a los gobiernos conservadores haber sembrado el desaliento entre amplios sectores de la sociedad española de modo que, ante la ineficacia de las vías regulares hacia el progreso, habrían optado por "llamar a grandes voces [a] la revolución". Labra, sin embargo, critica también a los partidos avanzados por una utilización fetichista de la palabra revolución, que renuncia a especificar las medidas que cabría esperar de su puesta en práctica (*Revista Hispano-Americana* 12/11/1865).

A pesar de estos debates, la tendencia durante este último tramo revolucionario a añadirle al término prótesis semánticas del estilo de Revolución *de la moralidad* (julio de 1854) o Revolución *Gloriosa* (septiembre de 1868) evidencia el deseo de sus protagonistas de darle un nuevo lustre. Paralelamente, en el plano de las representaciones simbólicas va tomando cuerpo el mito renovado de la revolución como ideal nunca alcanzado de igualdad y justicia. Desde mediados de siglo, la iconografía política la representa como una mujer –al igual que a España y a la República, a las que se muestra directamente asociada– con el ademán violento, espada o antorcha en mano, los ojos desencajados y una cabellera ensortijada de serpientes, como las furias de la mitología clásica. Contrafigura femenina del pueblo –el venerable león hispano–, la revolución aparece a menudo en las revistas satíricas de la época como una muchacha airada que irrumpe violentamente en escena para reanimar a una España moribunda (fig. 7).

[Figura 7. La Revolución intentando despertar a una España dormida, por Alfredo Perea, *Gil Blas*, 23 de septiembre de 1865]

Lo cierto es que, contando con la inestimable ayuda de los generales Prim y Serrano y del almirante Topete, que se puso al frente de la flota sublevada en Cádiz (fig. 6), en septiembre de 1868 la Revolución había logrado por fin despertar al león español (cuya cabeza ya habíamos visto asomar, amenazante, en pos de la alegoría de la Revolución en la fig. 1). Se inauguraba así un sexenio extraordinariamente agitado de la historia política española. Estaba por ver, sin embargo, si ese triunfo de la revolución iba a servir para algo más que para impartir una justicia sumaria, pero efímera, contra una clase política corrupta que había llevado al país a la ruina. Había que ver, en definitiva, si la revolución democrática era algo más que ese "remedio heroico, pero inevitable", del que hablaba Prim en aquel momento decisivo (Battaner 1977, 618).

La cuestión, nuevamente planteada a partir de esta última fecha, era si de esa revolución triunfante podía nacer una forma de gobierno capaz de satisfacer de una vez los anhelos de igualdad y democracia, siempre traicionados o bastardeados, de los revolucionarios más celosos. En la coalición gobernante tras *la Gloriosa* predomina una concepción respetable y pragmática de la revolución, opuesta a toda formulación quimérica que degenere en un proceso inacabable y, a la postre, autodestructivo, porque, como dirá un diputado de la mayoría, "toda revolución que no se concreta y se limita es una revolución que sucumbe" (Fermín Lasala, *DS* 14/5/1869). La izquierda, por el contrario, teme que la de 1868 sea una de tantas revoluciones "de quítate tú para ponerme yo" (José María Orense, *DS* 21/4/1871). Autores de uno y otro lado del espectro ideológico coinciden, sin embargo, en reconocer que, considerada con la necesaria perspectiva histórica, "toda revolución política tiene mucho de revolución social" (*DS* 20/5/1869). Las palabras anteriores las pronunció el diputado conservador Antonio de los Ríos Rosas, pero la idea (enunciada años antes por Donoso casi en los mismos términos) la repite ese mismo año Pi y Margall: "Las revoluciones políticas vienen casi siempre a ser una revolución en la propiedad", y son la manifestación, en última instancia, de "luchas de clase a clase" (Battaner 1977, 621). Tres lustros antes, el político republicano le había dado al concepto de revolución una dimensión metafísica y humanista: "La revolución es, hoy como siempre, la fórmula de la idea de justicia en la última de sus evoluciones conocidas, la sanción absoluta de todas nuestras libertades (...). Tiene por principio y fin el hombre, por medio el hombre mismo, es decir, la razón, el deber, la libertad" (Pi y Margall 1854).

Había que saber, por tanto, de qué revolución se hablaba, y, en todo caso, situar el concepto en el terreno de los intereses sociales. Si un diputado de la coalición de septiembre distingue eufemísticamente entre "revoluciones conservadoras" y "revoluciones destructoras", tomando como piedra de toque sus efectos sobre el orden social y el régimen de propiedad (Moret, *DS* 24/2/1869), la derecha liberal, por boca de Cánovas, relaciona en 1871 "la revolución demagógica actual" con el estado de agitación al que estaba llegando la clase obrera (*DS* 3/11/1871), mientras que los primeros dirigentes internacionalistas abogan por una *revolución proletaria* superadora de la *política burguesa*, aunque alguno de ellos, como José Mesa en su correspondencia con Engels, reconoce que en el contexto español, ese cambio revolucionario no podía producirse inmediatamente (carta del 3/5/1873, cit. Battaner 1977, 622).

En el deslinde del campo semántico situado en torno al concepto de revolución, es muy significativa la distinción que el progresista Segismundo Moret establece en 1869 entre "revolución" y "revolucionario": la primera palabra tiene cuando menos un poso de respetabilidad si se trata de una "revolución como la nuestra, hecha en nombre del derecho"; por el contrario, Moret confiesa no entender muy bien "lo que significa la palabra *revolucionario*", pero la posibilidad de que se la identifique con "esas hordas que (...) se esparcen por los pueblos llevando por doquiera el saqueo" basta para reprobarla (*DS* 24/2/1869). La conclusión sería que, a esas alturas del siglo, un hombre de orden todavía podía creer, como mal menor, en una revolución controlada, pero nunca ser un revolucionario. Todo lo contrario que los dirigentes de la izquierda obrera, que ven un antagonismo radical entre política y revolución: "No seamos políticos, pero seamos revolucionarios" (*La Federación* 17/7/1870). Lo dicho vale también, claro está, para los partidos –"que se destrocen mutuamente. ¡Qué nos importa a nosotros!"–, incompatibles como son con la "organización obrera" que debe estar presta para cuando llegue "el día de la gran REVOLUCIÓN SOCIAL" [*sic*] (*La Solidaridad* 4/6/1870).

Y es que, a los ojos de los internacionalistas españoles, algo tan grandioso y sublime no podía ser obra, como las revoluciones políticas de la burguesía, de un puñado de militares, de un partido político o de la acción inconsciente de las masas, sino que la revolución social se presentaría oportunamente el día y a la hora que la propia historia señalara. El componente mesiánico y milenarista de este planteamiento resulta escasamente sorprendente en un país poco secularizado como España, donde, mientras desde la izquierda anticlerical la revolución se identifica a menudo con el verdadero cristianismo –según el poeta portugués Antero de Quental, "la revolución no era otra cosa que el cristianismo del mundo moderno" (Hennessy 1966, 89)–, desde el otro extremo ideológico esa misma revolución se interpreta como una sacrílega "protesta contra la soberanía de Dios en nombre de los derechos del hombre" (*Semanario Católico Vasco-Navarro* 7/12/1867).

Marcha, á pasos gigantescos, de la Revolucion de Setiembre.

[Figura 8. "Marcha, a pasos gigantescos, de la Revolución de Septiembre", *Gil Blas*, 12 de mayo de 1870]

En conjunto, un periodo histórico tan intenso como el llamado Sexenio Democrático (1868-1874), verdadera apoteosis de la revolución, ofrece en pocos años un abigarrado panorama de valoraciones positivas y negativas, entusiasmos desaforados y condenas tajantes del concepto (pasando por todas las tonalidades intermedias). Mientras el escritor Narciso Campillo, en el prólogo a un texto escrito al calor de los acontecimientos, confesará su amor rendido por las revoluciones, "porque ellas son las grandes justicias de la historia" (1869, 12), poco más de un año después uno de los más celebrados periódicos satíricos del momento ironizaba sobre los infructuosos esfuerzos de la revolución de 1868 por alcanzar sus objetivos a toda prisa (véase la expresiva caricatura de Ortego: fig. 8).

— La Restauración: —
reforma, evolución y revolución desde arriba —

El giro que tomaron los acontecimientos a partir de 1873, y sobre todo de finales de 1874 –cuando la Restauración vino a apagar súbitamente el fuego de la revolución (fig. 9)–, supuso sin duda un jarro de agua fría incluso para los revolucionarios más devotos. Es sintomática a este respecto la concepción entre determinista y fatalista de la revolución por parte del primer marxismo español –en línea con las principales corrientes del socialismo europeo del momento–, que tenía la virtud de preservar a la clase obrera del coste político y humano de toda aventura revolucionaria. El propio término *revolución* se ve arrastrado por la doble e imparable corriente de pánico y frustración generada, a derecha e izquierda, por el rotundo fracaso de *la Federal* (i.e., del primer experimento republicano en España, en 1873). Años después, en su famoso panfleto *Oligarquía y caciquismo*, Joaquín Costa hablará sin ambages de la "absoluta ineficacia de la revolución de 1868" (1967 [1901]).

Incluso la izquierda obrera –que gusta de subrayar su adhesión a una verdadera "revolución hecha por y para el proletariado" (*La Emancipación* 7/12/1872)– a veces parece dudar sobre si un concepto tan desprestigiado por la burguesía y sus políticos era digno de figurar en el vocabulario de la clase obrera: "Ya es hora", afirma la revista barcelonesa *Acracia*, "que cese en las publicaciones socialistas el abuso de las palabras *revolución* y *revolucionario*", pues se podía incurrir en el grave error de creer que un socialista "es revolucionario en el sentido político de la palabra" (*Acracia* VII-1886, 98). Los órganos oficiales del Partido Socialista no escapan tampoco a estas vacilaciones, que unas veces les llevan a omitir toda referencia a la revolución, en beneficio del concepto de emancipación, como en su *Manifiesto-programa* de 1879, y otras a enfatizar su condición de revolucionarios, aunque matizando mucho el término y previniendo contra los que *El Socialista* llama "furibundos revolucionarios" (cit. Juliá 1997, 35-36; Ribas 1990, 46-49). Pero era muy difícil que la prensa obrera se resistiera al embrujo de la voz revolución, esa "¡extraña contradicción de lo pasado! ¡Espléndida esperanza de lo presente! ¡Magnífica realidad de lo futuro!", en palabras de *Acracia* (V-1887, 236). Y es que, en opinión de esta misma publicación, no había alternativa a una palabra que todo el mundo entendía, con mayor o menor fundamento, como un cambio de sociedad, y que, como tal, "puede asustar a la gente", lo que al menos demostraría "que hay algo de que asustarse" (VIII-1887, 301).

[Figura 9: "*No vull que donga llum, sino fum*". Imagen de portada del periódico *La Campana de Gracia*, Barcelona, 21 de febrero de 1875]

Efectivamente, el ciclo de las revoluciones sociales esbozadas en la segunda mitad del siglo, con la Comuna de París como paradigma y la República federal como supuesta versión española de la misma, había servido para que la revolución, a pesar de sus fracasos, volviera a "asustar a la gente". Ese fue el objetivo que, desde el bando contrario, se propuso el padre Coloma en su novela *Pequeñeces* (1890), dirigida a un público conservador que durante el reinado de Isabel II le había ido perdiendo el respeto a la revolución. Cuando la gente de orden, venía a decirle el escritor jesuita, descuida frívolamente ciertas *pequeñeces* –la institución familiar, la fe religiosa, la defensa de la dinastía–, la revolución acaba por poner en peligro el poder de esas mismas clases sociales. Cánovas, el gran político conservador del último cuarto del XIX, cuya obra política se orienta a acabar de una vez con las revoluciones, pensaba –sobre los pasos de Tocqueville y de Taine– que la tendencia de "nuestra raza latina" a embarcarse en aventuras revolucionarias procede de los espejismos de esa "política deductiva" que, basada en una "razón pura y teórica", de tiempo en tiempo da paso a "un sangriento anfiteatro de experiencias prematuras y estériles" (1981, 107 y 185). No es extraño, que en ese nuevo contexto se tradujese la *Historia de la revolución de Inglaterra* de Macaulay, pues como subraya el traductor, M. Juderías Bénder, quien dedica la obra a Cánovas del Castilllo, también en aquel país los desórdenes y guerras provocados por el enfrentamiento entre los elementos populares y la monarquía fueron felizmente superados gracias a una Restauración que trajo la paz y la garantía de libertades y derechos (Macaulay 1882, I). La Restauración aparece así como un verdadero contraconcepto de revolución, intentándose ahora mostrar con la evidencia histórica sus ventajas frente a los riesgos de los levantamientos y desórdenes públicos. No es preciso decir que los republicanos veían las cosas de muy diferente manera: para ellos, la Restauración no era más que una forma de reacción que vino a "interrumpi[r] el curso sereno y majestuoso de la revolución española" (Blasco Ibáñez 1892, III, 874-875).

Y, si la Restauración era equiparada con la reacción, en la retórica republicana la mismísima revolución podía aparecer como una solución providencial para los problemas de España, como un rescate *in extremis* que salvara al país del naufragio. Así lo veía al menos el dibujante republicano Eduardo Sojo, *Demócrito*, recién retornado a España tras algunos años de emigración en Argentina, de donde tuvo que salir a raíz de la fracasada revolución de 1890, a la que había dado su apoyo desde el semanario porteño *Don Quijote*. Sojo publicó en la revista político-satírica madrileña del mismo nombre una espléndida caricatura (fig. 10) en donde la revolución, comandada por la flamante coalición republicana entre Ruiz Zorrilla, Pi y Margall y Salmerón, se contempla paradójicamente como la única vía de salvación de una España a la deriva, mientras los políticos liberales Sagasta o Castelar aparecen como náufragos (nótese la palabra Revolución escrita en el salvavidas que la figura femenina arroja desde el bote a las alegorías de la Patria y la Hacienda, aferradas al palo mayor del navío que se va a pique).

[Figura 10: "El salvamento", *Don Quijote*, Madrid, 12 de febrero de 1893]

En las últimas décadas del XIX en el campo semántico de la revolución bulle un copioso vocabulario de términos alternativos, contrarios y complementarios, entre los que se cuentan regeneración, reforma o evolución, entre otros. A partir de 1881, con los primeros gobiernos del Partido Liberal de Sagasta, la noción de reforma ganaría una presencia creciente en el discurso de la Restauración. A las reformas que en aspectos tan sustanciales como los códigos o la ley electoral irán introduciendo diversos gobiernos liberales, vino a sumarse en 1883 la así llamada Comisión de Reformas Sociales, constituida por inicativa del ministro Segismundo Moret. Esa senda reformista fue muy bien acogida incluso por importantes sectores del republicanismo histórico que, una vez abandonada la estrategia insurreccional y conspirativa animada incansablemente por Ruiz Zorrilla desde el exilio tras una última intentona fracasada en 1883, aceptaron con esperanza la apertura en sentido liberal del régimen de la Restauración, concurrieron a las elecciones y volvieron a formar parte del parlamento.

Krausistas como Gumersindo de Azcárate abogaron por ir aplicando reformas graduales, haciendo del reformismo no sólo una filosofía política, sino el elemento definitorio de toda una corriente de la izquierda ideológica más moderada que acabará plasmándose a comienzos del siglo XX en el Partido Reformista, liderado por Melquíades Álvarez y secundado por destacados intelectuales españoles del momento (Manuel Azaña, Jose Ortega y Gasset, Fernando de los Ríos). Conviene recordar que la reforma fue una alternativa a la revolución preconizada por sectores considerables del socialismo europeo de fin de siglo, incluyendo la socialdemocracia alemana de Eduard Bernstein o Rosa Luxemburgo.

Todavía más importante en este contexto fue la traslación de la teoría evolucionista de Darwin desde la biología al análisis de los procesos sociales y políticos por parte de autores como Herbert Spencer (cuya obra gozó de alto predicamento en la España de la Restauración). Si bien en casos excepcionales, como el del anarquista francés Élisée Reclus, evolución y revolución fueron interpretadas como etapas sucesivas de un mismo proceso de cambio que opera como ley histórica (su libro *Evolución y revolución* se vertió al español en 1893 y conocería varias reediciones), lo habitual es que ambos términos planteen a la acción política y social una disyuntiva estratégica, como sucede en cierto ensayo en el que un intelectual republicano reflexiona sobre el peso de esa doble tendencia, radical y gradualista, en el republicanismo español de finales de siglo (Martí-Miquel 1893).

Con todo, la sociedad española parecía no poder prescindir del mito de la revolución, ya fuera para mantener la unidad de las clases dominantes en defensa del orden social o para crear en el pueblo la conciencia nacional o de clase –a menudo ambas a la vez– necesarias para encarnar las ideas modernas de libertad y progreso. De ahí que la historiografía liberal y republicana de finales del ochocientos tomara la "revolución española" como el "despertar de una gran nación", como el momento inaugural de un proceso inacabado que debía llevar al pueblo español a recuperar la plenitud de sus derechos y de su personalidad histórica (Blasco Ibáñez 1892, 6). El sentido intimidatorio de la revolución, convertida en reclamo popular e instrumento de presión política sobre el poder, sería la otra cara del discurso populista del nuevo republicanismo que emerge en el tránsito intersecular de la mano de Alejandro Lerroux, para quien había llegado la hora de que la revolución significara algo más que un simple "cambio de instituciones" (*El Pueblo* Valencia, 14/7/1897, cit. Álvarez Junco 1990, 161).

A finales de siglo el debate sobre el contenido semántico de la voz revolución continúa en plena efervescencia. Frente a las acepciones más corrientes de la palabra como "alteración más o menos brusca de la paz pública", o "cambio más o menos violento de las instituciones y de los gobiernos", Castelar propone una concepción alternativa que subraya la fuerza de tracción de las ideas: la revolución, así entendida, es un cambio silencioso pero crucial que "sucede muchas veces en el espíritu cambiando sus creencias, y no trasciende a los hechos sino muy tarde" (Castelar 1896, I, 57-67). Claro está que el carácter proteico de la revolución y la anfibología del término hace que, como sucede con todos los conceptos fundamentales de la política, sea refractario a las definiciones unívocas. Así, no es raro que en la obra de un mismo autor se manejen acepciones muy distintas dependiendo de tipos de discursos, momentos y circunstancias. El influyente Joaquín Costa, por ejemplo, en uno de sus libros historiográficos define en 1875 el concepto de "Revolución Española", a la manera positivista, como "un hecho social, esto es, que afecta a todos los dominios de la vida, que representa una crisis total en el modo de ser de la sociedad ibera, con precedentes análogos fuera, en Europa y América, y con resonancia a su vez en una y otra parte del globo". Precedentes que no empecen la originalidad de una revolución "histórico-nacional", ni tan *tradicional* como la inglesa, ni tan *idealista* como la francesa (Costa [1875] 1992, 48 y 165). En política, sin embargo, el concepto costista de revolución se torna bastante más difuso. Así, en uno de sus últimos discursos pronunciado en Zaragoza en 1906 recomienda al partido republicano que debe "declarar al país en estado de revolución y no hacer otra cosa que prepararla: preparar la de arriba (…) haciéndola gacetable, y preparar la de abajo (…), organizando los medios externos necesarios para derrocar el régimen de la misma forma en que se levantó, es decir, por la fuerza" (Costa [1901] 1967, 253). Así pues, la revolución debía ser acometida simultáneamente *desde arriba* y *desde abajo*.

Unos años antes, en 1898, Costa había escrito que "las revoluciones hechas desde el poder no sólo son un homenaje y una satisfacción debida y tributada a la justicia: son además el pararrayos para conjurar las revoluciones de las calles y los campos" (cit. Rodríguez Puértolas et al. 1986, II, 200). Palabras éstas cuyo sentido no difiere apenas, como se recordará, de las que un ilustrado como Traggia había escrito cien años antes (*vide supra*).

El hecho es que al entrar en el novecientos, la idea de revolución seguía viva y bien viva, como lo demuestra la fascinación que este viejo vocablo despierta entre políticos, escritores e intelectuales. El anciano Benito Pérez Galdós cierra la serie de sus *Episodios Nacionales* con las siguientes reflexiones: "Alarmante es la palabra revolución. Pero si no inventáis otra menos aterradora no tendréis más remedio que usarla los que no queráis morir de la honda caquexia que invade el cansado cuerpo de tu Nación. Declaráos revolucionarios, díscolos, si os parece mejor esta palabra" (Pérez Galdós 1912).

Fiel a su significado primitivo, el concepto de *revolución* cierra el siglo XIX volviendo en parte a sus orígenes, es decir, formando un poderoso tándem con la idea de regeneración y sirviendo de palanca a un proyecto de cambio que tiene un fuerte sabor nacionalista e historicista y del que el libro *La futura revolución española* (1897-1898) del ingeniero Lucas Mallada es tal vez el mejor exponente.

Mas, si es cierto que el horizonte de la revolución, en permanente fuga, seguía señalando a los espíritus inquietos un ideal y una esperanza hacia el futuro, también lo es que desde el poder se llevó a cabo un intento de apropiación, quizá con el propósito de neutralizar la temida revolución desde abajo, dando la impresión de que se emprendía por fin la tan reclamada regeneración de España. Aunque, como se ha visto, existen numerosos antecedentes de esa noción, quien puso en circulación con éxito la expresión "revolución desde arriba" fue el político liberal Silvela, si bien correspondió al conservador Antonio Maura plasmar este eslogan en un programa político que cobró protagonismo en el cambio de siglo.

Esa política logró ciertamente algunos éxitos en su intento de reformar las instituciones, pero también fue duramente combatida desde distintos ángulos, antes de que la Semana Trágica (1909) diera al traste con ella al grito de "¡Maura no!". Fue objeto de parodias teatrales, como *La revolución desde abajo* de Sinesio Delgado; incluso dio pie a la redacción de toda una constitución para Fusilandia (un país imaginario cuyo nombre se inspira en el periódico satírico *El Fusil*, Arrufat, 1906). A juzgar por algunas caricaturas, sin embargo, ni siquiera la prensa satírica conservadora pareció confiar demasiado en que esa pretendida "revolución desde arriba" maurista fuese capaz de descuajar las prácticas oligárquicas y clientelares (fig. 11; véase también el número del 22/1/1903 de la misma revista). No deja de ser significativo, no obstante, el contraste entre las caricaturas de mediados del siglo XIX que representaban frecuentemente a los "espadones" –esto es, a los generales metidos a políticos– como los verdaderos árbitros del poder revolucionario en España, y estas otras de comienzos del XX en donde quien controla el poder es una figura inequívocamente civil, cual es el caso de Antonio Maura.

[Figura 11: "La revolución desde arriba", *Gedeón*, Madrid, 1º de enero de 1903]

* * *

El siglo XX no iba a ser menos prolífico en guerras y revoluciones que lo había sido el XIX (una síntesis del recorrido del concepto de revolución en la España del novecientos en Fuentes, 2008). Tras la Revolución mexicana y la Gran Guerra, mientras los ecos de la Revolución rusa se dejaban sentir en suelo español, al final del llamado "Trienio bolchevique" (1918-1920), Ortega y Gasset da por cerrada una larga "era de las revoluciones" iniciada dos o tres siglos atrás. Para el filósofo español, "las revoluciones no son en esencia otra cosa que radicalismo político" y los nuevos tiempos, con el desplazamiento de la política a un segundo plano de las preocupaciones humanas en favor de la vida y la pérdida de peso de las ideas abstractas como "factor histórico primario", traerían supuestamente en el viejo continente "el ocaso de las revoluciones" (1983, III, 207-230). Con la ventaja que nos dan los casi cien años transcurridos desde entonces, podemos atestiguar que en este punto Ortega se equivocó.

— Bibliografía —

Alba Salcedo, L. de (1869), *La revolución española en el siglo XIX*, Madrid.

Alcalá Galiano, A. (1861), *Historia del levantamiento, revolución y guerra civil de España*, Madrid, 2 vols.

Álvarez Junco, J. (1990), *El Emperador del Paralelo. Lerroux y la demagogia populista*, Madrid.

Armitage, D. y Subrahmanyam, S. (eds.) (2010), *The Age of Revolutions in Global Context, c. 1760-1840*, Basingstoke.

Arrufat, J. (1906), *Constitución de Fusilandia. Tratado completo de la "revolución desde arriba"*, Madrid.

Artola, M. (2000), *Los orígenes de la España contemporánea*, Madrid, 2 vols.

Balmes, J. (1950), *Obras completas* t. VI, Madrid.

Battaner, M.P. (1977), *Vocabulario político-social en España (1868–1873)*, Madrid.

Bautista, M. (1870), "Historia de la Revolución española", en S. Llanta y Guerin, *Los diputados pintados por sus hechos: colección de estudios biográficos sobre los elegidos por el sufragio universal en las Constituyentes de 1869*, Madrid, 1869-1870, 3 vols., t. III, 1-318.

Bayly, C.A. (2010), *El nacimiento del mundo moderno 1780-1914. Conexiones y comparaciones globales*, Madrid.

Bergeron, L., Furet, F. y Koselleck, R. (1976), *La época de las revoluciones europeas, 1780-1848*, Madrid.

Blanco White, J.M. (1810), "Reflexiones generales sobre la revolución española", *El Español* nº 1, abril, 5-27.

Blanco White, J.M. (2007), *Obras completas*, Granada.

Blasco Ibáñez, V. (1892), *Historia de la revolución española*, Barcelona, t. III.

Brotóns y Pericás, F.J. (1813), *La revolución en triunfo*, Alicante.

Calvo Maturana, A. (2012), "'La revolución de los españoles en Aranjuez': el mito del 19 de marzo hasta la Constitución de Cádiz", *Cuadernos de Historia Moderna* 11, 145-164.

Campillo, N. (1869), *La revolución española en el siglo XIX*, Madrid.

Canalejas, F. de P. (1865), "La reacción y las revoluciones", en *Revista Hispano-americana* Año II, t. III, nº 18, 291-297.

Cano, J.A. (1861), *La revolución tal cual sus hijos la han definido*, Madrid.

Cánovas del Castillo, A. (1981), *Discursos en el Ateneo*, en *Obras completas*, Madrid, t. I.

Cánovas del Castillo, A. (2000), *Obras completas*, Madrid, CD-ROM.

Castelar, E. (1896-1901), *Historia de Europa en el siglo XIX*, Madrid, 6 vols.

Catálogo de los héroes que victoriosamente han abierto y continuado nuestra gloriosa revolución (1821), Madrid.

Costa, J. (1967), *Oligarquía y caciquismo* [1901], ed. R. Pérez de la Dehesa, Madrid.

Costa, J. (1992), *Historia crítica de la Revolución española* [1875], ed. A. Gil Novales, Madrid.

Chao, E., Romero Ortiz, A. y Ruiz de Quevedo, M. (1849), *Diccionario de la política o Enciclopedia de la lengua y de la ciencia políticas*, Madrid.

Delgado, S. (1912), *Revolución desde abajo. Comedia en dos actos*, Madrid.

Donoso Cortés, J. (1970-71), *Obras completas*, Madrid, 2 vols.

Errores políticos del día (1848), Madrid.

Fernández de Moratín, L. (1973), *Cartas de 1806* [*Epistolario*], ed. R. Andioc, Madrid.

Fernández Sebastián, J. (2010), "Las revoluciones hispánicas. Conceptos, metáforas y mitos", en R. Chartier, R. Darnton, J. Fernández Sebastián y E. van Young, *La Revolución francesa: ¿matriz de las revoluciones?*, México, 131-223.

Flórez Estrada, Á. (1810), *Introducción para la historia de la revolución de España*, Londres.

Fuentes, J.F. (1996), "Orígenes del vocabulario social contemporáneo en España y Francia: una visión comparada", *Trienio: Ilustración y Liberalismo* 28, 99-117.

Fuentes, J.F. (2008), "Revolución", en J. Fernández Sebastián y J.F. Fuentes (dirs.), *Diccionario político y social del siglo XX español*, Madrid, 1070-1080.

García Cabellos, P. (1848), *La revolución del siglo XIX*, Segovia.

Garrido, F. (1849), *Instrucción política del pueblo. Derrota de los viejos partidos políticos. Deberes y porvenir de la democracia española*, Madrid.

Garrido, F. (1854), *Espartero y la revolución*, Madrid.

Garrido, F. (1864), *Historia de las asociaciones obreras*, Barcelona.

Gaume, J.-J. (1856-59), *La revolución, investigaciones históricas sobre el origen y propagación del mal en Europa*, trad. J.M. Puga y Martínez, Madrid, 6 vols.

González Villar, J. (1817), *Refutación de varios errores reproducidos con la ocasión de la revolución francesa y española*, Madrid.

Hennesy, C.A.M. (1966), *La República federal en España: Pi y Margall y el movimiento republicano federal (1868-1874)*, Madrid.

Hobsbawm, E. (2009), *La Era de la Revolución, 1789-1848*, Buenos Aires.

Juliá, S. (1997), *Los socialistas en la política española (1879-1982)*, Madrid.

López Forjas, M. (2016), "La revolución española según Joaquín Costa: un concepto entre la historia, la política y el derecho", *Sémata: Ciencias Sociais e Humanidades* 28, 109-134.

Macaulay, T.B. (1882), *Historia de la revolución de Inglaterra*, ed. L. Navarro, trad. M. Juderías Bénder, Madrid, t. I.

Maeztu, R. de (1911), *La revolución y los intelectuales*, Madrid.

Mallada, L. (1998), *La futura revolución española y otros escritos regeneracionistas* [1897], ed. F.J. Ayala-Carcedo y S.L. Driever, Madrid.

Marchena, J. (1792), *A la nación española*, París.

Martí-Miquel, J. (1893), *La evolución y la revolución*, Madrid.

Martínez de la Rosa, F. (1813), *La revolución actual de España*, Granada.

Marx, K. y Engels, F. (2017), *La revolución española. Artículos y crónicas 1854-1873*, Madrid.

Miñano, S. de (1824), *Histoire de la Révolution d'Espagne de 1820 à 1823, par un Espagnol témoin oculaire*, Paris, 3 vols.

Miraflores, Marqués de (1834a), *Apuntes histórico-críticos sobre la Revolución de España desde el año 1820 hasta 1823*, Londres, 2 vols.

Miraflores, Marqués de (1834b), *Documentos a los que se hace referencia en los Apuntes histórico-críticos sobre la Revolución de España*, Londres, 2 vols.

Moliner Prada, A. (1984-85), "En torno al vocabulario político de 1808", *Anales de la Universidad de Alicante: Historia Contemporánea* 3/4, 31-58.

Moreno Alonso, M. (1979), *La Revolución francesa en la historiografía española del siglo XIX*, Sevilla.

Nicolás, A. (1874), *La revolución y el orden cristiano*, Madrid.

O'Donnell, E. (1858), *La democracia española*, Madrid.

Ortega y Gasset, J. (1983-87), *Obras completas*, Madrid, 12 vols.

Pérez Galdós, B. (1912), *Cánovas*, Madrid.

Pi y Margall, F. (1854), *La reacción y la revolución*, Madrid (ed. moderna (1982), Barcelona).

Proudhon, P.-J. (1868), *Idea general de la Revolución* [1851], Barcelona (ed. moderna (2015), *Idea general de la revolución*, pr. Víctor Olcina, Londres.

Reyero, C. (2010), *Alegoría, Nación y Libertad. El Olimpo constitucional de 1812*, Madrid.

Ribas, P. (1990), *Aproximación a la historia del marxismo español (1869-1939)*, Madrid.

Rodríguez Puértolas, J., Blanco Aguinaga, C. y Zavala, I.M. (1986), *Historia social de la literatura española*, Madrid, 3 vols.

Romero Alpuente, J. (1989), *Historia de la revolución de España y otros escritos* [c. 1831], ed. A. Gil Novales, Madrid.

Ruiz de Quevedo, M. (2016), *Diccionario de la política*, ed. G. Capellán de Miguel, Santander.

Ruiz Otín, D. (1983), *Política y sociedad en el vocabulario de Larra*, Madrid.

Rújula, P. y Solans, J.R. (eds.) (2017), *El desafío de la revolución. Reaccionarios, antiliberales y contrarrevolucionarios (siglos XVIII y XIX)*, Granada.

Segur, Monseñor (1863), *La Revolución*, trad. Conde de la Romana, Madrid.

Sperber, J. (2005), *The European Revolutions, 1848-1851*, Cambridge.

Stites, R. (2014), *The Four Horsemen. Riding to Liberty in Post-Napoleonic Europe*, Oxford.

Toreno, Conde de [Queipo de Llano, J.M.] (1953), *Historia del levantamiento, guerra y revolución de España* [1835-37], ed. L.A. de Cueto, Madrid.

Thjulen, L.I. (2017), *Nuevo vocabulario filosófico-democrático indispensable para todos los que deseen entender la nueva lengua revolucionaria* [1812], ed. G. Capellán de Miguel, Logroño.

Traggia, J. (1791), *Carta con que se dirijió al Excmo. Sr. Conde de Floridablanca la idea de una feliz revolución literaria en la nación española*, BRAH, Colección Traggia, vol. 13

Urigüen, B. (1986), *Origen y evolución de la derecha española: el neo-catolicismo*, Madrid.

Zabala, M. (1900), *Compendio de Historia Universal*, Madrid.

Abreviaturas

DS: *Diario de Sesiones de Cortes* (varias ediciones).

RAE: Real Academia Española.

DRAE: Diccionario de la Real Academia Española.

Autoridades: *Diccionario de la lengua castellana, en que se explica el verdadero sentido de las voces, su naturaleza y calidad, con las phrases o modos de hablar, los proverbios o refranes, y otras cosas convenientes al uso de la lengua. [...] Compuesto por la Real Academia Española* (1726-39), Madrid, 6 vols.

Fabio Wasserman (comp.)

Capítulo VI
Del tiempo de las revoluciones a la revolución como designio: Portugal 1770-1870

Fátima Sá e Melo Ferreira

CIES-ISCTE-IUL

— Introducción —

En "Criterios históricos del concepto moderno de revolución", uno de los ensayos que integran su libro *Futuro Pasado. Para una semántica de los tiempos históricos,* Reinhart Koselleck señaló que "el propio concepto de *revolución* es un producto lingüístico de nuestra modernidad". Al proponerse tematizar y devolver a la historia y al tiempo histórico el término *revolución*, constataba también que "No hay más que unas pocas palabras que se hayan difundido tan ampliamente y que pertenezcan tan obviamente al vocabulario político moderno" (Koselleck 1993, 69 y 67).

Koselleck sitúa en la Revolución francesa el inicio de la nueva trayectoria del término y la considera un punto de inflexión en el significado de la palabra, que le permitió adquirir las "posibilidades semánticas extensibles, ambivalentes y ubicuas" que le fueron atribuidas en los siglos XIX y XX y extendieron su campo de aplicación a fenómenos de naturaleza política, social, económica, cultural y científica (Koselleck 1993, 69).

Según este autor, lo que distingue los usos del término *revolución* a partir de 1789 es el hecho de que, desde entonces, su significado pasó de tener un sentido natural y cíclico asociado a retorno, cambio de trayectoria, regreso al punto de partida, del que el mejor ejemplo era el de la "revolución de los astros", a tener un significado nuevo que designa una ruptura sin retorno. Ese nuevo sentido transformará el vocablo en lo que denominó un concepto "singular colectivo", es decir, que contiene un concentrado de acepciones pero se encuentra ahora orientado al futuro, siendo portador de una experiencia inédita de aceleración del tiempo histórico.

A la luz de las propuestas de Koselleck, nos proponemos acompañar el recorrido del vocablo *revolución* en el Portugal decimonónico, a partir del rastreo de sus usos en los diccionarios de lengua portuguesa, en los debates parlamentarios, en la prensa y en la ensayística política, desde finales del siglo XVIII hasta la década de 1870.

— Lo que dicen los diccionarios —

En el *Vocabulário Portuguez e Latino* publicado por el Padre Rafael Bluteau entre 1712 y 1728, que serviría de referencia a gran parte de los diccionarios de lengua portuguesa del siglo XIX, encontramos como primer significado del término *revolución*: "Tiempos agitados. Revueltas y perturbaciones en la República". A continuación sigue el conocido sentido astronómico de "revolución de esfera o astro que se restituye al punto desde donde inició su movimiento". Después, somos nuevamente remitidos a un significado político: "Revolución en el estado. Nueva forma de gobierno". Por último, el lexicógrafo regresa a la atribución al término de sentidos que lo denotan como fenómeno propio del medio natural a través de los significados de "revolución de los humores en el cuerpo" y "revolución de los cabellos", para terminar en el significado extra-físico de "revolución de las almas" que da como sinónimo de transmigración.

El significado de "Tiempos agitados. Revueltas y perturbaciones en la República", que en el *Vocabulário* de Bluteau encontramos como primera acepción del término revolución, no constará ya en el *Dicionário de Língua Portuguesa* editado en 1789 por António de Moraes Silva, en el que el propio autor informa que ha "reformado" y "aumentado" el de Bluteau. No lo volveremos a encontrar de forma autónoma en ninguna de las sucesivas ediciones que conocerá este diccionario a lo largo del siglo XIX. La asociación entre "revueltas" y "revoluciones" va a reaparecer, no obstante, en la edición de 1831, donde al significado de "revoluciones en los estados: cambios que los alteran en la forma y policía", se asocia la idea de "revueltas, perturbaciones: sucesiones de cosas". Se aportan dos ejemplos sacados de un mismo libro del siglo XVII, la *História de Portugal Restaurado* (1679-1698), escrita por el 3er Conde de Ericeira (1632-1690), una obra que relata y exalta los sucesos de la "restauración" de la monarquía portuguesa en 1640, o sea su segregación de la monarquía hispánica. El primero de esos ejemplos refiere "las revoluciones de Évora contra Felipe IV"; el segundo, ilustrando el significado de "levantamiento, sublevación contra el gobierno", remite a "las (revoluciones) de Pernambuco contra la tiranía de los Holandeses".

Curioso es constatar que estos dos ejemplos continuarán siendo citados invariablemente en todas las posteriores ediciones del diccionario de Moraes Silva publicadas hasta la década de 1870, y que a ellos no se añadirá ningún otro, ni siquiera el ejemplo de la Revolución francesa de 1789, a pesar de que representa un indudable punto de inflexión en los usos y sentidos del término a lo largo de la primera mitad del siglo XIX. Esa alteración de significado está presente, sin embargo, en esta misma edición de 1831, a través de la entrada correspondiente al adjetivo "revolucionario", registrado aquí por primera vez con el sentido de "relativo a revolución", reenviando a "gente, espíritu, ideas, escritos, movimientos, sistema".

— *Revolución* antes de la Revolución —

La asociación del término *revolución* a los cambios políticos ocurridos en Portugal durante el siglo XVII no surge únicamente en la *História de Portugal Restaurado*. En 1726 el Abate de Vertot, citado en la *Encyclopédie* como autor de "dos o tres historias excelentes de las revoluciones de diferentes países" como "las revoluciones de Suecia, las de la república romana, etc", había publicado también una *Histoire des Révolutions de Portugal*, refiriéndose a los acontecimientos de 1640, sobre los cuales ya anteriormente había visto la luz otra obra suya: *Histoire de la Conjuration du Portugal*. En el prefacio, el autor explica la sustitución del término "conjuración" por el de "revoluciones", afirmando que esta edición era resultado de múltiples añadidos, lo que justificaría el cambio de título (Vertot 1726, 2).

Relacionándose o no con estos usos, encontraremos, en la segunda mitad del siglo XVIII, en un eclesiástico miembro de la *Academia das Ciências* y autor de una erudita *História Genealógica da Casa Real*, António Caetano do Amaral (1747-1819), un inesperado recurso al vocablo revolución en un *Projecto de huma História civil da Monarquia Portuguesa*, que nunca llegó a publicarse aunque fue presentado más de una vez a los socios de la *Academia* (Ramos 1983, 14-19).

Defensor de una historia "civil" y "positiva" de Portugal, António Caetano do Amaral, formado en la Universidad de Coimbra ya reformada por el marqués de Pombal, subdivide la historia del país en "épocas" demarcadas por "grandes revoluciones". Considerando como "primera edad" el período que transcurre desde el matrimonio del conde Enrique de Borgoña, padre del primer rey de Portugal, hasta la muerte de Fernando I, que abrirá en el reino una crisis dinástica a finales del siglo XIV, Caetano do Amaral afirma que "la gran revolución que hay por la muerte del Señor Rey Don Fernando da natural principio a otra época", añadiendo que "nuevas empresas hacen cambiar de aspecto el estado de la Monarquía", y ejemplificando ese cambio con el "ensanchamiento de los dominios". La muerte de Sebastián I, en el último cuarto del siglo XVI, marcará "otra revolución mayor que la precedente" e iniciará la tercera época correspondiente al período de la unión ibérica (cit. Ramos 1983).

A pesar de la peculiar concepción de la historia de Portugal que revela, al concebirla como "civil" y delimitada por períodos que separan "grandes revoluciones", el carácter sumario del *Projecto...* de Caetano do Amaral no deja entrever mucho más sobre el sentido que el autor atribuye al término, el cual parece remitir al mismo significado de "cambio" y "perturbación" en los "estados" que encontramos en el *Vocabulário...* de Bluteau.

— **Tiempos de cambio** —

Si es verdad que sólo la Revolución francesa hizo que el término *revolución* se alejara, en tanto que fenómeno perturbador de la vida de los estados, de los fenómenos cíclicos de la naturaleza que había que afrontar sin juzgar, los primeros usos en relación a los sucesos de Francia se revisten de una tonalidad neutra bastante semejante a ésta.

Noticias de esos sucesos fueron publicadas incluso con cierta simpatía por la *Gazeta de Lisboa* hasta septiembre de 1789, recurriéndose a la expresión "revolución de París" para designarlos. En los primeros tiempos, dicho periódico informaba en forma regular sobre ellos, considerándolos "el más interesante objeto de la presente coyuntura" (cit. Beirão 1994, 372-379).

El curso de los acontecimientos llevó, muy pronto, a que la gaceta fuera suspendida y a que en la correspondencia de los diplomáticos portugueses en Francia las referencias a él pasasen primero de la benevolencia a la sorpresa y después al horror y a la reflexión sobre "lo mucho que la revolución de Francia ha subvertido el sistema político de Europa" (António de Araújo de Azevedo, cit. por Pintassilgo 1988, 136).

A partir de 1793, con la muerte de Luis XVI, el horror y el sobresalto se instalan en la monarquía portuguesa, tal como en otras monarquías europeas, y el gobierno, a través de la *Intendência Geral da Polícia*, procurará impedir la circulación de sus "máximas y principios" una vez que, como sostenía Domingos António Vandelli, un naturalista por entonces muy cercano al príncipe regente, el futuro monarca Juan VI: "El genio revolucionario (…) abrasa(ba) en su furor las monarquías y las repúblicas, los amigos, los enemigos de Francia, las potencias neutras, las pacificadas y las beligerantes" (cit. Jobim 1988, 262). La "fatal Revolución francesa" la llamaba ya el Intendente General de la Policía en 1799, alertando sobre la necesidad de tener "mano dura" con los partidarios de las ideas francesas y con sus "imitadores nacionales y extranjeros" (cit. Alves 2015, 65).

A pesar de todo, la "revolución de Francia" no parece haber provocado de inmediato una transformación semántica tan profunda en el término *revolución* que impidiera su convivencia con sentidos más próximos a antiguos usos.

Así, cuando en 1808, tras la primera invasión del territorio por el ejército napoleónico y la retirada del príncipe regente y de la corte a Brasil, se inician en Portugal las revueltas antinapoleónicas, a semejanza de las que se habían empezado a desencadenar en España, el mismo término *revolución* fue utilizado a menudo para designar a esos movimientos restauradores de la monarquía portuguesa que tuvieron lugar en muchas localidades de todo el país, acompañados de intensas movilizaciones populares.

Varias publicaciones, aparecidas en ese año y en los años siguientes, en las que se describían apologéticamente algunas de esas sublevaciones de villas, ciudades y provincias del reino, ostentaban en el título el término *revolución*. Es el caso de la *Relação fiel e exacta do princípio da revolução de Bragança e consequentemente de Portugal*, o de la *Declaração da revolução principiada no dia 16 de Junho de 1808 no Algarve e lugar de Olhão pelo governador da Praça de Vila Real de Santo António para a Restauração de Portugal*, así como de la *Relação fiel e exacta da revolução de Miranda do Douro*.

En su *História da invasão dos franceses em Portugal…*, José Acúrsio das Neves narra tempranamente la epopeya de la restauración de la soberanía en el reino, utilizando el término *revolución* en el mismo sentido de sublevación de carácter insurreccional pero de intención restauracionista, con fuerte intervención popular producida en un ámbito local. Eso no le impide, sin embargo, atribuirle, en ciertos pasajes de su obra, un carácter más general, más amplio y temible, como cuando refiere, por ejemplo, que los franceses se esforzaron, en un primer momento, por ocultar en Portugal los movimientos de España añadiendo que les había sido, no obstante, "imposible ocultar una revolución que rompiendo con el estruendo de un trueno, producía los estragos de un rayo" (Neves 2008, 37 [1810-1811]).

La asociación que se hace en estas líneas entre la revolución y la fuerza avasalladora de los fenómenos de la naturaleza, que ya estaba presente en las acepciones más antiguas del término, pasará a ocupar una nueva centralidad en sus usos modernos, afirmándose como principal metáfora asociada al vocablo.

Aunque las revueltas antifrancesas de 1808-1810 no marquen en Portugal una inflexión en el uso del término semejante a la que ocurre en España, lo que puede comprenderse fácilmente al no haber provocado un cambio de régimen como en el país vecino, aun así es posible identificar usos moldeados por la nueva lectura del vocablo que introduce la Revolución francesa y que están presentes, por ejemplo, en un escrito aún parcialmente inédito pero recientemente revalorizado por la historiografía, del magistrado natural de Bahía (Brasil) Vicente José Ferreira da Costa (1765-1834) titulado *Considerações Políticas sobre a Revolução Portuguesa de 1808* (Moliner Prada 2008; Pereira das Neves 2010).

Uno de los capítulos de esta obra enviada a la Corte de Brasil, de la que fueron publicados algunos fragmentos en el periódico *O Campeão Português*, editado en Londres por un emigrado político, José Liberato Freire de Carvalho (Pereira das Neves 2010, 167 y Ferreira, 2016), se titula significativamente *Tendência de Portugal a uma Revolução oclocrática por causa da sua antecessora a Revolução francesa*. "Revolución oclocrática" –es decir revolución de la muchedumbre o "imperio del pueblo amotinado", según uno de los significados atribuidos al término oclocracia en el *Vocabulário* de Bluteau–, es un estado de cosas que Vicente da Costa considera peligroso en extremo y destructor de los fundamentos del legítimo gobierno de un Estado. Los tumultos, la superstición, la venganza, la desorganización social son tenidos como correlato de ese tipo de intervención popular indeseable que, no obstante, según el autor, habría caracterizado los levantamientos de 1808, trayendo consigo la "propagación de los principios democráticos" (cit. Pereira das Neves 2010).

Fabio Wasserman (comp.)

También Silvestre Pinheiro Ferreira, ministro de la Corona, redacta en 1814 un texto con el objetivo de aconsejar al soberano durante su estancia en Brasil sobre las ventajas y desventajas de continuar en América o regresar a Europa, titulado *Memórias Políticas sobre os abusos Gerais e o modo de os reformar e prevenir a revolução popular*. Aunque el sintagma "revolución popular" tan sólo se utilice en el título, su recurso se hace comprensible ante el dramático dilema que el autor considera que es el de la monarquía portuguesa, obligada a escoger entre la "emancipación de las colonias", en el caso de que el soberano regresara a Europa, y la "insurrección del reino de Portugal", si se quedara en Brasil. En realidad, no se trataría únicamente de saber dónde debía fijar su residencia el rey, sino "de suspender y disipar el torrente de males con que el vértigo revolucionario del siglo, el ejemplo de los pueblos vecinos y la mal entendida política que va devastando Europa" amenazaban de "ruina y disolución" los estados del soberano "diseminados por las cinco partes del mundo" (Ferreira 1814-15, 1-2).

— Restauración, Regeneración y Revolución —

Tras el fin de la guerra europea y de la Restauración, el vocablo *revolución* pasará a ser objeto de una intensa reflexión en escritos ferozmente críticos de los principios y prácticas de la Revolución francesa, ampliamente inspirados en la obra de autores contrarrevolucionarios como De Maistre y Bonald, y, sobre todo, del Abate Barruel, traducido con prontitud al portugués por el Padre José Agostinho de Macedo, uno de los más célebres publicistas de la época. De esta forma, será sobre todo en textos de carácter contrarrevolucionario como el término *revolución* se transmutará y pasará a adquirir connotaciones nuevas en Portugal, revistiéndose de una carga semántica inédita que le será dada por el sentido no sólo negativo sino fantasmático con que pasará a ser utilizado a partir del ejemplo francés.

Esos nuevos usos, patentes también en la utilización del adjetivo "revolucionario", ya son perceptibles desde finales del siglo XVIII en los informes de la Intendência Geral de Polícia, donde se justifica la necesidad de perseguir las "sociedades de los albañiles libres" (masones), con la urgencia de "apagar en su origen cualquier chispa de sedición que, soplada por el espíritu del siglo, pueda avivar el vértigo revolucionario, que en estos tiempos calamitosos o han asolado o comprometido la seguridad de los Estados" (cit. Alves 2000, 452). El Padre José Agostinho de Macedo, ya mencionado, se referiría igualmente, en un sermón datado de 1811 relativo a los maleficios de la masonería, a "la manía revolucionaria" que trastornaba todo el orden en la religión y en la sociedad (cit. Andrade 2001, 161). Pero será sobre todo después de la primera revolución liberal portuguesa (1820-1823) cuando el adjetivo revolucionario se vulgarizará en los escritos que le son adversos. De hecho, como notó Telmo Verdelho:

> ...revolución no es un término abundante en los periódicos del veinte al veintitrés. Era un legado francés mal avalado por la violenta ocupación militar sobre la cual apenas habían pasado dos lustros. Tan sólo se ve predominar este vocablo, con tonalidad afrentosa, en los diarios conservadores absolutistas. (1981, 287)

Aunque utilizado durante el trienio *vintista* (1820-1823) en los periódicos antiliberales, sobre todo para condenar a la Revolución francesa (calificada de "nefanda" y "maldita"), el sustantivo parece haber sido menos frecuente que el adjetivo "revolucionario", usado por esos mismos sectores de la prensa portuguesa con sentido peyorativo, especialmente después de la extinción de las primeras Cortes constitucionales, para designar, por ejemplo, a aquella misma asamblea. "Congreso revolucionario" o incluso "horda revolucionaria" fueron algunas de las expresiones utilizadas en escritos en los que se denunciaban, también, "las doctrinas impías y revolucionarias" o el "espíritu revolucionario" (Boaventura 1823, cit. Verdelho 1981, 288). El sustantivo *revolución* fue, no obstante, igualmente utilizado en algunos escritos de la misma naturaleza para designar el cambio político de 1820. *A Revolução de Portugal* era el título de un panfleto publicado en 1823 por Faustino José da Madre de Deos, donde se procuraba mostrar que los masones aspiraban a "revolucionar todos los estados" y que Portugal no escapaba a la regla (Madre de Deos 1823, 6).

Al término *revolución* también le fue consagrada una entrada del *Novo Vocabulário Filosófico-Democrático...*, una obra profundamente crítica de los principios liberales, traducida del italiano pero con muchos añadidos del traductor portugués, que fue parcialmente publicada en 1831:

> Revolución: vocablo, que si bien que no es nuevo, siempre es terrible. No hay sin duda País, Reino, o Provincia, que en algún tiempo no la haya experimentado. Quizás esta palabra se haya revestido de

un nuevo carácter, y casi de un nuevo significado en la Revolución Francesa. Las Revoluciones hasta aquí conocidas en la Historia tienen muy poco de común con la que casi todo el Mundo está sufriendo a nuestros ojos por el motivo de que ninguna tuvo los mismos principios que ésta. El origen de las Revoluciones eran hasta ahora las comunes pasiones de los hombres; las casualidades y accidentes producidos por el tiempo, y el curso ordinario y variable de las cosas humanas. La Revolución presente, o, por mejor decir, Democrática, es el efecto necesario de una filosofía impía, frenética, que minando de algún tiempo a esta parte los verdaderos fundamentos de todas las sociedades humanas, respetados, y reconocidos hasta ahora por todos los Pueblos del Mundo, debía coronar su infernal obra, desnaturalizando enteramente a los hombres. (*Novo Vocabulário Filosófico-Democrático* 1831)

La afinada sensibilidad semántica que estas líneas revelan justifica su larga transcripción al tiempo que sirven para comprobar la tesis de que, al menos hasta la década de 1830, el término se popularizó –o democratizó, para usar los términos de Koselleck– principalmente a partir del lado antirrevolucionario.

Si bien varios autores han destacado que los términos "restauración" y "regeneración" fueron mucho más usados por los liberales de 1820 para designar el movimiento que condujo a la convocatoria de las primeras Cortes portuguesas (Verdelho 1981; Proença 1990; Vargues 1997), lo cierto es que la voz "revolución" no dejó de ser evocado por ellos, así como el adjetivo "revolucionario", aunque, en ocasiones, de formas inesperadas. En una obra titulada *Portugal Restaurado em 1820*, publicada en ese mismo año por uno de los protagonistas de la revolución, el magistrado Borges Carneiro, se defendía la "regeneración" de Portugal argumentando que con ella se reanudaba la tradición de las antiguas Cortes interrumpida por el absolutismo. Desde esa perspectiva, serían los adversarios de aquel movimiento los auténticos revolucionarios: "Vosotros sois los innovadores, vosotros sois los revolucionarios que derribasteis nuestras antiguas Cortes y los antiguos principios de una monarquía templada para erigir un poder absurdo y despótico" (Carneiro 1820, 37).

El término *revolución*, no obstante, será empleado con sentidos bien diversos en las Cortes Constituyentes, aunque su utilización no haya sido muy frecuente. Aun así lo encontramos algunas veces, ya sea en tono encomiástico y con sabor roussoniano: "Nuestra Revolución, marchando de prodigio en prodigio, colocó en este augusto recinto a los Padres de la Patria para organizar el nuevo Pacto Social", o, más sobriamente, como "nuestra venturosa revolución" (*Diário das Cortes* 1821, 30701).

Si el uso autorreferencial del término *revolución* fue prudente en tiempos de la primera experiencia constitucional portuguesa, no sería de esperar que su utilización fuera más frecuente en el turbulento período que medió entre 1826 y 1834, o sea entre la muerte de Juan VI y la concesión de una Carta Constitucional al reino por el heredero del trono –Don Pedro, emperador de Brasil– y la victoria definitiva de los liberales en la guerra civil de 1832-34. Fundado en una concesión hecha por el poder real, el nuevo régimen liberal inaugurado en 1826, derivado de la Carta, difícilmente podía ser considerado por sus partidarios como una revolución. La toma del poder en 1828, por parte de Miguel I (hijo segundo de Juan VI y hermano del futuro Pedro IV), quien desde 1823 encarnaba la causa de la contrarrevolución, conduciendo a la abolición de las nuevas Cortes constitucionales, a la supresión de la Carta y a la restauración del absolutismo, podría ser más fácilmente vista bajo ese prisma. Semejante utilización no dejó de ser ensayada por algunos sectores liberales con contornos polémicos, pero fue rápidamente abandonada.

— Revolución y Reacción —

En realidad, al mismo tiempo que aquello que los partidarios del liberalismo denominaron la "usurpación" de D. Miguel (1828-1834), los contornos del campo semántico de *revolución* ya se definían de forma nítida y antitética en relación a otro campo, el campo de la *reacción*. Es significativo que en la proclamación firmada por Miguel I destinada a reprimir la revuelta civil y militar protagonizada por liberales que explotó en Oporto en 1828 contra su ascenso al trono y la restauración del absolutismo, la revuelta fuera claramente identificada como una "revolución" (*Proclamação de D. Miguel de 23/05/1828*, cit. Ferreira Neves 1970, 23-24).

La oposición *revolución/reacción* empezaría a ser utilizada por esos años en escritos proliberales como motor de la narrativa de las grandes transformaciones registradas en Europa y en las Américas desde finales del siglo XVIII. En ese enfrentamiento, la "usurpación" de D. Miguel y su gobierno pertenecían irremediablemente al campo de la "reacción". En esta perspectiva, cabe destacar los textos de Almeida Garrett que fueron publicados en 1830, cuando se encontraba exiliado por el *miguelismo*, con el título de *Portugal na Balança da Europa,* donde se utiliza recurrentemente el término revolución tanto en relación a las independencias americana, brasileña y de las colonias españolas como a la Revolución francesa y a los movimientos liberales que tuvieron lugar a comienzos de la década de 1820 en España, Portugal, Italia y Grecia, todos agrupados en el mismo campo semántico, el campo de la *revolución*. En esa obra, el vocablo *revolución* es, efectivamente, uno de los principales hilos conductores de la narrativa, juntamente con el de libertad. La evocación de la Revolución francesa es aquí también una excelente ilustración de usos del término aún no muy corrientes en Portugal en el discurso de los constitucionales:

> Vino, en verdad, la revolución con terribles síntomas en esa Francia donde cuantos abusos pueden oprimir a la Humanidad habían subido de punto hasta aquel máximo grado en que ya no son soportables... El eco de Francia resonó de los Alpes al Quirinal, del Sena al Rin y al Danubio. Se propagó, corrió, se atizó casi general la llamarada a la que la opresión y la tiranía ha tantos siglos estaban amontonando combustibles. (Garrett s/d, 45-46 [1830])

La "llamarada general" resultado de la "opresión y de la tiranía" se propagaría por las Américas y por el sur de Europa a comienzos del siglo XIX y acabaría por llegar a Portugal. Pero aquí, tal como en los otros países del sur donde se había manifestado en la década de 1820, llegaría bajo una forma mucho más benigna: "la revolución de las dos Penínsulas era moderada y pacífica; la libertad triunfante propuso a los tiranos condiciones honrosas; cedió para que ellos cediesen" (Garrett, s/d, 68 [1830]). Esta revolución tenía, para Garrett, a pesar de una identidad básica de origen y naturaleza, características bien distintas de las revoluciones precedentes: "La revolución de finales del siglo XVIII fue una detonación eléctrica que se comunicaba, crecía, y creciendo destruía y abrasaba. La de comienzos del siglo XIX era una fuerza magnética, valiente, poderosa sí pero serena" (Garrett s/d, 68 [1830]).

No obstante, estas revoluciones fracasaron. Garrett reflexiona sobre las razones de ese fenómeno y las encuentra en el hecho de que las revoluciones de 1820 fueron "casi puramente militares", sin que hubieran contado con la participación del pueblo. La consecuencia habría sido que en Portugal, como en los otros países europeos, "la revolución dejó las cosas como las encontró" sin conseguir lograr "el primer efecto de las revoluciones que es, como dicen en Francia, *de mettre les hommes à leur place*; los enemigos de la libertad permanecieron en las mismas posiciones sociales" (Garrett s/d, 72-74 [1830]).

Una teoría de la revolución radicalmente diferente puede encontrarse en esta misma coyuntura en los escritos de otro liberal, Mouzinho da Silveira, el futuro ministro de Pedro IV tras su regreso a Europa para reivindicar los derechos al trono portugués de su hija Doña Maria da Glória, que Miguel I había "usurpado". Durante el corto período en que ocupó la cartera de Hacienda, Mouzinho da Silveira fue, sin duda, el principal obrero de una política capaz de *mettre les hommes à leur place,* tal como Garrett preconizaba, ya que fue el gran responsable de la publicación de un amplio dispositivo legal orientado a abolir el Antiguo Régimen en sus bases económicas y administrativas. No en vano, años más tarde Alexandre Herculano escribiría sobre él un texto redactado en francés, que significativamente llevaba por título *Mouzinho da Silveira ou la Révolution Portugaise* (Herculano 1982, 287-311 [1856]).

Sin embargo, Mouzinho se refería a la revolución en términos bien distintos a los que Garrett había usado en su *Portugal na Balança da Europa*. En sus escritos de los años que precedieron la guerra civil de 1832-34 en la que se enfrentaron liberales y absolutistas, la revolución era inevitable a partir del momento en que la independencia de Brasil había puesto en riesgo los antiguos equilibrios de la monarquía portuguesa, en particular en el plano financiero:

> ...nuestros gastos anteriores no eran hijos de nuestros trabajos, sino de nuestras conquistas (…) ellas formaron nuestras instituciones y (…) habiendo ellas acabado es menester que las instituciones cambien (…). Ya se ve que esto conduce a una revolución que no es obra de alguien sino hija de la naturaleza de las cosas, y la tenacidad de no querer dirigirla ha de formar aquel volcán inevitable, que temo desde hace mucho tiempo y que deseo ver atajado para nuestra tranquilidad. (Silveira 1989, I, 618 [1830?])

Para Mouzinho, la revolución debía ser –tal como subrayó Miriam Halpern Pereira– "una revolución planeada organizada bajo la autoridad de una nueva elite reunida en torno a un príncipe" (1986, 55). Siendo inminente, tras la separación de Brasil, tan sólo se volvería peligrosa si no encontrara quien la dirigiera.

— Revolución y revoluciones —

En 1836, dos años después de la victoria de los liberales en la guerra civil, con el régimen liberal implantado y las instituciones y procedimientos previstos en la *Carta Constitucional* en pleno funcionamiento, esa misma Carta será derribada por un movimiento que, apoyado en las corrientes de oposición a los primeros gobiernos constitucionales, rápidamente fue llamado "Revolución de Septiembre". De resultas de ese movimiento civil y militar desencadenado en Lisboa, tras el desembarco en la capital, a comienzos de septiembre de ese año, de los diputados opositores que habían vencido las elecciones en algunas circunscripciones electorales del Norte del país, la Carta Constitucional, en torno a la cual se habían congregado todos los sectores políticos liberales durante la guerra civil, será suprimida y sustituida por la Constitución de 1822, más radical y próxima de la constitución española de 1812.

Manuel Passos, uno de los miembros más destacados de la oposición que el movimiento de septiembre llevaría al poder y que solía ser designado en la Cámara como Passos Manuel, negaría cualquier implicación en los acontecimientos que lo condujeron al gobierno en un discurso en el que el término *revolución* ocupaba un lugar central. Hablando a las Cortes como Ministro del Reino, a pocos meses de distancia de los acontecimientos revolucionarios, el nuevo gobernante se justificaba ante quienes le acusaban de haber olvidado que había jurado respetar la Carta:

> Juré la Carta sin escrúpulos y sin recelo. —Mientras fue ley fundamental la cumplí fielmente (…) Pero esta Carta fue destruida por una revolución popular. El Pueblo quiso y el Pueblo podía. Todas las revoluciones son legítimas. Son un mal pero un mal necesario, muchas veces el único remedio extremo a los males públicos. Yo no hice esa revolución, no la provoqué; no conspiré; pero la revolución estaba hecha y era menester aceptarla; dirigirla en los intereses del país y de la civilización, y yo no podía abandonar al Pueblo que me honraba, ni dejarlo entregado a los furores de una contrarrevolución. (Manuel Passos 2003, 67 [21/1/1837])

De la noción de que "todas las revoluciones son legítimas aunque sean un mal", a la de que son necesarias ya que sirven de "remedio a los males públicos", la reflexión de Manuel Passos se distingue de los anteriores usos del término sobre todo por el recurso al sintagma "revolución popular", que hasta entonces había estado marcado casi siempre en sentido negativo en las utilizaciones del vocablo, salvo excepciones como la representada por Almeida Garrett cuando, en su ya citada obra del exilio, se confrontaba con el dilema de las revoluciones:

> ...revoluciones pacíficas, moderadas, sólo el gobierno las puede hacer porque las hace en su propio nombre, y no en el de él (...) pero cuando la revolución se hace por el pueblo y en su nombre, forzoso es que el pueblo entre y disponga en ella; que la máquina social se disloque; las instituciones viejas se destruyan *todas de una vez* y que en terreno limpio y sin obstáculos se edifiquen nuevos edificios. (Garrett s/d, 72 [1830])

Así, los acontecimientos de septiembre de 1836 que están en la base de las transformaciones mencionadas, fueron acompañados de un perceptible cambio en los usos del término *revolución*. No tanto porque hubiesen inaugurado un nuevo sentido para el vocablo, sino por haber sido utilizado inmediatamente por los contemporáneos, ya fuesen partidarios o adversarios suyos. Al contrario de lo que ocurrió en 1820, cuando se usaron, sobre todo del lado constitucional, los términos *regeneración* y *restauración*, en 1836 se recurrió sin embozo al término *revolución*. Pocos días después de los acontecimientos que llevaron a la llegada de la oposición al poder y a la sustitución de la Carta por la Constitución de 1822, ya se publicaba en Lisboa un *Manifesto aos Ministros da Coroa e à Nação sobre a Revolução* (M.S. Cruz) donde el vocablo era utilizado aún sin cualquier calificativo.

"Revolución de Septiembre" vino a ser, sin embargo, la fórmula semántica que popularizó el uso del vocablo *revolución* aplicado a acontecimientos portugueses, generando una genealogía que pasó a integrar, retrospectivamente, la "revolución de 1820", así como otros movimientos que le sucedieron, como la "revolución del Miño" o de "Maria da Fonte", referida a las sublevaciones que tuvieron lugar en el norte del país en 1846. Consagraría definitivamente esta expresión la aparición, en 1840, del periódico *A Revolução de Setembro*.

En los años siguientes, el uso de *revolución* se hace masivo en comparación con los períodos anteriores. El vocablo parece haber sido usado, en el orden político, para designar una serie diversificada de fenómenos que van desde las revueltas a los pronunciamientos militares. En el debate parlamentario que siguió a la restauración de la Carta Constitucional, en 1842, en la ciudad de Oporto a través de un golpe militar, el término se utiliza tanto para designar la "revolución de septiembre" como la restauración de la Carta, y a él recurren tanto los adversarios de esa restauración como sus promotores.

Pocos años más tarde, surgirán otros periódicos ostentando en el título la palabra revolución, en general haciendo referencia también a un tiempo o espacio concretos. Es lo que sucederá, en 1846, con un diario efímero llamado *A Revolução do Minho*, o en 1868 con *A Revolução de Janeiro*, periódico surgido al hilo de la eclosión de un movimiento de protesta antifiscal que quedará conocido por *Janeirinha*.

Tras el movimiento de "Maria da Fonte" (la "revolución del Miño", iniciada en la primavera de 1846 por las poblaciones rurales del norte del país y que conducirá, en muy breve plazo, a la *Patuleia*, una nueva guerra civil donde liberales "exaltados" y conservadores se enfrentarán nuevamente), el sintagma "revolución popular" se vulgariza también. Una de las más elocuentes ilustraciones de la atribución a la "revolución del Miño" de un sentido inédito se encuentra en el discurso que el Ministro del Reino, blanco principal de la sublevación, pronunciaría en las Cortes:

> Lo que yo digo, Sr. Presidente, es que esta es una revolución diferente de todas las otras que hasta hoy han aparecido, porque todas las demás revoluciones han tenido por bandera un principio político (…) ¡pero esta revolución está hecha por hombres de saco al hombro y de hoz en la mano, para destruir haciendas, asesinar, incendiar la propiedad, robar a los habitantes de las tierras que recorren, y atizar fuego a las notarías, reduciendo a cenizas los archivos! (…) ¡¡¡¿Dónde se vio alguna vez una revolución con este carácter?!!! (Pereira 1979, 392 [20/4/1846])

La casi banalización que conocen el vocablo *revolución* y el adjetivo *revolucionario* en los diez años que median entre la "revolución de Septiembre" y la "revolución del Miño" va a contribuir, sin duda, a nuevos desplazamientos de su uso identificables a partir de los años 1847-48.

— De la Revolución como designio —

Los ecos en Portugal de las revoluciones europeas de 1848, en particular de la revolución en Francia, van a manifestarse en la publicación de numerosos folletos de carácter republicano, en general clandestinos, donde el término *revolución* será de uso frecuente. Pero, difiriendo de los usos inmediatamente anteriores, asume ahora más claramente la figura de un singular colectivo. Ya no es la revolución de un tiempo o de un espacio definidos, la "revolución de Septiembre" o la "Revolución del Miño"; es un término ahora, en general, desprovisto de calificativos, simplemente "la revolución": "Ahora que la revolución fermenta por todas partes, ¿qué pueden los tronos aguardar?", se escribía en 1848 en una publicación titulada *A Alvorada*. Esa "revolución que fermenta por todas partes" tiene, no obstante, un horizonte, el horizonte de la república. La instauración de un régimen republicano que este diario defiende y promueve, y que hace acompañar de duras críticas a la actuación de la reina y al régimen monárquico-constitucional que considera corrupto y manchado por la violencia de la última guerra civil.

La revolución, sin adjetivos, pasa así a ser presentada como la única salida posible y para alcanzarla se convoca directamente al "pueblo": "Pueblo, la revolución no es sólo un derecho sino un deber, cuando la petición y la elección se vuelven medios impotentes para obtener las reformas que necesitas. Hemos pedido, nos desatienden. Queremos elegir y nos apuñalan. ¿Qué otro recurso pues nos queda sino la revolución?" (Marques 1990, 23 [1848]).

El llamamiento al pueblo para que se convierta en protagonista de una revolución que, dadas las circunstancias, se plantea como "un deber" y que tendría como horizonte la república, viene acompañado también por la propuesta de otros objetivos. Denunciando "una lepra llamada *pauperismo*" y las erradas relaciones entre el capital y el trabajo –"el trabajo arrastra los grilletes de esclavo, mientras el capital campea de señor"–, se sostiene que "la revolución debe ser también social", y ello pese a que el autor del opúsculo se apresure a añadir: "no soy, no puedo ser *comunista*. La nivelación de todas las fortunas de un estado empobrecería a ese Estado. La promiscuidad de bienes y de personas no puede ser el *desideratum* de una verdadera civilización" (Marques 1990, 29 [1848]).

No obstante, los nuevos usos del término *revolución*, detectables en los panfletos de 1848 acompañados a veces por los adjetivos "republicana" y "social", no resistirán a los cambios políticos de los años 1850-51, marcados por proyectos de pacificación de la política portuguesa que llevarán a un nuevo entendimiento entre los partidarios de las dos corrientes liberales adversarias –*cartistas* y *setembristas*– que, por los más diversos medios, se habían enfrentado después de la victoria constitucional en la guerra civil de 1832-1834.

La redefinición de la política nacional que sucede al golpe de estado del general Saldanha en 1851 será, nuevamente, puesta bajo el signo de la "regeneración", término que pasará asimismo a designar el período que entonces se inicia (*A Regeneração*) y que se referirá no sólo a la reconciliación y al nuevo diseño de las principales corrientes políticas portuguesas, sino al objetivo conjunto de abandonar los antiguos conflictos en favor del progreso y de los avances materiales. Eso no significará, sin embargo, el abandono por parte de los sectores más radicales del liberalismo del proyecto republicano y de la aspiración a una "república social". Con todo, ese proyecto no se acompañará de una apelación a la revolución, comparable al que se detecta en los años 1848-49 en el marco específico de la derrota del ala izquierda del liberalismo en la *Patuleia*, y de los reflejos en Portugal de las revoluciones europeas de 1848.

El reformismo político de la década de 1850 y de una parte de la década siguiente se reflejará menos en proyectos de revolución que en proyectos de reforma inspirados por el romanticismo social. Es significativo que un publicista republicano como José Félix Henriques Nogueira haya titulado una de sus obras más importantes *Estudos sobre a Reforma em Portugal* y no haya querido recurrir al término revolución para designar la forma de alcanzar el proyecto de "república social" que en ese escrito defendía y se basaba en la democratización de la política nacional, en el asociacionismo y en la defensa del federalismo ibérico.

El término *revolución* también estará poco presente en los primeros periódicos dirigidos a los trabajadores, donde se abordan varios aspectos de la "cuestión social" como es patente en el periódico *O Eco dos Operários*, nacido en este mismo período.

Tan sólo en los últimos años de la década de 1860 y en el inicio de la siguiente regresará con fuerza a los debates políticos nacionales, de la mano de las corrientes republicana y socialista que se empiezan a estructurar al margen del constitucionalismo monárquico. En ese debate, que marcará de forma duradera a la sociedad y la cultura portuguesas, se distinguirán los hombres de la llamada "generación nueva" o "generación del 70", profundamente críticos del régimen nacido en 1834, entre los que sobresalen algunas figuras señaladas del panorama cultural portugués ochocentista como Antero de Quental, poeta y filósofo, Oliveira Martins, ensayista e historiador o el famoso escritor Eça de Queirós.

En Antero de Quental –que fue en los primeros tiempos de su afirmación pública el gran mentor intelectual de la "generación nueva"–, un hombre profundamente inspirado por el socialismo y uno de los fundadores de la sección portuguesa de la Asociación Internacional de los Trabajadores, el sentido de *revolución* adquirirá perfiles enteramente nuevos y dotados de una carga filosófica inédita, siendo indisoluble del propio sentido de la historia.

Inspirada ahora por los principios del cientificismo y del evolucionismo, la revolución pasará a ser encarada, simultáneamente, como una transformación que sólo podrá producirse en la sociedad "en el sentido de sus leyes orgánicas" y no en función de un romántico voluntarismo, y como una mística de inspiración cristiana que la acerca del término "revelación" (Catroga 2001, 142). Será, en cualquier caso, un designio superior que Antero de Quental definirá así en su intervención en las célebres conferencias del *Casino Lisbonense*, donde la "generación nueva" se manifestó públicamente de manera incisiva:

> Señores: hace 1800 años presentaba el mundo romano un singular espectáculo. Una sociedad gastada que se derrumbaba, pero que en su desmoronarse, se debatía, luchaba, perseguía, para conservar sus privilegios, sus prejuicios, su podredumbre: al lado de ella, una sociedad nueva, embrionaria, rica tan sólo de ideas, aspiraciones y justos sentimientos, sufriendo, padeciendo, pero creciendo por entre los padecimientos. La idea de ese mundo nuevo se impone gradualmente al mundo viejo, lo convierte, lo transforma: llega un día en que se elimina, y la Humanidad cuenta con una gran civilización más. Se llamó a esto el Cristianismo. Pues bien, señores: el Cristianismo fue la Revolución del mundo antiguo: la Revolución no es más que el Cristianismo del mundo moderno. (Serrão 1979, 170-171 [1871])

Incluso sin asumir, necesariamente, el tono místico que Antero Quental le confirió, la revolución va a pasar a ser vista por las corrientes republicana y socialista en estructuración a partir de la década de 1870 como el gran designio político y social de los nuevos tiempos. Un designio que aunque ineluctable parecía exigir aún mucho trabajo y organización para ser alcanzado.

— Bibliografía —

Fuentes primarias

Almeida Garret, J.B. (1830), *Portugal na Balança da Europa*, Lisboa.

Boaventura, F.F. (1823), *O Punhal dos Corcundas*, Lisboa.

Bluteau, R. (1712-28), *Vocabulário Portuguez & Latino*, Coimbra, 10 vols.

Carneiro, M.B. (1820), *Portugal Regenerado em 1820*, Lisboa.

Diário das Cortes Gerais e Extraordinárias da Nação Portuguesa (1821-22), Lisboa. [http://debates. parlamento.pt].

Dicionário da Língua Portuguesa composto por D. Rafael Bluteau, reformado e acrescentado por António de Moraes Silva (1789), Lisboa.

Dicionário da Língua Portuguesa Composto por António de Moraes Silva (1831), Lisboa, 4ª ed.

Ferreira, S.P. (1814-15), *Memórias Políticas sobre os abusos Gerais e o modo de os reformar e prevenir a revolução popular, redigidas por ordem do Príncipe Regente no Rio de Janeiro em 1814 e 1815*, Rio de Janeiro.

Herculano, A. (1983), "Mouzinho da Silveira ou la révolution portugaise", en *Opúsculos*, Lisboa, org., intr. y nn. J. Custódio y J.M. Garcia, vol. I (1ª ed. 1856).

Macedo, J.A. de (1828), *Sermão sobre o espírito da seita dominante no século XIX*, Lisboa, 2ª ed. (1ª ed. 1811).

Madre de Deos, F.J. da (1823), *Epístola à Nação Francesa*, Lisboa.

Marques, F. P. (sel.) (1990), *Esperem e Verão! Textos Republicanos Clandestinos de 1848*, Lisboa.

Neves, J.A. das (2008), *História Geral das Invasões dos Franceses em Portugal e da Restauração deste Reino*, Oporto, t. III, IV y V (1ª ed. 1810-11).

Nogueira, J.F.H. (1851), *Estudos sobre a Reforma em Portugal*, Lisboa.

Novo Vocabulário Filosófico-Democrático indispensavel para todos os que desejem entender a nova lingua revolucionaria (1831), Lisboa.

Passos, M. (2005), *Intervenções Parlamentares: 1837-1857*, Lisboa, sel. e intr. M. Pinheiro, vol. II, 67.

Quental, A. (1926), *Prosas*, Coimbra.

Silveira, M. da (1989), *Obras*, Lisboa, ed. crítica, M. Halpern Pereira (coord.), 2 vols.

Vertot, R.A. (1726), *Histoire des Révolutions de Portugal*, Paris.

Fuentes secundarias

Alves, J.A. dos S. (2000), *A Opinião Pública em Portugal (1780-1820)*, Lisboa.

Andrade, M.I. de O. de A. (2001), *José Agostinho de Macedo. Um Iluminista Paradoxal*, Lisboa.

Araújo, A.C. (2002), *A cultura das Luzes em Portugal. Temas e Problemas*, Lisboa.

Arendt, H. (2001), *Sobre a Revolução*, Lisboa.

Beirão, C. (1994), *D. Maria I: 1777-1792*, Lisboa, 4ª ed.

Castro, Z.O. de (1990), *Cultura e Política. Manuel Borges Carneiro e o Vintismo*, Lisboa.

Catroga, F. (1991), *O Republicanismo em Portugal. Da Formação ao 5 de Outubro de 1910*, Coimbra.

Catroga, F. (2001), *Antero de Quental. História, Socialismo, Política*, Lisboa.

Ferreira, F.S. e M. (2011), "O Conceito de revolução no Portugal de Oitocentos", en J.M. de Carvalho, M. H.Pereira, G.S. Ribeiro y M.J. Vaz (eds.), *Linguagens e Fronteiras do Poder*, Rio de Janeiro.

Ferreira, F.S. e M. (2016), "O povo na primeira pessoa: caminhos da construção de um singular colectivo em Portugal (1770-1850)", en [https://www.casadevelazquez.org/pt/investigacao].

Ferreira Neves, F. (1970), *A Revolução Liberal de 1828. Cartas Históricas*, Aveiro.

Jobim, L.C. (1988), "Domingos Vandelli e a Revolução Francesa", *A Revolução Francesa e a Península Ibérica. Revista de História das Ideias* 10, 249-264.

Lousada, M.A. (1989), "L'image de la Révolution dans le discours contre-révolutionnaire portugais 1822-1834", en M. Vovelle (ed.), *L'image de la Révolution Française*, Paris, vol. III, 1671-1679.

Koselleck, R. (1993), *Futuro Pasado. Para una semántica de los tiempos históricos*, Barcelona.

Machado, F.A. (2000), *Rousseau em Portugal. Da clandestinidade setecentista à legalidade vintista*, Oporto.

Matos, S.C. (1998), *Historiografia e Memória Nacional no Portugal do Século XIX, 1846-1848*, Lisboa.

Mesquita, A.P. (2006), *O pensamento político português no século XIX*, Lisboa.

Moliner Prada, A. (2008), "La Revolución de 1808 en España y Portugal en la obra del Dr. Vicente José Cardoso da Costa", en M.L. Machado de Sousa (ed.), *A guerra peninsular. Perspectivas multidisciplinares. Congresso Internacional e Interdisciplinar Evocativo da Guerra Peninsular, XVII. Colóquio de História Militar nos 200 anos das Invasões Napoleónicas em Portugal*, Lisboa, 203-226.

Pereira das Neves, L.M.B. (2010), "Considerações sobre a Revolução Politica de 1808 –um inédito de Vicente José Ferreira Cardoso da Costa", en J.L. Cardoso, N.G. Monteiro y J. Serrão (eds.), *Portugal, Brasil e a Europa Napoleónica*, Lisboa, 167-186.

Pereira, M.H. (1979), *Revolução, Finanças, Dependência Externa*, Lisboa.

Pereira, M.H. (1989), "Estado e Sociedade. Pensamento e acção política de Mouzinho da Silveira", en *Obras de Mouzinho da Silveira*, Lisboa.

Pintassilgo, J. (1988), "A Revolução Francesa na perspectiva de um diplomata português. A correspondência oficial de António de Araújo de Azevedo", *A Revolução Francesa e a Península Ibérica. Revista de História das Ideias* 10, 131-144.

Proença, M.C. (1990), *A primeira "regeneração": o conceito e a experiência nacional*, Lisboa.

Ramos, L.A. de O. (1983), "António Caetano do Amaral e a História Portuguesa", *Revista da Universidade de Coimbra* 30, 497-512.

Rey, A. (1989), *"Révolution". Histoire d'un mot*, Paris.

Sá, V. de (1969), *A Crise do Liberalismo e as primeiras manifestações das ideias socialistas em Portugal (1820-1852)*, Lisboa.

Serrão, J. (1979), *Liberalismo, Socialismo, Republicanismo (Antologia do pensamento político português)*, Lisboa, 2ª ed.

Vargues, I.N. (1997), *A aprendizagem da Cidadania em Portugal (1820-1823)*, Coimbra.

Verdelho, T. (1981), *As Palavras e as Ideias na Revolução Liberal de 1820*, Coimbra.

Fabio Wasserman (comp.)

Capítulo VII

Entre el mito de orígenes y la Caja de Pandora: el concepto de *revolución* en el discurso político rioplatense (1780-1850)[1]

Fabio Wasserman

Instituto Ravignani/Universidad de Buenos Aires-CONICET

En este trabajo me propongo examinar los usos y significados que tuvo el concepto de *revolución* en el discurso político rioplatense entre fines del siglo XVIII y mediados del XIX. Para ello decidí poner el foco en la Revolución de Mayo que en 1810 dio inicio al proceso de separación de los pueblos rioplatenses de la monarquía española[2] y, así, al de construcción de nuevas comunidades políticas soberanas en el territorio del Virreinato del Río de la Plata cuyo resultado sería la creación de cuatro repúblicas a lo largo del siglo XIX: Argentina, Uruguay, Paraguay y Bolivia.

La decisión de concentrarse en la Revolución de Mayo apunta a comprender cómo los contemporáneos experimentaron y concibieron al proceso revolucionario. Pero también obedece a otras dos razones. La primera, a que fue en el marco de ese proceso que *revolución* se convirtió en un concepto central en el discurso sociopolítico, adquiriendo buena parte de los significados y del sentido que mantiene hasta el presente. La segunda, a que la Revolución de Mayo constituye un mito de orígenes de la Nación Argentina compartido por los más diversos sectores políticos e ideológicos (Wasserman 2008c), por lo que sus interpretaciones y representaciones informan los usos sociales del concepto de *revolución*.

---

1 El texto es una reelaboración de trabajos anteriores, particularmente Wasserman 2008b y 2014.

2 Las siguientes obras ofrecen narraciones e interpretaciones del proceso revolucionario que recogen los aportes historiográficos más recientes: Fradkin y Garavaglia 2009; Goldman 1998; Ternavasio 2009.

— Los usos de *revolución* antes de la Revolución —

La primera edición del *Diccionario de la Lengua Castellana* recogía la tradicional acepción de *revolución* vinculada a la rotación de los cuerpos celestes, pero también la definía como "inquietud, alboroto, sedición, alteración", precisando además que "Metafóricamente vale mudanza, o nueva forma en el estado o gobierno de las cosas" (Real Academia 1737, 614). Otro diccionario publicado medio siglo más tarde la definía, a su vez, como "Tumulto, desobediencia, sedición, rebelión", añadiendo que "se dice también de las mudanzas, y variedades extraordinarias que suceden en el mundo, como desgracias, infelicidades, decadencias" (Terreros y Pando 1788, III, 374).

Si bien la acepción política de *revolución* estaba disponible al menos desde comienzos del siglo XVIII, lo cierto es que este uso fue infrecuente en el área rioplatense hasta fines de ese siglo, cuando comenzó a difundirse para dar cuenta de la Revolución francesa y de los movimientos que ponían en jaque a las monarquías europeas. Es el caso de Martín de Álzaga, un poderoso comerciante de origen vasco y miembro del Cabildo de Buenos Aires, que en febrero de 1806 se lamentaba por las dificultades para mantener contacto con sus corresponsales en Ámsterdam que atribuía a "las revoluciones políticas de la Europa" (1972, 91).

Para ese entonces, la monarquía española estaba envuelta en una aguda crisis política, económica e institucional, agravada por su participación en las disputas entre Francia e Inglaterra. En ese marco comenzaron a sucederse hechos dramáticos e inesperados que sumían a sus súbditos europeos y americanos en un estado de profunda incertidumbre sobre su futuro. En octubre de 1805 la flota franco española fue derrotada en Trafalgar afectando el contacto entre la metrópoli y América. Poco tiempo después se produjo la ocupación de Buenos Aires (1806) y Montevideo (1807) por dos expediciones inglesas. La derrota y expulsión de los invasores estuvo acompañada por una crisis institucional y un cambio en las relaciones de poder entre españoles europeos y americanos. Un Cabildo abierto destituyó al Virrey Rafael de Sobremonte, quien fue reemplazado por Santiago Liniers, un oficial de la marina que se había destacado en la reconquista de Buenos Aires. Por su parte, la creación de milicias locales para combatir a los ingleses permitió que los criollos contaran con una nueva base de poder en la capital virreinal. En marzo de 1808, mientras las tropas francesas extendían su presencia en España,

Fabio Wasserman (comp.)

se produjo el Motín de Aranjuez que provocó la renuncia del Ministro Godoy y el traspaso del trono de Carlos IV a su hijo Fernando VII. A comienzos de mayo se produjeron las Abdicaciones de Bayona que le permitieron a Napoleón coronar a su hermano José Bonaparte como Rey de España, provocando una crisis monárquica e imperial inédita. La nueva dinastía y la ocupación francesa fueron rechazadas por buena parte de la población, dando inicio a la Guerra de Independencia española y al proceso que, con cierta prevención por su posible asociación con la Francia revolucionaria, algunos comenzaron a denominar como la "Revolución Española". En ese marco se produjeron alzamientos populares; se organizaron ejércitos y fuerzas irregulares –las "guerrillas"–; se erigieron Juntas en toda España y en algunas ciudades de América; y en septiembre de 1808 se creó una Junta Central que asumió el gobierno en forma provisoria. La Junta se alió con Inglaterra y convocó a Cortes reconociendo el derecho a participar de los americanos pero otorgándoles una representación exigua en relación a su cantidad de habitantes. Las novedades se sucedían sin solución de continuidad creando un panorama signado por la incertidumbre. Sin embargo, el incontenible avance francés y las reformas introducidas por la Junta Central ponían en evidencia que la monarquía no subsistiría o, al menos, que no lo haría en los mismos términos, sobre todo en lo que hacía al control de sus dominios americanos.

En ese confuso y conflictivo contexto se extendió el uso de la voz *revolución* en el Río de la Plata para referirse críticamente a los disturbios y tumultos, o a las acciones y propuestas que promovían cambios en el gobierno. El criollo Juan Martín de Pueyrredón, que había sido enviado a España por el Cabildo de Buenos Aires, advertía en septiembre de 1808 que su permanencia en la metrópoli era inútil por "la revolución y trastornos políticos que padece" (*Biblioteca de Mayo* 1960, XI, 10379). Meses más tarde se le inició una causa por conspiración al criollo Saturnino Rodríguez Peña, acusado de promover la regencia de la Infanta Carlota Joaquina, la hermana de Fernando VII que estaba en Río de Janeiro acompañando a su esposo, el Príncipe Regente de Portugal. El fiscal solicitó que Rodríguez Peña fuera castigado por querer sumir a los habitantes del Virreinato "en el mayor de los males que es la revolución en todos tiempos detestable y más en la época presente" (*Biblioteca de Mayo* 1960, XI, 10274).

Estos no eran, sin embargo, los únicos significados disponibles del término *revolución*, ya que también podía ser utilizado para dar cuenta de cambios en un sentido positivo, tal como lo venían haciendo los ilustrados españoles desde hacía varias décadas al referirse a las reformas políticas, sociales y culturales de la monarquía como una "feliz revolución" (Fernández Sebastián y Fuentes, 2002, 628). De ese modo, además de dotar a la voz *revolución* de una valoración favorable, ampliaron su capacidad para designar fenómenos pertenecientes a otros dominios como la educación, la técnica o la economía. En ese sentido fue utilizado por la prensa ilustrada rioplatense, como el *Semanario de Agricultura, Industria y Comercio* publicado a partir de 1802 por el criollo Hipólito Vieytes, cuyo *Prospecto* instaba a los párrocos a instruir y guiar a los pobladores rurales para convertir a "esas campañas desiertas en un jardín ameno y delicioso", añadiendo que "esta repentina revolución no conocerá otro autor que a vuestro celo y a vuestro amor patriótico" (1802, I, VIII).

Más allá de éstos u otros usos similares que pueden encontrarse en las fuentes, lo cierto es que sería la Revolución de Mayo iniciada en 1810 la que crearía condiciones para que *revolución* se empleara en forma positiva como expresión de cambios, además de promover su utilización por parte de distintos sectores sociales y de ampliar su capacidad para designar fenómenos sociopolíticos, ya sean existentes o que formaran parte de expectativas de realización futura.

— La Revolución de Mayo —

Entre finales de 1809 y comienzos de 1810 la crisis se agudizó, producto de la derrota del ejército español, la ocupación francesa de la Península y la disolución de la Junta Central que fue reemplazada por un Consejo de Regencia. Estas noticias llegaron a Buenos Aires en mayo de 1810. Era la señal esperada por un sector de la elite local que, contando con el apoyo de las milicias criollas comandadas por Cornelio Saavedra, convocó a un Cabildo abierto. La reunión, que se realizó el día 22, decidió destituir a Baltasar Cisneros a quien la Junta Central había designado como Virrey el año anterior, alegando que el pueblo reasumía la soberanía en ausencia del monarca y de toda autoridad legítima. Tras un fallido intento de Cisneros para permanecer en el poder, el día 25 se creó una Junta Provisoria presidida por Saavedra que asumió el gobierno en nombre del pueblo y de Fernando VII a quien se había jurado lealtad en 1808.

Si bien *revolución* se convirtió con gran rapidez en un concepto central en el discurso político, durante los primeros meses la Junta no utilizó esa palabra en ningún documento público, quizás por sus connotaciones negativas y porque procuraba concitar adhesiones presentando su creación como un acto legítimo, legal y pacífico. Por el contrario, quienes desconocieron a la Junta y mantuvieron su lealtad a las autoridades metropolitanas y virreinales, no dudaron en calificar al cambio de gobierno como una revolución y a sus partidarios como revolucionarios. Vicente Nieto, Presidente de la Audiencia de Charcas, tildó a la Junta como un "Gobierno revolucionario", y justificó haber castigado a los regimientos de Patricios y Arribeños que estaban en el Alto Perú por "su infidelidad y adhesión al partido revolucionario" (Levene 1960, III, 256-260 [11/8/1810]). La Junta, por su parte, planteaba en relación a ésta y otras expresiones similares que, para desacreditarla, "se le llenó de imprecaciones, se le imputó el ignominioso carácter de insurgente y revolucionaria, se hizo un crimen de Estado declararse por su causa, se interesó contra ella a la Religión misma (…)" (*Gazeta de Buenos Ayres* 11/10/1810).

La dinámica del proceso político y militar que en poco tiempo terminó involucrando de un modo u otro a todos los habitantes del extenso territorio rioplatense, hizo que perdiera sentido la negación del carácter revolucionario que tenía el nuevo gobierno y, por eso mismo, que ya no se considerara "ignominioso". En pocos meses, mientras se producían alineamientos en favor y en contra de la Junta y se desarrollaron los primeros hechos de armas, comenzó a hacerse explícito que estaba en marcha una revolución cuyo propósito era lograr la libertad de los americanos tras siglos de opresión y de dominio colonial. Ahora bien, mientras que sus enemigos no necesitaban calificarla para dejar en claro su rechazo, quienes la apoyaban solían agregarle algún adjetivo que destacara su carácter positivo. Juan José Castelli, que era el representante de la Junta en el Alto Perú, justificó en febrero de 1811 el fusilamiento de Nieto por haberse opuesto a la "feliz revolución que hizo temblar y estremecer a los enemigos del hombre" (Goldman 2000, 138). Asimismo podía considerarse a sus enemigos como partidarios de una revolución que, por eso mismo era calificada negativamente, tal como lo había hecho Castelli dos meses antes al acusar al Presbítero Otondo por haber alentado "el partido de la revolución despótica" (Fitte 1960, 65).

Más allá de estas precisiones, los documentos permiten advertir que entre los partidarios del nuevo gobierno se extendió con rapidez la calificación de los sucesos de 1810 como una revolución que había dado inicio a una nueva era en la que reinaría libertad: la Revolución de Mayo. Su temprana institucionalización puede apreciarse en los festejos realizados en 1811 para conmemorar su primer aniversario. Mientras que Castelli organizó en las ruinas de Tiahuanaco una imponente celebración que reunió al ejército revolucionario y a miles de indios de la región paceña, en Buenos Aires se inauguró el primer monumento recordatorio y se realizó un festejo que duró varios días con la participación de distintos sectores sociales. En 1813, y en el marco de la construcción de una nueva simbología republicana, el Triunvirato a cargo del gobierno oficializó su conmemoración con el nombre de *Fiestas Mayas*. De ese modo se fue forjando una suerte de mito de orígenes de la patria identificada con la revolución que, con el correr de los años, sería considerada como el momento de alumbramiento de la nación o de la nacionalidad argentina.

En noviembre de 1811, cuando ya no cabía duda alguna sobre el carácter revolucionario del proceso en curso, se dictó un *Estatuto Provisional* para regir al gobierno en el que se señala a Buenos Aires como el "centro de nuestra gloriosa revolución" (*Registro oficial de la República Argentina* 1879, I, 127), evidenciando así tanto su reivindicación como el intento de la dirigencia local para apropiarse simbólicamente de la misma. Pocos meses más tarde, en julio de 1812, el Triunvirato a cargo del gobierno dispuso que se escribiera una "Historia Filosófica de nuestra feliz Revolución" (Piccirilli 1960, I, 203). Esa "gloriosa" y "feliz revolución" a la que se aludía en numerosos escritos y documentos, tenía algunos rasgos en común con la que pocos años antes habían imaginado los reformistas ilustrados y con la que estaban llevando a cabo los liberales que en Cádiz acababan de sancionar una Constitución que consideraba a los españoles europeos y americanos como miembros de una misma nación. Sin embargo, los revolucionarios rioplatenses asumían que ya no había posibilidad de retorno a la órbita de la antigua metrópoli por más que ésta se reformara. Es por eso que además de la libertad, también comenzó a plantearse que la revolución debía conseguir la independencia, propósito que se fue haciendo cada vez más explícito a partir de 1812, aunque recién se declararía en 1816.

— *Revolución* como concepto político —

La revolución se inició como un movimiento que se proponía tener un gobierno propio en el marco de la crisis monárquica e imperial, y rápidamente devino en una guerra de independencia cuyo propósito era erigir una nueva comunidad política. Pero esto no era todo lo que se esperaba de la revolución, pues muchos de sus protagonistas entendían que esa comunidad también debía fundarse sobre principios y valores nuevos. En ese sentido sostenían que la sociedad debía transformarse tras siglos de opresión y despotismo para que pudiera reinar la libertad. De ahí la pretensión pedagógica que animó a numerosas iniciativas, como la traducción que hizo Mariano Moreno del *Contrato Social* para que fuera leído en los púlpitos. En el *Prólogo* al texto de Rousseau, el Secretario de la Junta y líder de su ala radicalizada advertía que

> La gloriosa instalación del gobierno provisorio de Buenos Aires ha producido tan feliz revolución en las ideas, que agitados los ánimos de un entusiasmo capaz de las mayores empresas, aspiran a una constitución juiciosa y duradera que restituya al pueblo sus derechos, poniéndolos al abrigo de nuevas usurpaciones. (1961 [1810], 281)

La revolución podía concebirse entonces no sólo como una serie de hechos políticos y militares afortunados que permitían contar con un gobierno propio, sino más bien como un proceso que debía restituir los derechos al pueblo y, a la vez, crear las condiciones materiales, morales e intelectuales para que éste hiciera un uso racional de los mismos y pudiera sostenerlos. Este carácter procesual informó el concepto de *revolución*, pues además de emplearse para dar cuenta del presente y de ofrecer una orientación hacia el futuro, también permitía reinterpretar y dotar de sentido a los sucesos que habían provocado la crisis de la monarquía y del orden colonial. De ese modo, si hasta entonces la crisis había sido vivida en forma pasiva o, a lo sumo, como un proceso en el que sólo podían improvisarse respuestas, la revolución ofrecía un rumbo en el que sus protagonistas podían considerarse partícipes activos en la construcción de ese nuevo orden (Halperin Donghi 1985).

En el discurso revolucionario el concepto de *revolución* asumió una connotación positiva, asociándose con otros como *patria, libertad, independencia, justicia, regeneración* o *derechos*, y en oposición a *tiranía, colonia* o *despotismo*. Asimismo cobró mayor densidad al utilizarse para explicar y no sólo para describir o indicar cambios políticos y sociales, pero también morales, científicos o intelectuales, ampliando así su capacidad para designar estados de cosas e, incluso, para anunciar otras inexistentes como la tan ansiada libertad. Esta *ampliación semántica* se puede apreciar en la diversidad de usos que tuvo. Entre otros, como un adjetivo que califica hechos, actores, prácticas, instituciones o una época; como un verbo que expresa la producción de un cambio súbito, violento y/o radical; como un sustantivo en el que se objetivan sucesos o procesos históricos que implican transformaciones de largo aliento; e, incluso, como un sujeto que interviene en el curso histórico en un sentido progresivo. De ese modo comenzó a cobrar un carácter abstracto, constituyéndose en un concepto singular colectivo vinculado a una interpretación procesual del cambio histórico en un sentido emancipatorio, y que resume en sí todas las revoluciones posibles en cualquier plano que éstas se realicen al darse por sentado que todos los progresos de la humanidad se encuentran interrelacionados como parte de un único proceso (Koselleck 1993).

— *Revolución* como *regeneración* —

La revolución era concebida como un proceso de transformación de la sociedad que era a la vez objeto y sujeto de una emancipación o, para utilizar una noción de la época, de una *regeneración política*. Si bien el término *regeneración* provenía del discurso científico y religioso, a comienzos del siglo XIX también formaba parte del político. Los ilustrados españoles la habían utilizado para aludir al fin de la decadencia, al renacimiento de la monarquía y a un futuro venturoso para España, convirtiéndola así en un concepto capaz de expresar reformas sociales, económicas y políticas (Fuentes 2002, 603-8). En ese sentido lo había empleado el Cabildo de Buenos Aires en 1809 al criticar el rol asignado al Virrey en la elección del diputado que debía integrar la Junta Central, observando que de ese modo no se lograría "la reforma o regeneración que tanto se necesita para la felicidad de estas Provincias, abatidas y casi arruinadas por continuada prostitución de los gobiernos" (*Acuerdos* 1927, 493 [25/5/1809]). Los revolucionarios franceses, por su parte, lo empleaban como un sinónimo de revolución para hacer referencia a una transformación radical de la sociedad y de sus miembros (Ozouf 1989, 671).

El uso que se le dio al concepto *regeneración* en el Río de la Plata abrevó en ambas vertientes, la reformista y la radical, con lo cual podía ser utilizado para expresar con diversos matices el proceso de transformación en curso. En octubre de 1811, el periódico oficial sostenía que "Todas

Fabio Wasserman (comp.)

las revoluciones son para regenerar la sociedad, y establecer una forma de gobierno que sea capaz de librarla de la opresión, y encaminarla a la felicidad" (*Gazeta de Buenos Ayres* 17/10/1811). Meses más tarde, al conmemorarse el segundo aniversario de la Revolución de Mayo, el Regidor del Cabildo de Buenos Aires, Antonio Álvarez Jonte, sostuvo que "Va a empezar el año tercero de nuestra regeneración política, y la obligación de rendir a la patria los honores que ella pueda perpetuar en esta nueva era, nos empeña en ofrecer un homenaje digno de vosotros, y propio de las circunstancias". El periódico oficial acompañó la publicación del discurso precisando que se estaba conmemorando "el nacimiento glorioso de la patria, el aniversario de su redención política, y la época gloriosa de su libertad civil" (*Suplemento de la Gazeta* 29/5/1812).

Además de expresar la posibilidad y la necesidad de realizar cambios sociales profundos, el concepto de *regeneración* contribuía a la resolución de un problema que afectaba la interpretación del proceso revolucionario: explicar cómo se había podido producir una revolución en el marco de un orden opresivo que impedía el desarrollo de sus miembros. En efecto, considerar que se trataba de un proceso de regeneración presuponía la existencia de sujetos virtuosos que no habían sido totalmente afectados por el despotismo y cuyo accionar había permitido que la sociedad cobrara conciencia de sus derechos. En mayo de 1811, mientras integraba la Junta de gobierno, el deán cordobés Gregorio Funes publicó un panfleto con el seudónimo *Cives* señalando que

> Los memorables eventos que han acaecido en estas provincias desde el feliz día que vio erigirse su actual gobierno, han sacado a luz las muchas virtudes públicas, que hoy en día vemos generalizarse en todas las clases de sus habitantes, y que el sistema colonial como un espeso velo había tenido tan largo tiempo obscurecidas.

Para referirse de inmediato a "la aurora de su regeneración política en el camino a su felicidad" (Maillé 1966, IV, 285 [8/5/1811]). Otro clérigo, Valentín Gómez, pronunciaría diez años más tarde un *Elogio fúnebre* de Manuel Belgrano, en el que destacaría las virtudes de quienes habían asumido la dirección política y militar de la revolución:

> Tan grandes atenciones exigían en los americanos una transformación repentina. La fuerza misma del movimiento debía obrar ese prodigio. El mundo lo ha visto. Del seno de la apatía y de la ignorancia

brotaron hombres dotados de un genio superior que pudo suplir a la experiencia, y de una actividad infatigable capaz de acelerar la regeneración del país. (*El Clero Argentino* 1907, II, 98 [29/7/1821])

— La revolución y sus interpretaciones —

Más allá de que fueran expresiones que estaban en proceso de secularización, el hecho de considerar a la revolución como una *regeneración* o una *redención política* da cuenta del peso que tenía la religión en esa sociedad. Tanto es así que no sólo era usual interpretar los sucesos políticos y militares a la luz de la Biblia, sino que también solía considerarse a la revolución como un proceso providencial. En la oración pronunciada en Córdoba el 25 de mayo de 1819, su Canónigo Magistral, Miguel Calixto del Corro, advertía en relación a la Providencia que

> ...en nada se deja ver mejor su orden y armonía, como en el enlace de unos acontecimientos que parece nos conducían como por la mano a hacer nuestra revolución y separarnos para siempre de España (…) un conjunto de circunstancias tan favorable nunca pudo haber sido obra de los hombres y menos del acaso. (*El Clero Argentino* 1907, I, 299)

Considerar que el proceso en curso tenía un carácter trascendente e inevitable ofrecía mayores certezas sobre su futuro y, además, dotaba al concepto *revolución* de mayor capacidad para reinterpretar los sucesos que habían provocado la crisis monárquica al ser considerados como pasos necesarios para lograr la emancipación. Esto también podía plantearse en clave secular, en el marco de una filosofía ilustrada de la historia que supone la existencia de leyes que rigen el progreso de la humanidad, tal como lo hizo Bernardo de Monteagudo en 1812 al señalar que

> La suerte de América pende de nosotros mismos, y la influencia que reciba directa o indirectamente de la Europa será siempre más favorable que contraria a sus intereses, considerado el estado actual de la revolución del globo; y los progresos que anuncian los extraordinarios tiempos en que vivimos. ("Reflexiones políticas" *Gazeta de Buenos Ayres* 24/1/1812)

En 1820, mientras acompañaba al General José de San Martín en Chile, Monteagudo publicó dos artículos que desarrollan en extenso esa concepción. En "El siglo XIX y la Revolución", analizaba el proceso revolucionario a nivel mundial señalando que

　　　　　　　　　　　　　　　　　Fabio Wasserman (comp.)

La América española no podía substraerse al influjo de las leyes generales que trazaban la marcha que deben seguir todos los cuerpos políticos, puestos en iguales circunstancias. La memorable revolución en que nos hallamos fue un suceso en que no tuvo parte la casualidad (…). (1916 [30-IV-1820], 193)

En "Estado actual de la revolución", Monteagudo hacía un balance en el que registraba los avances logrados, pero también sus males y sus retrocesos. No dudaba sin embargo ni de su dirección ni de sus resultados benéficos, advirtiendo que en tan sólo una década se había producido una verdadera "revolución intelectual" (1916 [10-VII-1820], 198). Dos años más tarde, el poeta y filósofo Juan Crisóstomo Lafinur sostenía en un periódico mendocino, que la humanidad estaba marchando "con pasos de gigante hacia la verdad y la felicidad", advirtiendo que "Por fortuna la revolución que nos arrancó de las garras de una fiera madre, nos pone en la situación de andar también la carrera que conduce a la prosperidad. Ella está sembrada de dificultades que, sin embargo, no son insuperables" (*El verdadero amigo del país* n° 8, 19/11/1822). Pocos días más tarde afirmaba que el espíritu del siglo XIX "es hacer libres los hombres y conducirlos por senderos más amplios y menos oscuros, que cada uno obre por el conocimiento de su razón y no por rutinas apolilladas; inflamado el corazón humano con tan risueño prospecto, cada hombre es una revolución" (*El verdadero amigo del país* n° 11, 23/12/1822]). El concepto de *revolución* presentaba así algunas cualidades distintivas como expresión de un proceso de cambio histórico que guiaba a la humanidad desde las tinieblas hacia la luz: tener una dirección, ser irreversible y afectar a la vida social en todas sus dimensiones.

La consideración de la revolución como un proceso inevitable, irreversible y trascendente, ya sea de carácter divino o regido por leyes históricas, también se puede apreciar en la extendida utilización de imágenes y metáforas referidas a fenómenos naturales que no pueden ser previstos ni afectados por acciones humanas: meteoritos, torrentes, mareas, tormentas, terremotos, erupciones. En uno de los primeros relatos sobre los sucesos revolucionarios, el *Bosquejo de nuestra revolución*, el deán Funes narraba el proceso de creación de la Junta en 1810 precisando en relación al momento de su constitución que "revienta por fin el volcán cuyo ruido había resonado sordamente" (1961 [1817], 10). Casi diez años más tarde, el canónigo salteño Juan Ignacio Gorriti rechazaría un proyecto presentado en el Congreso nacional para erigir un monumento recordando los nombres de los autores de la revolución, alegando que

> Una conspiración pueden hacerla tres o cuatro hombres, pero la revolución no es así, ella viene preparada, fundada por el hecho que trae su origen de tiempos y accidentes muy remotos y distintos, y ella es un meteoro que estalla cuando el choque de las cosas lo hace estallar, lo mismo que el rayo. Esta es una revolución y de este modo ha sido la nuestra. (Ravignani 1937, II, 1360 [6/6/1826])

Es probable que la utilización de este tipo de imágenes y metáforas obedeciera a convenciones retóricas, muchas de ellas difundidas durante el proceso revolucionario francés. Podría ser también un residuo de su antiguo uso referido al movimiento de los cuerpos celestes que afecta a los hombres sin que éstos puedan hacer nada al respecto. Pero más allá de su procedencia, lo que aquí interesa es que adquirieron un sentido preciso al utilizarse para caracterizar a la Revolución de Mayo como parte de un proceso cuyo inicio y sentido excedía toda decisión o acción humana consciente. Es por eso que tras apelar a la imagen de un volcán en erupción para referirse a la creación de la Junta en 1810, Funes recurría a otro lugar común al señalar que "Este fue el primer paso de nuestra revolución. Revolución hecha sin sangre, producida por el mismo curso de los sucesos" (1961 [1817], 10).

Este tipo de afirmaciones eran tan usuales como aquellas otras que consideraban a la revolución como un proceso de regeneración debido al esfuerzo de los hombres más que al "curso de los sucesos". La tensión entre el papel asignado a las causas estructurales y a la agencia humana afecta a las interpretaciones de todos los procesos históricos, pero sobre todo a las de las revoluciones. En este caso tendía a resolverse planteándose que en el curso de la revolución hay dos momentos en el que prima una u otra causa. Esta distinción soportó diversos contenidos, cronologías y protagonistas. Su sentido, sin embargo, era inequívoco: diferenciar la crisis que dio pie al cambio de gobierno de la lucha por la independencia y la construcción de un nuevo orden. De ese modo, mientras que en el primer momento habrían primado los aspectos estructurales o providenciales, en el segundo la acción humana había tenido mayor incidencia a través de la guerra y la acción política (Wasserman 2008a). Esta distinción quedó cifrada en el concepto de *revolución*, al ser utilizado para dar cuenta de ambos momentos como parte de un único proceso.

Fabio Wasserman (comp.)

La tensión entre la atribución de causas estructurales o trascendentales y las que obedecen a la acción de los hombres, dotó al concepto de *revolución* de mayor capacidad para describir y explicar estados de cosas y expectativas, sin que hiciera mella en su consideración como un proceso de cambio positivo. Pero había otra cuestión mucho más dramática que afectaba su valoración y que también informó al concepto, pues implicaba poner en un primer plano los conflictos facciosos, ideológicos, sociales y regionales que había desencadenado. En general solía culpabilizarse de estos males al atraso legado por siglos de despotismo que, a diferencia de lo sucedido en las colonias angloamericanas, había impedido el desarrollo de hábitos e instituciones de gobierno local. Pero pronto comenzó a plantearse que la revolución había hecho un aporte decisivo en ese sentido al acabar con el antiguo orden sin haber logrado reemplazarlo por uno nuevo en el que la libertad, guiada por la virtud, pudiera encontrar un ordenamiento institucional.

En el marco de las disputas entre distintos sectores se producían movimientos para desplazar a funcionarios o a los gobiernos que también eran considerados como revoluciones, tal como lo recordaba un diplomático norteamericano al referirse a un frustrado intento para deponer en 1817 a Pueyrredón como Director Supremo –cargo creado en 1814 para concentrar el poder en un ejecutivo unipersonal–: "se daba a entender que una revolución, como las llaman, estaba a punto de producirse" (Brackenridge 1927 [1820], 286).

El concepto continuó siendo entonces empleado en forma negativa para hacer referencia a motines, tumultos, sediciones o cambios de gobierno, así como a cualquier acción o principio que se asociara con la anarquía y se opusiera al orden y a las leyes. Esto, sin embargo, no implicó que dejara de utilizarse para expresar un proceso de cambio de mayor calado y valorado en forma positiva. De hecho, las acciones violentas para cambiar gobiernos o funcionarios calificadas como revoluciones, podían ser reivindicadas por sus protagonistas como acciones que, al luchar contra el despotismo y la opresión, también promovían una transformación en ese sentido.¿Cómo determinar entonces si una revolución era o no era legítima? ¿Y cómo expresar esa diferencia?

Estas cuestiones se plantearon desde el inicio del proceso revolucionario, tal como se pudo apreciar en el caso de Castelli que se había referido tanto a una "revolución despótica" como a una "feliz revolución". No se trataba, por cierto, de una originalidad rioplatense o hispanoamericana. También se había suscitado durante la Revolución francesa, y había llevado a Condorcet a sostener que "revolucionario no se aplica más que a las revoluciones que tienen por objeto la libertad", por lo que decidió forjar el término "contrarrevolución" para referirse a las que contradicen ese propósito (2006 [1793], 50/1).

Este neologismo también comenzó a emplearse en el Río de la Plata para distinguir a la Revolución de Mayo de los movimientos contrarios a ella. Pero sobre todo se utilizó en el marco de las disputas que comenzaron a suscitarse en el interior del campo revolucionario. Un acontecimiento decisivo en ese sentido fue el movimiento del 5 y 6 de abril de 1811 que consolidó el poder de Saavedra y logró el desplazamiento de los miembros del grupo morenista que aún permanecían en la Junta. Juan Manuel Beruti, que simpatizaba con la facción derrotada, calificó a ese movimiento como una "contrarrevolución" (Beruti 2001, 165). Pero la distinción entre revolución y contrarrevolución depende del punto de vista de quien la hace. En su *Bosquejo sobre la revolución*, el deán Funes, que era partidario de Saavedra, calificaría a ese episodio como una "revolución".

Esto no implicaba, sin embargo, que el deán cordobés se congratulara por lo sucedido, pues a continuación señalaba que "en la marcha ordinaria de las pasiones, una primera revolución engendra otra de su especie; porque una vez formados los partidos, cada cual arregla su justicia para su propio interés" (Funes, 1961 [1817], 21). De ese modo llamaba la atención sobre tres cuestiones presentes en numerosos escritos en los que se empleaba el concepto *revolución*. Por un lado, su asociación con metáforas vinculadas a las pasiones y que indican una pérdida de la razón como embriaguez o vértigo, o como una enfermedad contagiosa que puede propagarse con facilidad. Por otro lado, la creación de partidos que dividen a los revolucionarios. Por último, considerar que una revolución provoca indefectiblemente otra. Pero por eso mismo, los motines, tumultos y cambios de gobierno que jalonaban la vida política, debían derivar de la propia Revolución de Mayo que adquiría así un sino trágico.

La atribución de este carácter puede apreciarse en las consideraciones que se hacían sobre la suerte que tuvieron los protagonistas de la revolución. Domingo Matheu, uno de los vocales de la Junta, recordaría en su *Autobiografía* de este modo a los sucesos de abril de 1811:

"¡Siento llegar a este momento! Don Cornelio Saavedra abre la caja de Pandora votada por el destino aciago a la transformación del pueblo de mayo", lamentando que esta apertura hubiera provocado "la sucesión de las funestas asonadas que devoraron a los próceres de nuestro origen político". En ese sentido también apelaría a otro mito clásico que suele ser utilizado para dar cuenta del destino trágico de los revolucionarios: "Saturno empieza a devorar a sus hijos; y en Saavedra y en la idea de Mayo se cumple el apotegma: 'el que abre la puerta a las revoluciones no es el que las cierra'." (*Biblioteca de Mayo* 1960, III, 2351).

Los dirigentes revolucionarios volvían una y otra vez sobre los sucesos de abril de 1811. Pero no sólo porque habían sido los primeros en poner en evidencia las disputas facciosas y sus consecuencias, sino también por el papel protagónico que había tenido el "bajo pueblo". Es por eso que incluso quienes se vieron favorecidos por su desenlace, como Funes y Saavedra, también procuraron tomar distancia de esa movilización. La extensión de la revolución y las guerras crearon condiciones para que las clases subalternas lograran mayor autonomía y capacidad para cuestionar el orden social, sobre todo en las áreas rurales, destacándose en ese sentido las movilizaciones que lideraron José Gervasio Artigas en el litoral y Martín Miguel de Güemes en Salta y Jujuy.

El temor a la guerra social o de castas, en el que además de las revoluciones haitiana y francesa también pesaba el recuerdo de los levantamientos indígenas en los Andes centrales en 1780, contribuyó a dotar al concepto de *revolución* de una connotación negativa, pues para muchos dirigentes constituía el peor de los males escapados de la Caja de Pandora. A mediados de 1815, cuando el artiguismo se encontraba en su apogeo, el político oriental Nicolás Herrera se dirigió al Ministro de Estado de Portugal solicitando su intervención en el Río de la Plata que se produciría pocos meses más tarde. Su principal argumento era la necesidad de frenar el desquicio provocado por la revolución antes de que ésta se extendiera hacia Brasil, planteando en ese sentido que

> Su revolución vino a dividir entre sí a los blancos. (…), y acostumbraron al Indio, al Negro, al Mulato, a maltratar a sus Amos y Patronos; el criollo persiguió por su parte al europeo y lo presentó a las demás castas como una raza infame de tiranos y de malvados. Toda vejación e insulto fue aplaudida, y el odio del populacho y la canalla se desplegó con furia contra las cabezas de cuantos hasta allí

miráronse como superiores. Las doctrinas pestilentes de los Filósofos que consagrando quimeras bajo los grandes nombre de Libertad e igualdad han inundado en sangre la tierra, vinieron a acelerar la desorganización general. (*Archivo Artigas* XXX, 1998 [19/7/1815], 11)

Si bien son escasos los estudios sobre el discurso de las clases subalternas en el proceso revolucionario, y por eso este trabajo se centra en la dirigencia política y las elites letradas, algunos indicios nos indican que también utilizaban el concepto *revolución*. De hecho podían darle el mismo significado que Herrera, pero con un sentido y un propósito totalmente opuestos, tal como lo hizo Encarnación Benítez al justificar ante Artigas su negativa a cumplir con el desalojo de una estancia, advirtiéndole que en ese caso se abriría "un nuevo margen a otra revolución peor que la primera" (Frega 2014 [2/1/1816], 204).

— El fin de la revolución —

Ya sea entonces por los conflictos facciosos y regionales, o por el temor a una revuelta social, el concepto *revolución* se hizo portador de una valoración ambigua al considerarse emblema de la libertad y mito de origen de la patria y, a la vez, causa de los conflictos que la desgarraban e impedían que cumpliera con sus propósitos emancipatorios. Es por eso que los intentos para institucionalizar un nuevo orden y dejar el estado de provisionalidad, solían ser acompañados por invocaciones a poner fin a la revolución.

En enero de 1813 se reunió una Asamblea cuyos principales propósitos eran declarar la independencia y dictar una constitución que fijara las bases de un nuevo orden político. En el documento inaugural, el gobierno se dirigió de este modo a los "Habitantes de las Provincias Unidas del Río de la Plata":

Vosotros que habéis sido testigos y quizá víctimas de los desastres de la revolución, vosotros que habéis visto a los tiranos jurar nuestra ruina en el pavor de su agonía, vosotros que por asegurar el destino de la prosperidad, renunciasteis vuestro sosiego para siempre, consagrasteis vuestros intereses particulares, ofrecisteis vuestra vida, y habéis preferido generosamente los peligros de la guerra y de la convulsión, los conflictos de una ciega incertidumbre, las congojas de una emigración aventurada, el llanto y orfandad de vuestras familias, y lo que es más, el combate muchas veces difícil de las opiniones domésticas; corred ahora a sostener con vuestros hombros el trono de la ley, renovad los juramentos que prestasteis en la memorable jornada del 25 de mayo de 1810, auxiliad los conatos del orden y de la justicia, *cerrad ya el período de la revolución*, (…). (*El Redactor de la Asamblea* n°1, 27/2/1813 –el destacado es mío–)

Si bien la reunión de la Asamblea había despertado una gran expectativa, en pocos meses la situación cambiaría: los otros focos insurgentes americanos estaban siendo aplastados, mientras que la derrota de Napoleón permitiría que Fernando VII recuperara el trono y restaurara el absolutismo. La Asamblea abolió varias instituciones del antiguo régimen, pero no declaró la independencia ni sancionó una constitución. Además de las dificultades externas señaladas, también se debilitó por las luchas facciosas, ideológicas y territoriales que, además de dividir a la dirigencia, dificultaban la construcción de un centro de poder acatado por todos los pueblos. Mientras que Paraguay mantuvo su autonomía y buena parte del Alto Perú había sido ocupado por las fuerzas que respondían al Virrey del Perú, la Banda Oriental y los pueblos del litoral se organizaron en un sistema político independiente bajo el liderazgo de Artigas. De ese modo, también se ponía en cuestión la pretensión de Buenos Aires de dirigir a la revolución por ser su "centro" o su "cuna".

A fines de 1815, cuando la situación era aún más comprometida, se decidió convocar a un nuevo Congreso que se reuniría en Tucumán procurando aplacar las prevenciones hacia Buenos Aires. El 9 de julio de 1816, y con la presencia de diputados de algunos pueblos, el Congreso declaró la Independencia de las Provincias Unidas en Sudamérica. Pocos días más tarde emitió un *Manifiesto del Congreso a los Pueblos* acompañado por un decreto cuyo encabezado sería recordado en más de una ocasión: "Fin a la revolución, principio al orden".

El *Manifiesto* planteaba la necesidad de un orden institucional capaz de cerrar la crisis abierta por la revolución, atribuyendo las disensiones a una idea errónea de libertad. En ese sentido sostenía que la falta de reglas para los gobiernos hizo que éstos fueran arbitrarios, por lo que "todo entró en la confusión del caos: no tardaron en declararse las divisiones intestinas: el gobierno recibió nueva forma, que una revolución varió por otra no mas estable; sucedieron a ésta otras diferentes que pueden ya contarse por el número de años que la revolución ha corrido". Aunque estimaba esperable una suerte de estado transicional hasta que la libertad se institucionalizara, también advertía que este proceso debía concluir de inmediato a riesgo de entrar en un camino sin retorno pues "el virus revolucionario se incrementa con su continuada acción y se nutre y vigoriza de lo que destruye", para concluir que "el estado revolucionario no puede ser el estado permanente de la sociedad: un estado semejante declinaría luego en división y anarquía, y terminaría en disolución" (*Manifiesto* 1966, 5, 10 y 12).

La esperanza de que la revolución lograra institucionalizarse puede apreciarse en el sermón pronunciado por Julián Segundo de Agüero en la Catedral de Buenos Aires el 25 de mayo de 1817: "Felizmente parece que la revolución ha hecho ya crisis. En la presente época han principiado a cicatrizarse las heridas que abrieron en el cuerpo social los desaciertos de nuestra reflexión y falta de experiencia". Señalando a continuación que los males concluirían cuando se dicte "una constitución sabia y liberal" (*El Clero Argentino* 1907, I, 195).

Esta esperanza se vio nuevamente frustrada tras el rechazo de la Constitución centralista sancionada en 1819, seguida por el derrumbe del Directorio y del artiguismo en 1820. Para ese entonces se habían extendido los juicios críticos sobre la deriva que había tenido el proceso revolucionario y su impacto en la sociedad, como el expresado por Jacinto Chano, personaje de uno de los diálogos gauchescos escritos por el poeta oriental Bartolomé Hidalgo:

> En diez años que llevamos / de nuestra revolución / por sacudir las cadenas / de Fernando el baladrón / ¿qué ventaja hemos sacado? / Las diré con su perdón. / Robarnos unos a otros, / aumentar la desunión, / querer todos gobernar, / y de facción en facción / andar sin saber que andamos: / resultando en conclusión / que hasta el nombre de paisano / parece de mal sabor, / y en su lugar yo no veo / sino un eterno rencor / y una tropilla de pobres, / que metida en un rincón / canta al son de su miseria. (1986 [1821?], 116)

Durante los años siguientes se erigió un orden centrado en las soberanías provinciales, y a mediados de la década de 1820 incluso pareció que podría crearse un cuerpo político nacional al reunirse un congreso con representantes de las provincias. Sin embargo, los conflictos, la violencia y los cambios de gobierno continuaron dominando la vida pública. El rechazo a la constitución centralista de 1826 y a la presidencia de Bernardino Rivadavia –desgastada por la guerra con Brasil cuyo desenlace sería la constitución de Uruguay como una república independiente–, provocó la disolución de las autoridades nacionales en 1827, mientras se extendía la guerra civil protagonizada por fuerzas identificadas como unitarios y federales. En ese contexto se asentó la calificación de revolucionario a todo aquel que atentara contra el orden o procurara cambios por fuera de la ley, afianzándose la asociación de *revolución* con la anarquía y las pasiones, en contraposición a la razón, el orden y las instituciones. Un periódico unitario salteño advertía por ejemplo que "Un vértigo revolucionario se empeña en erigir en sistema la rebelión. La fuerza y las pasiones han sustituido un orden funesto al de la razón y de la justicia (…)" (*La Diana de Salta* nº 2, 9/4/1831).

Ahora bien, los constantes llamados a erigir un orden que pusiera fin a ese estado de cosas que podía atribuirse a la revolución iniciada en 1810, no obstó para que ésta continuara siendo considerada como mito de orígenes de la patria y fuente de legitimidad irrecusable. En efecto, aún quienes veían con horror a las revoluciones y la asociaban con la anarquía, no podían dejar de reivindicar a la Revolución de Mayo. Es el caso de la Sala de representantes de San Juan, que en 1825 sancionó una suerte de constitución provincial donde se hacía explícita su filiación con la revolución al denominarla *Carta de Mayo*. Pero también advertía en su presentación que ya era hora de que los pueblos "principiasen a cerrar ellos mismos el período de licencia y atropellamiento que la revolución ha abierto contra las personas, contra las propiedades y contra los derechos individuales, (…)" (*Carta de Mayo* 1925, 7). La adhesión a la revolución era tan firme como el deseo de que ésta llegara a su fin.

— La revolución, las revoluciones y las disputas políticas —

En octubre de 1822 se debatió un proyecto de reforma eclesiástica en la legislatura de Buenos Aires. Rivadavia, que era el Ministro de Gobierno provincial, defendió la propuesta advirtiendo en relación a los servicios prestados por los regulares que "no se contraería a los que hubiesen hecho en la época anterior a nuestra revolución, en el tiempo del servilismo, sino a los que hubiesen rendido después de ella, en la época de la libertad". Pero al referirse a su comportamiento luego de 1810, recordaba que "en la embriaguez revolucionaria habían tenido parte, como cualesquiera otros, en los partidos y facciones" (*Diario de Sesiones* 1822, 522/3). Diez años más tarde, y en el marco de una polémica sobre la necesidad de prorrogarle las facultades extraordinarias como gobernador de Buenos Aires al líder federal Juan Manuel de Rosas, un periódico publicó una carta advirtiendo que "apenas habrá quien no sienta la urgente necesidad de extinguir ese funesto germen de revoluciones que tantas veces nos ha conducido al borde del abismo", añadiendo un par de párrafos después que "desde nuestra gloriosa revolución nacional, todos los gobiernos que han presidido el país, han adoptado y seguido el sistema representativo republicano (...)" (*Gaceta Mercantil* nº 2619, 6/11/1832). Ambos ejemplos evidencian la tensión que portaba el concepto de *revolución*, el cual podía incluso ser utilizado en un mismo enunciado para referirse en forma positiva a la Revolución de Mayo ("Nuestra revolución", "nuestra gloriosa revolución nacional") y de modo negativo a los conflictos que le sucedieron ("embriaguez revolucionaria", "ese funesto germen de revoluciones").

A diferencia de lo sucedido en otras partes de América y Europa, en donde se constituyeron fuerzas políticas e ideológicas contrarias a la revolución, en las provincias argentinas ningún actor relevante ponía en cuestión, al menos públicamente, que la Revolución de Mayo fuera "nuestra gloriosa revolución nacional". Las disputas no se producían entonces en torno a su reivindicación o a su rechazo, sino a su interpretación y apropiación, tal como sucedió en las décadas de 1830 y 1840 en el marco de los enfrentamientos entre el régimen rosista y sus opositores.

El rosismo también cifraba el origen de la patria y de la libertad en la revolución de independencia. Asimismo sostenía que el partido federal era su más legítimo heredero, mientras que calificaba a sus opositores como traidores a la revolución, ya sea por considerarlos anarquistas que provocaron las luchas civiles o por su alianza con naciones extranjeras que atacaban la independencia de los pueblos del Plata. Sin embargo, en el discurso del régimen el concepto *revolución* no solía tener valencias positivas, pues tendía a contraponerse aún más al de orden y a asociársele con el desconocimiento de las jerarquías, las luchas facciosas y la anarquía. Una temprana biografía de Rosas destacaba su aversión a participar en acciones contra la presidencia de Rivadavia, pues "Es preciso conformarse; / Porque una revolución / Es peor que el sufrir / Un gobierno de facción" (Pérez 1830, s/p). Sus publicistas se cuidaban asimismo de definir a los sucesos de 1810 como una revolución. De hecho la palabra no fue utilizada en la *Arenga* que Rosas pronunció el 25 de Mayo de

Fabio Wasserman (comp.)

1836 y que se convirtió en la versión oficial del régimen sobre el proceso revolucionario. En esa ocasión reivindicó a las guerras de independencia y calificó a la creación de la Junta en 1810 como el primer acto de soberanía popular, pero sostuvo que su propósito había sido preservar el orden para no verse arrastrados por la crisis monárquica, mientras que achacaba la ruptura a los gobiernos españoles que no reconocieron su legitimidad (*Gaceta Mercantil* 27/5/1836; Wasserman 2008a).

Sus enemigos, por su parte, estaban convencidos de que el rosismo procuraba restaurar el antiguo régimen. Desde su exilio en Montevideo, el político y escritor unitario Florencio Varela señalaba que "la dictadura de Rosas (…) es una reacción meditada y completa contra los principios de la gran revolución de 1810; un retroceso al gobierno irresponsable de una sola persona, y al estado social de la vida del colono." (*Comercio del Plata* nº 405, 19/2/1847). Sus opositores incluso sostenían que esta lucha reeditaba la iniciada en 1810, tal como lo consignó Mariquita Sánchez en su diario personal: "¡Cuán lejos estaba yo de pensar el año 10 a esta hora que me encontraría acá en este momento, empezando de nuevo la misma revolución!... ¡Extraño destino! Mis hijos tienen que empezar a conquistar de nuevo la libertad después de veintinueve años" (Vilaseca 1952 [24/5/1839], 387).

— La revolución en el discurso de los románticos —

Uno de los hijos de Mariquita, Juan Thompson, integraba el grupo de jóvenes románticos conocido como la *Generación de 1837* que en su mayoría había nacido y dado sus primeros pasos junto a la Revolución de Mayo. Si bien pasado un cuarto de siglo se consideraban como sus más legítimos herederos, también advertían que se trataba de un proceso inacabado que debía ser continuado pero ya no en los campos de batalla. La independencia política lograda por sus mayores debía ser completada con la emancipación intelectual que consideraban imprescindible para fundar un nuevo orden social y político. El poeta Esteban Echeverría sostenía por ejemplo en el *Dogma Socialista* que "El gran pensamiento de la revolución no se ha realizado. Somos independientes pero no libres. Los brazos de España no nos oprimen, pero sus tradiciones nos abruman", añadiendo en alusión a las guerras civiles que permitieron el ascenso de Rosas al poder que "De las entrañas de la anarquía nació la contrarrevolución" (1951 [1846], 252).

El concepto de *revolución* ocupó un lugar central en el discurso de los románticos. Al igual que sus contemporáneos, era inevitable que lo utilizaran para referirse a motines, tumultos o levantamientos. Pero sobre todo lo empleaban para expresar la condensación y aceleración del proceso de cambio a nivel mundial regido por las leyes de progreso que, en cierto modo, la hacían inevitable. Durante su breve estancia como exiliado en Chile a fines de la década de 1840, e influido por las revoluciones que sacudían a Europa, Bartolomé Mitre planteó la necesidad de introducir reformas sociales *desde arriba*, advirtiendo en relación al gobierno conservador de Manuel Bulnes que

> ...si no revoluciona desde el poder; si el gobierno reprime el vuelo atrevido de la revolución pacífica; si permanece en la inacción dejando aglomerar en el fondo de la sociedad los elementos revolucionarios, que nadie se empeña en disolver, la revolución (...) ha de venir tarde o temprano, porque un pueblo no puede permanecer estacionario, porque no se pueden oponer diques a su progreso ni amarrar su libertad al banco carcomido de un círculo político con tendencias retrógradas y con principios de resistencia. (1943, 99 [*El Progreso* 24/10/1849])

Ahora bien, los románticos entendían que las acciones que impulsaban los cambios sólo podían ser legítimas si tenían en cuenta el estado de cada sociedad y las leyes que rigen su desarrollo particular. En ese sentido eran fuertemente críticos de los ilustrados, a quienes achacaban no haber tenido en cuenta esas condiciones. En el discurso inaugural del *Salón Literario* en 1837, el tucumano Juan B. Alberdi sostenía que

> ...nuestra revolución es hija del desarrollo del espíritu humano, y tiene por fin este mismo desarrollo (...). Tengamos, pues, el 25 de Mayo de 1810 por el día en que nosotros fuimos envueltos e impelidos por el desenvolvimiento progresivo de la vida de la humanidad, cuya conservación y desarrollo es el fin de nuestra revolución, como de todas las grandes revoluciones de la tierra. (1958, 128)

Pero también advertía que

> ...el movimiento general del mundo, comprometiéndonos en su curso, nos ha obligado a empezar nuestra revolución por donde debimos terminarla: por la acción (...) De modo que nos vemos con resultados y sin principios. De aquí las numerosas anomalías de

nuestra sociedad: la amalgama bizarra de elementos primitivos con formas perfectísimas; de la ignorancia de las masas con la república representativa. (1958, 130)

Según alegaban, estaba en sus manos retomar y enderezar el proceso revolucionario que, al producirse cuando aún no estaban dadas las condiciones intelectuales y morales, había dado lugar a la anarquía, las guerras civiles y el despotismo.

Una variante de esta concepción puede encontrarse en el *Facundo* de Domingo F. Sarmiento, quien sostenía como una suerte de principio general que "Cuando un pueblo entra en revolución, dos intereses opuestos luchan al principio: el revolucionario y el conservador", en este caso, "patriotas y realistas". Tras su triunfo, los revolucionarios se dividen en "moderados y exaltados", mientras que los derrotados se reorganizan aprovechando la división de los vencedores (1988 [1845], 61). Sin embargo entendía que la revolución iniciada en 1810 y que aun no había finalizado, requería de categorías nuevas pues "está desfigurada por palabras del diccionario civil, que la disfrazan y ocultan, creando ideas erróneas" (1988 [1845], 57). Para Sarmiento, estas divisiones habían dado lugar a la aparición de un actor que no formaba parte de la civilización y, por lo tanto, de la historia: la campaña bárbara. Ésta habría desvirtuado una lucha que no era la suya permitiendo así el acceso de Rosas al poder: "Las ciudades triunfan de los españoles, y las campañas de las ciudades. He aquí explicado el enigma de la Revolución Argentina, cuyo primer tiro se disparó en 1810 y el último aún no ha sonado todavía." (1988 [1845], 61).

— La Revolución de Mayo: entre el mito y la historia —

Muchos confiaban en que ese último tiro se hubiera disparado en la batalla de Caseros que en febrero de 1852 puso fin al régimen rosista. Pronto se hizo evidente que esas esperanzas eran infundadas al abrirse un nuevo ciclo de conflictos que enfrentó a Buenos Aires con las otras provincias argentinas que, bajo el liderazgo del entrerriano Justo José de Urquiza, constituyeron un Estado federal. La Revolución de Mayo continuó siendo valorada como un momento fundacional cuyo legado era motivo de disputa, y al que sin embargo se hacía imperioso ponerle fin. En las *Bases*, que serviría de inspiración a la Constitución nacional sancionada en 1853, Alberdi sostenía en ese sentido que

> Esto es lo que no comprende la América, que ha vivido cuarenta años sin salir de su revolución contra España; y eso sólo la hace objeto del desprecio del mundo, que la ve sumida en revoluciones vilipendiosas y verdaderamente salvajes.
>
> Mientras haya hombres que hagan título de vanidad llamarse *hombres de revolución*; en tanto que se conserve estúpidamente la creencia, que fue cierta en 1810, de que la *sana política* y la *revolución* son cosas equivalentes; en tanto que haya publicistas que se precien *de saber voltear ministros a cañonazos*; mientras se crea sinceramente que un conspirador es menos despreciable que un ladrón, pierde la América española toda la esperanza de merecer el respeto del mundo. (1981[1852], 267/8 –destacado en el original–)

Además de describir un estado de cosas, Alberdi aludía explícitamente a Mitre, quien en junio de 1852, y en el marco de un debate en la legislatura de Buenos Aires que selló la ruptura de esa provincia con Urquiza, se había jactado por haber pasado su vida en los cuarteles en donde había aprendido a "echar abajo a cañonazos la puerta de los ministerios".

Mitre, que tuvo una dilatada actuación intelectual, política y militar durante la segunda mitad del siglo XIX, fue un destacado protagonista del proceso de consolidación del Estado nacional argentino que presidió entre 1862 y 1868. Durante su extensa trayectoria participó en numerosas revoluciones que procuró legitimar, al igual que muchos de sus contemporáneos, arguyendo que eran movimientos en favor de la libertad que enfrentaban a la tiranía y el despotismo. Y, por eso mismo, que podían filiarse en la tradición iniciada en mayo de 1810. Pero también hizo algo que sería de mayor trascendencia, ya que elaboraría la primera historia nacional argentina en la que el pasado, el presente y el futuro de la nación aparecen integrados en una misma trama narrativa y explicativa. Su *Historia del General Belgrano y de la Independencia Argentina*, que fue reescribiendo y ampliando entre 1857 y 1887, recupera al período colonial pero también preserva a la Revolución de Mayo como mito de orígenes al postular que fue en ese proceso que cobró forma la conciencia de la nacionalidad cuyo germen se había ido desarrollando durante los siglos previos. Mitre no desconocía los conflictos ni los pasos en falso, pero planteaba que todos los actores y acontecimientos habían contribuido, de un modo u otro, para que pudiera alcanzarse un resultado que ya estaba prefijado por la providencia y las leyes de la historia: la constitución de Argentina como una nación liberal, republicana y democrática sobre un territorio que también le estaba predestinado (Wasserman 2008a).

La obra historiográfica de Mitre sería el molde a partir del cual se narraría y explicaría la historia argentina a lo largo del siglo XX –incluso por quienes la impugnarían–, consolidando así a la Revolución de Mayo como el momento clave de su devenir y, más precisamente, como un mito de orígenes de la nación. Tanto es así, que durante el último siglo y medio las distintas corrientes historiográficas procuraron encontrar en esos sucesos las claves de la historia nacional (Fradkin y Gelman 2010). En ese sentido también legaría un problema que no siempre es advertido por quienes, con verdadera pasión o por mera rutina, reivindican a la Revolución de Mayo y a sus protagonistas: considerar que el surgimiento de la Nación Argentina es el fruto de una revolución que puso en cuestión el orden social y político.

— Bibliografía —

Acuerdos del extinguido Cabildo de Buenos Aires (1927), serie IV, tomo III, Buenos Aires.

Alberdi, J.B. (1958), "Doble armonía entre el objeto de esta institución, con una exigencia de nuestro desarrollo social; y de esta exigencia con otra general del espíritu humano", en F. Weinberg (ed.) *El Salón Literario*, Buenos Aires [Buenos Aires, 1837].

Alberdi, J.B. (1981), *Bases y puntos de partida para la organización política de la República Argentina*, Buenos Aires [Valparaíso, 1852].

Álzaga, M. de (1972), *Cartas (1806-1807)*, Buenos Aires.

Archivo Artigas (1998), t. XXX, Montevideo.

Beruti, J.M. (2001), *Memorias curiosas*, Buenos Aires.

Biblioteca de Mayo. Colección de Obras y Documentos para la Historia Argentina (1960), Buenos Aires.

Brackenridge, H.M. (1927), *La independencia argentina*, Buenos Aires [Londres, 1820].

Carta de Mayo (1925), en P. Rodríguez Villar, *Salvador María del Carril y el pensamiento de la unidad nacional*, Buenos Aires [San Juan, 1825].

Condorcet (2006), "Sobre el sentido de la palabra *revolucionario*", en *El Ojo Mocho. Revista de crítica política y cultural* nº 20, Buenos Aires [*Journal d'Instruction sociale*, 1/6/1793].

Diario de Sesiones de la Honorable Junta de Representantes de la Provincia de Buenos Aires (1822), Buenos Aires.

Echeverría, E. (1951), *Dogma socialista de la Asociación de Mayo*, Buenos Aires [Montevideo, 1846].

El Clero Argentino. De 1810 a 1830 (1907), Buenos Aires, Imprenta de M. A. Rosas, 2 tomos.

El Redactor de la Asamblea (1813), Buenos Aires, Imprenta del Estado.

Fitte, E. (1960), "Castelli y Monteagudo. Derrotero de la primera expedición al Alto Perú", en *Historia* año V, 21.

Fradkin, R. y Garavaglia, J.C. (2009), *La Argentina colonial. El Río de la Plata entre los siglos XVI y XIX*, Buenos Aires.

Fradkin, R. y Gelman, J. (coords.) (2010), *Doscientos años pensando la Revolución de Mayo*, Buenos Aires.

Frega, A (2014), "Revolución – Uruguay/Banda Oriental" en J. Fernández Sebastián (dir.) *Diccionario Político y social del mundo iberoamericano. Conceptos políticos fundamentales, 1770-1870* [*Iberconceptos II*], t. 9, G. Zermeño Padilla (ed.), *Revolución*, Madrid.

Fuentes, J.F. (2002), "Regeneración", en J. Fernández Sebastián y J.F. Fuentes (dirs.), *Diccionario político y social del siglo XIX español*, Madrid.

Fuentes, J.F. y Fernández Sebastián, J. (2002), "Revolución" en Id. (dirs.) *Diccionario político y social del siglo XIX español*, Madrid.

Funes, G. (1961), *Bosquejo de nuestra revolución desde el 25 de Mayo de 1810 hasta la apertura del Congreso Nacional, el 25 de Marzo de 1816*, Córdoba [*Ensayo de la historia civil del Paraguay, Buenos Aires y Tucumán*, t. III, Buenos Aires, 1817].

Goldman, N. (2000), *Historia y Lenguaje. Los discursos de la Revolución de Mayo*, Buenos Aires.

Goldman, N. (dir.) (1998), *Revolución, República, Confederación (1806-1852)*, Nueva Historia Argentina t. 3, Buenos Aires.

Halperín Donghi, T. (1985), *Tradición política española e ideología revolucionaria de Mayo*, Buenos Aires.

Hidalgo, B. (1986), "Diálogo patriótico interesante entre Jacinto Chano, capataz de una estancia en las Islas del Tordillo, y el gaucho de la guardia del Monte", *Obra Completa*, Montevideo.

Koselleck, R. (1993), *Futuro pasado. Para una semántica de los tiempos históricos*, Barcelona.

Levene, R. (1960), *La Revolución de Mayo y Mariano Moreno. Ensayos históricos*, Buenos Aires, t. III.

Maillé, A. (comp.) (1966), *La Revolución de Mayo a través de sus impresos*, Buenos Aires.

Manifiesto del Congreso a los Pueblos (1966), Buenos Aires, [1816].

Mitre, A. (comp.) (1943), *Mitre, periodista*, Buenos Aires.

Mitre, B. (1950), *Historia de Belgrano y de la Independencia Argentina*, Buenos Aires [4ta. ed., 1887].

Monteagudo, B. de (1916), *Obras Políticas*, Buenos Aires.

Moreno, M. (1961), "Prólogo a la traducción del contrato social", en *Selección de Escritos*, Buenos Aires [Buenos Aires, 1810].

Ozouf, M. (1989), "Regeneración", en F. Furet (ed.), *Diccionario de la Revolución Francesa*, Madrid.

Pérez, L. (1830), *Biografía de Rosas*, [http://www.biblioteca.org.ar/libros/8705.pdf].

Piccirilli, R. (1960), *Rivadavia y su tiempo*, Buenos Aires.

Ravignani, E. (ed.) (1937), *Asambleas Constituyentes Argentinas 1813-1898*, t. II, 1825-1826, Buenos Aires.

Real Academia Española (1737), *Diccionario de la Lengua Castellana* (Letras O-R), Madrid.

Registro oficial de la República Argentina (1879), Buenos Aires, t. I.

Sarmiento, D.F. (1988), *Facundo. Civilización y Barbarie*, Buenos Aires, 1988 [*Civilización i barbarie. Vida de Juan Facundo Quiroga. I aspecto físico, costumbres i ábitos de la República Arjentina*, Santiago de Chile, 1845].

Ternavasio, M. (2009), *Historia de la Argentina, 1806-1852*, Buenos Aires.

Fabio Wasserman (comp.)

Terreros y Pando, E. de (1788), *Diccionario castellano con las voces de ciencias y artes y sus correspondientes en las tres lenguas francesa, latina é italiana*, Madrid.

Vilaseca, C. (comp.) (1952), *Cartas de Mariquita Sánchez. Biografía de una época*, Buenos Aires.

Wasserman, F. (2008a), *Entre Clio y la Polis. Conocimiento histórico y representaciones del pasado en el Río de la Plata (1830-1860)*, Buenos Aires.

Wasserman, F. (2008b), "Revolución" en Noemí Goldman (ed.) *Lenguaje y Revolución. Conceptos políticos clave en el Río de la Plata, 1780-1850*, Buenos Aires, pp. 159-174.

Wasserman, F. (2008c), "Una pregunta en dos tiempos: ¿Qué hacer con la Revolución de Mayo?", *Nuevo Topo* n° 5, [http://historiapolitica.com/datos/biblioteca/xix2wasserman.pdf].

Wasserman, F. (2014), "Revolución – Argentina / Río de la Plata", en J. Fernández Sebastián (dir.) *Diccionario Político...*, t. 9, *Revolución*, *op. cit.*, pp. 49-63.

Capítulo VIII

El (feliz) pecado de la revolución
El concepto de revolución en la Tierra Firme (1781-1832)

Alexander Chaparro Silva

The University of Texas at Austin

¡Ó felix peccatum! ó feliz revolución…

El defensor de las libertades colombianas (1827)

E l 27 de agosto de 1810 salió a la luz pública el *Diario Político de Santafé de Bogotá* como principal portavoz de la Junta Suprema instalada en la otrora capital virreinal. Además de "difundir las luces, instruir á los pueblos", "fijar la opinión, reunir las voluntades y afianzar la libertad y la independencia", el propósito fundamental de la publicación era escribir, por vez primera, la "historia de nuestra feliz revolución". Los editores prometían publicar sin demora los "monumentos de nuestras operaciones políticas" y "poner los fundamentos de nuestra historia". Esta historia se figuraba como los "anales de nuestra libertad", como una narración detallada y prolífica sobre el "origen y primeros progresos de nuestra revolución", sobre su naturaleza, sus medios y sus móviles últimos. Se trataba de una historia moral que debía dar cuenta de "nuestras virtudes y nuestros vicios" y "mandar a la posteridad el aprecio o el odio de nuestros conciudadanos". La revolución fue imaginada en sus páginas como un acontecimiento fundante de un orden completamente inédito en la Tierra Firme, pues había significado el inicio de la "libertad y la independencia", el final de ese "tiempo de silencio y de misterios" y el momento preciso cuando "se rompieron las cadenas que han aprisionado a la razón y al ingenio". Una vez que concluyeron la "historia de nuestra revolución", los redactores se dieron a la tarea de explicar los "acontecimientos políticos de los demás Reinos de América, que se suceden los unos á los otros" como partes todos de una misma "transformación política" y de un mismo "estado regenerativo", pues ya resultaba evidente que, mientras Europa se hundía en el más feroz de los despotismos, América era la tierra prometida de la revolución (*Diario Político de Santafé de Bogotá* n°1 27/8/1810, 1-4; n°26 23/11/1810, 102).

Casi veinte años después, en la primavera de 1829, el caraqueño José Domingo Díaz publicaba, en su exilio en Madrid, la que se convertiría en su obra más importante: *Recuerdos sobre la rebelión de Caracas*. Díaz, sin lugar a dudas uno de los más fervientes realistas de la Tierra Firme, cumplía, así, con su último acto de fidelidad pública, ofrecido con entusiasmo "a mi soberano, al honor de la nación española, al bienestar del género humano, al interés de mi patria y al de mí mismo". El caraqueño se proponía "recordar, reunir y publicar sucesos que comprueban la injusticia, el escándalo, la bajeza y la insensatez de aquella funesta rebelión" y basaba la autoridad indisputable de su relato en el hecho de haber sido "testigo ocular de la Revolución de Venezuela en casi todos sus acontecimientos; condiscípulo, amigo o conocido de sus execrables autores y de sus principales agentes, y él solo colocado en una posición capaz de haber penetrado sus fines y sus más ocultos designios". A sus ojos, la revolución había comenzado como "una reunión de niños que jugaban a gobierno" y había terminado por destruir los cimientos del "buen orden" labrado por la monarquía durante tres siglos de "cultura, de ilustración y de industria". Trescientos años que, gracias a la revolución, se habían trocado en un desorden sin término: el colapso de la unión colombiana, los temores de una guerra racial devastadora, un gobierno incapaz de ejercer su autoridad en todo el territorio y un sistema de rentas arruinado dejaban servida una situación de alzamientos y alborotos permanentes y frustraban la posibilidad de construir cualquier arreglo político duradero en la región: la revolución había hecho de la Tierra Firme su patria permanente (Díaz 1829, 2, 32, 169).

Como puede verse, la Tierra Firme aparece en ambos casos, para bien y para mal, como un campo especialmente fértil para la revolución, donde primero germinan sus promesas de cambio, pero también donde se dejan sentir mejor sus efectos devastadores. Al igual que los editores de la publicación santafereña y que el mismo Díaz, los contemporáneos, amigos o enemigos de las revoluciones, llevaron a cabo reflexiones profundas sobre su sentido, orígenes y derroteros, así como sobre cómo conjurarlas o incluso clausurarlas definitivamente. En esta parte de América, *revolución* fue un concepto inestable, polisémico y plural, ampliamente invocado por todos los sectores sociales y atravesado de manera simultánea por connotaciones positivas y negativas, creadoras de nuevos órdenes y destructoras del edificio social.

Este trabajo analiza los diversos sentidos y los usos políticos del concepto de *revolución* durante la crisis de la monarquía hispánica en la Tierra Firme. Antes que intentar reconstruir de manera tozuda su *verdadero* significado, o procurar dar cuenta de la totalidad del campo semántico definido alrededor suyo –ambas labores absolutamente imposibles para un trabajo propiamente histórico–, mostraré la coexistencia más o menos conflictiva de los diferentes sentidos atribuidos al concepto teniendo en cuenta dos aspectos que considero importantes desde la perspectiva de la historia conceptual koselleckiana.[1] Primero, la manera en que el concepto de *revolución* se constituyó en un espacio de enunciación antagónica. Segundo, la forma en que esta enunciación implicó la acción de legitimar diferentes órdenes políticos e inauguró una nueva forma de interrogar los fundamentos de la comunidad política.

Una palabra más antes de comenzar. Este artículo entiende el Nuevo Reino de Granada y Venezuela como un todo político, como la denominada Tierra Firme. No solo porque desenmarcarse de los cuadros nacionales resulta fundamental para poder enfrentar la impronta teleológica que atraviesa la escritura de la historia en y sobre el siglo XIX iberoamericano, sino porque los discursos, las representaciones y las prácticas políticas aquí analizadas son resultado efectivo de una elaboración conjunta en ambas riberas del Atlántico y en particular en el área grancolombiana. Este marco analítico toma más relieve si se consideran el vigor de los circuitos de comunicación, la rotación de los ejércitos y de la misma burocracia –primero monárquica y luego republicana–, los proyectos de unidad política formulados ya durante las primeras repúblicas y consagrada por la restauración monárquica y el nacimiento de la república de Colombia en 1819. Como espero poder hacer evidente, cientos de testimonios del periodo respaldan la pertinencia de analizar en conjunto estos acontecimientos. Así, siempre que me refiera a la Tierra Firme debe entenderse los territorios que en términos generales

---

1   Sobre la historia conceptual tal y como se entiende en este trabajo: Koselleck 1993, 2004, 2012; Fernández Sebastián 2009, 2014; Fernández Sebastián y Fuentes 2002; Palti 2007. Para una comprensión del concepto de *revolución* durante la crisis de la monarquía hispánica: Colmenares 1986; Furet 1980; Goldman 2008; Straka 2009; Vanegas 2013; Wasserman 2008; Zermeño 2014. Sobre el proceso revolucionario en la Tierra Firme: Calderón y Thibaud 2010; Carrera Damas 1983; Garrido 1993; Izard 1979; Straka 2005; Thibaud 2003.

corresponden a las actuales Colombia, Venezuela y Panamá, mientras que cuando hable de Colombia deberá entenderse los territorios de la unión grancolombiana y no únicamente la nación contemporánea.

* * *

El concepto de *revolución* tenía ya cierta trayectoria en la Tierra Firme antes de la crisis de la monarquía hispánica. Durante el siglo XVIII, si bien no era un término central del vocabulario de los contemporáneos, no era raro encontrarlo en papeles de todo tipo. Según los diccionarios de la época, revolución originalmente aludía a los fenómenos celestes y era empleado para significar la órbita que los astros describen en el universo, el "movimiento de la esfera celeste, dando una vuelta entera" (RAE 1780, 804). La correspondencia de los ilustrados americanos refiere a menudo la utilidad de las observaciones astronómicas basadas en periodos de doce meses, pues como dirá el payanés Francisco José de Caldas, "para poder sacar todo el fruto que prometen, se necesita una revolución entera del sol, es decir, de un año, contado del solsticio del estío al mismo punto" (1978 [1809], 295). La segunda entrada del diccionario apunta que revolución se refiere a la "mudanza, ó nueva forma en el estado, ó gobierno de las cosas". Así, era usual hablar sobre las "revoluciones de la conquista" debido a los dramáticos cambios que esta había implicado para las poblaciones nativas, así como era corriente emplear esta voz cuando se referían los procesos de evangelización de los "indios gentiles" (Torres y Peña 1960, 33). Por último, el diccionario agrega que esa palabra era lo mismo que "inquietud, alboroto, sedición, altercación, mutación, vicisitud", uno de los significados que tendrá más larga vida en la Tierra Firme. Ya en 1789 el fraile capuchino Joaquín de Finestrad aludía al alzamiento comunero en la zona del Socorro como "aquellos infelices tiempos de revolución y trastorno en que el espíritu de tinieblas se difundió por todos esos lugares" (2000, 195). Revolución, ligada al lenguaje del desorden y casi siempre en plural, implicaba la pérdida del sosiego social y la tranquilidad pública. Así, el edicto publicado con el mismo motivo por el virrey Antonio Caballero y Góngora, dirigido "a todos los comprehendidos en las revoluciones acaecidas en el año pasado", se despachaba en contra de la "horrible y escandalosa sublevación" y daba por hecho que el perdón general concedido por Carlos III había contrarrestado las "negras tinieblas y los horribles desordenes de la rebelión" para poner en su lugar "el orden y la tranquilidad" (1782, 1-18).

La Revolución francesa, además de singularizar el concepto, cristalizará alrededor suyo buena parte de estos últimos significados y sellará la impronta negativa del término. Antes que constituirse en un motivo de esperanza y redención, la empresa revolucionaria era portadora de temores y desasosiegos. Rápidamente asociada con la completa subversión del orden político y con el quiebre definitivo del cuadro de jerarquías y subordinaciones que organizaba el mundo hispánico, la Revolución francesa será explicada como la "obra de una secta impía y el resultado de un sistema extravagante apoyado sobre los principios favorables á todas las pasiones", el "libertinage, la igualdad, la Soberanía del Pueblo, y la indiferencia religiosa; lazos todos muy poderosos, que han debido ser maliciosamente tendidos por el orgullo, la codicia, el espíritu de independencia, y el por el amor al desenfreno, y al desorden" (*Papel Periódico de Santafé de Bogotá* n°194 29/5/1795, 2038). Así, no debe sorprender que la impresión clandestina de los *Derechos del hombre y del ciudadano* por parte de Antonio Nariño en Santafé de Bogotá en 1793, el ruidoso "proceso de los pasquines" en contra de la juventud neogranadina, y el alzamiento de Gual y España en 1797 sean leídos a la luz del acontecimiento francés. Al decir del cura santafereño José Antonio Torres y Peña, estos y otros acontecimientos revolucionarios de finales del siglo, "no ha sido otra cosa que un remedo de la revolución francesa" (1960, 72). En Venezuela el alzamiento de Gual y España será entendido como un "terrible grito revolucionario", un "proyecto de establecer en Caracas los principios y el gobierno que devoraban a la Francia", liderado por hombres "contagiados de la peste revolucionaria" que "dejaron en su fuga sembrada la semilla de la rebelión" (Díaz 1829, 5). Será tal la impronta negativa de la Revolución francesa sobre el concepto, en particular por su asociación con el periodo del Terror, que años después, los republicanos de la Tierra Firme a menudo intentarán deslindarse de sus ideas y realizaciones. Ya en 1798 el mismo Francisco de Miranda hablará de la "necesidad de prevenir por todos los medios posibles el que los principios o sistema jacobino se introduzcan en nuestro Continente; pues por este medio la Libertad, en lugar de la cuna, encontrará luego el sepulcro; como lo prueba toda la historia de la revolución francesa" (1982, 223).

Con la invasión napoleónica de la Península ibérica comienza a registrarse de manera más generalizada una valoración positiva del concepto en la Tierra Firme. *Revolución* referida a la resistencia ibérica, significará en estos años cruciales un levantamiento justo contra la usurpación francesa y una afirmación vigorosa del patriotismo, de la fidelidad al rey y de la religión católica como sustrato identitario de la monarquía hispánica. Precisamente, la *Gaceta de Caracas* saldrá a la luz por primera vez en octubre de 1808 para ofrecer "por el orden de fechas" los sucesos de la "revolución de Aranjuez" y poner en evidencia la "identidad de principios; ideas y conductas manifestada contra el tirano de Europa por los habitantes de todos los dominios Españoles", pues "se ha parecido seguir un solo impulso y se ha obrado por una especie de inspiración simultánea", "en un momento, y todos sin noticia unos de otros" (n°1 24/10/1808, 2). Se trataba de una "revolución feliz" llevada a cabo por un "Pueblo católico, que movido de los impulsos de la Religion y la justicia, recobra en un momento todos sus derechos". Se trataba, en definitiva, de un "acontecimiento tan asombroso", "que ha dado á España esta revolución Jueces justos, Consejeros sabios, Generales invictos, y soldados valerosos" y "que solo el espíritu de santidad, de orden, y de concierto, que inspira nuestra Santa religión, es el que puede producir", al decir de un cura neogranadino en 1809 (Torres y Peña 1960, 199-200).

A pesar de que la temprana formación de la Junta de Quito en agosto de 1809 será condenada sin ambages por el gobierno virreinal, la formación de juntas autonómicas de gobierno en la Tierra Firme implicará el ascenso definitivo de los significados positivos asociados al concepto. En Caracas, por ejemplo, la formación de la Junta en abril de 1810 será calificada como "nuestra pacífica transformación", el momento irrevocable de "nuestra regeneración política" y de la extinción de las "tinieblas del despotismo anterior" (*Gaceta de Caracas* n° 95, 27/4/1810). Tan solo tres meses después, los sucesos ocurridos en Santafé serán comprendidos de manera entusiasta como el inicio triunfante del camino de la libertad, el "principio de una revolución la más activa, misteriosa y feliz que se vio jamás", pues "amaneció la brillante aurora de la felicidad común, y huyeron al ocaso precipitadamente los negros espectros de la tiranía y despotismo" (*La Constitución Feliz* n°1, 17/8/1810, 4).

El ascenso meteórico del concepto es evidente en su amplia apropiación no solo entre los sectores ilustrados sino también entre las gentes del pueblo. Según dirá el regente Heredia en sus *Memorias* sobre la democratización del lenguaje revolucionario entre los esclavos venezolanos, "hasta Miranda se asombró de oír entre estas gentes la voz de libertad, que tan halagüeña es para unos y tan temible para otros" (1916, 71-72).

Así pues, a la hora de hablar de la revolución se impone el "nosotros" colectivo y una creciente adjetivación del concepto: "nuestra revolución", "maravillosa revolución", "revolución santa", "nuestra justa revolución", "revolución favorable" (*La Constitución Feliz* n°1 17/8/1810, 4; *El Patriota de Venezuela* n°3 20/10/1811 y n°7 18/1/1812). A su vez, la revolución también dio paso a los usos del adjetivo "revolucionario" y del verbo "revolucionar", que al igual que el concepto pivotarán entre promover el desorden y provocar un cambio profundo en el marco de la comunidad política: "¿Quién ha visto jamás que un pueblo revolucionado con el objeto de mudar de gobierno y de asegurar su religión y libertad no proceda con el entusiasmo más ardiente y el más impetuoso tesón en todos sus designios?" (*La Constitución Feliz* n°1, 17/8/1810).

El lenguaje de la revolución es el lenguaje de la transformación política. Los fundamentos de la revolución no eran otros que la soberanía del pueblo, la igualdad formal entre los integrantes del cuerpo político, el sistema representativo y la figura estelar de la ciudadanía. La revolución, como título legitimador de transformaciones políticas nunca antes experimentadas, era el único camino para instaurar el reino de la libertad en la Tierra Firme: "por deplorables que sean los efectos de las revoluciones, (y en quanto podemos juzgar la de la América Española es muy sangrienta), parece que los Americanos no pueden conseguir el grande objeto que se han propuesto de asegurar su libertad, sino por una revolución" (*Argos de la Nueva Granada* n°79, 25/6/1815, 400).

Además de una nueva manera de producir significados políticos y de entender las relaciones entre gobernantes y gobernados, la revolución había significado, ante todo, la ruptura con la monarquía hispánica y con aquel "principio de adhesión que parecía eterno" al decir de Simón Bolívar, pues gracias a la revolución el "destino de la América se ha fijado irrevocablemente; el lazo que la unía a la España está cortado" y "lo que antes las enlazaba, ya las divide" (2009 [1815], 67). Para los contemporáneos, la revolución significó el nacimiento de los americanos al mundo político y la posibilidad de elaborar de manera colectiva un destino imaginado como común y donde todos debían tomar parte, como que ahora los papeles periódicos iban dirigidos también a "tanta gente sencilla como hay entre nosotros; á los labradores y artesanos que hacen la principal parte de nuestra población" (*Argos de la Nueva Granada* n°93, 1/10/1815, 475-476).

En efecto, la imprenta era el arma fundamental de los revolucionarios, pues ésta no solo "manda de un extremo a otro de la tierra las meditaciones solitarias del filósofo" sino que "produce revoluciones importantes" (*Gazeta Ministerial de la República de Antioquia* n°1, 25/9/1814, 1). Precisamente, la explosión de publicaciones periódicas registrada en estos años da cuenta de cómo el debate sobre la naturaleza de la revolución dominó toda la publicidad de las primeras repúblicas, pues como afirmó el *Argos de la Nueva Granada* para fijar la opinión pública era necesario "dar luces del estado de la revolucion, de sus progresos, de su término y de sus resultados probables" (n°79, 25/6/1815, 400).

En febrero de 1811, por ejemplo, *El Mercurio Venezolano* se dio a la tarea de explicar la revolución refutando a sus principales contradictores en el ámbito local y a los "sabios comentadores" de la Península. Así, emprendió la impugnación sistemática de argumentos tales como "que una inveterada deslealtad, unida á una ambicion desmesurada, produxo nuestra revolución" o "que ninguna ventaja puede esperar Venezuela de esta revolución y que todos los Pueblos Americanos se declaran contra ella" (n°2, 2/1811, 5 y 16). Casi un año después, *El Patriota de Venezuela*, además de presentar las "infinitas pruebas de iniquidad e injusticia que nos han dado los españoles", definirá la revolución como el resultado de una crisis de autoridad inédita en el mundo hispánico, "esta autoridad se ha disminuído necesariamente luego que la revolución comenzó en la Madre Patria". Para el editor, la revolución había puesto en evidencia de manera nítida dos aspectos esenciales: que la "España y la América no estaban unidas sino por la fuerza del hábito y de la autoridad" y que su único desenlace posible "sería la separación de la América y de la España y, consiguientemente, la independencia de la América" (*El Patriota de Venezuela* n° 7, 18/1/1812).

Una de las novedades que trae consigo la crisis de la monarquía hispánica, en la voz de uno de los contemporáneos, será la creciente "manía de ocuparse siempre del pasado" que se toma los sectores ilustrados (Heredia 1916, 296). La revolución había significado la emergencia de una nueva comprensión de la temporalidad, de una creciente temporalización de la historia en el sentido en que esta se convierte en un espacio dotado de una textura particular, en movimiento y abierto a la discusión.

Fabio Wasserman (comp.)

Desde el primer número de la *Gaceta de Caracas* que prometía la "historia de Aranjuez" hasta la publicación en 1827 de la primera gran obra de "historia patria" de la Tierra Firme, la *Historia de la revolución de la República de Colombia* del antioqueño José Manuel Restrepo, es evidente cómo una creciente conciencia de historicidad, expresada en términos de tiempo histórico, se afianza en la escritura de todo tipo de registros documentales: manuscritos, panfletos, periódicos, memorias e impresos de gran calado. La *Gazeta Ministerial de la República de Antioquia*, por ejemplo, saldrá a la luz pública en septiembre de 1814 con el propósito de historizar la "Era de la República, y el primer momento de su existencia política", de correr el "velo del olvido sobre los tiempos pasados" y poner "á los ojos del Pueblo el quadro comparativo de lo que fue baxo el cetro de los reyes de España, y de lo que es hoy baxo la pica de la libertad" (n°1 25/9/1814, 1-2). En los documentos del periodo, la revolución emerge como un sujeto histórico con pleno derecho, como un proceso histórico a largo plazo interpelado por los mismos acontecimientos y construido, hasta cierto punto, por el accionar humano, y como un acontecimiento disruptivo de todo orden temporal, un parteaguas extraordinario que sepultaba el pasado y abría las puertas del futuro para la Tierra Firme. Para el mismo Restrepo la revolución había operado "una variación absoluta" en la manera de entender el mundo político, en particular en el pueblo, que ahora "se interesa por los negocios politicos, y va teniendo en sus ideas una completa revolución". Según el antioqueño, resultaba extraordinario observar unos "pueblos que trecientos años habían vivido en la esclavitud mas degradante, dominados por la inquisición y por el sistema colonial" que ahora se daban "leyes é instituciones capaces de asegurar la libertad", "variando sus hábitos, sus costumbres y sus preocupaciones" (Restrepo 1827 I, 119-120, 135, 182, 8).

La autoridad de la historia presentaba la revolución como el resultado necesario de la crisis monárquica y como el momento fundacional de los nuevos países, al tiempo que la adopción del sistema político republicano se imaginaba como su corolario histórico obligado. La inevitabilidad de la revolución como un mandato histórico efectivo se impondrá con tal contundencia, que en 1844 Rafael María Baralt y Ramón Díaz abrirán su *Resumen de la historia de Venezuela* preguntando a sus asombrados lectores: "¿qué fue lo que impidió por siglos una revolución reformadora en América?" (1844 I, 2). La experiencia de la revolución se constituirá en el espectro que guía la modalidad, la temporalidad y la estructura narrativa de todos estos relatos caracterizados por una sucesión de imágenes construidas alrededor de imperativos morales. La "explicación" pivota entre la imagen arquetípica del enfrentamiento entre el bien y el mal y la coyuntura específica de las disputas entre los agentes de una monarquía decadente y tiránica y los defensores de unas colonias vejadas que ansían encontrar su verdadera libertad. La revolución aparece, entonces, como el lugar de la narración de la virtud republicana y la iniquidad realista, como el escenario de luchas sangrientas entre americanos ilustres y malvados españoles. Así, esta puede ser presentada en términos históricos como un acto de justicia contra el oprobio del despotismo español: "Venezuela después de su revolución, es un Pueblo libre, quando antes de ella era un Pueblo esclavo, y miserable. Están ahora en sus manos todos los resortes de la felicidad, quando antes solo existía para saciar la crueldad, y codicia de los Tiranos" (*El Mercurio Venezolano* n°2, 2/1811, 16-17).

Las discusiones sobre la revolución pronto trascenderán el horizonte de la emancipación americana y se tornarán en debates sobre la manera más expedita de dar forma perdurable a la "nueva existencia política" y sobre los medios y los fines legítimos de esta. Si bien existirá cierto consenso sobre aquello de que el "tiempo de las revoluciones políticas es el más a propósito para las reformas" (*Argos de la Nueva Granada* n° 74, 21/6/1815, 379), los vientos entusiastas de renovación serán rápidamente atemperados y direccionados con cautela. En tiempos de revolución, dirán los editores del *Argos Americano,* los "pueblos como los individuos tienen la insensata manía de querer ser en todo originales", la "manía de querer reformar el mundo" y de considerar "sus votos decisivos, aun en los puntos más arduos de la política" disolviendo, así, toda idea de orden posible (Suplemento 1/4/1811, 127; Suplemento 27/5/1811, 161). En un sentido similar, Nariño dirá desde su periódico *La Bagatela* que "no siempre la mudanza ó innovaciones en el Gobierno son igualmente útiles y oportunas. No es lo mismo estar convencida una nación de la necesidad de reformas que estar segura de los medios de verificarlas". Precisamente, debido a que "todo lo que tienen de ventajoso las revoluciones, tienen de temible", era fundamental prestar atención a los medios para llevarlas a cabo: "el cómo y quando deben hacerse, es la grande e importantísima discusión que debe ocupar á todo Ciudadano en semejantes casos". Para el santafereño, la forma de garantizar toda la eficacia de las revoluciones era alcanzar prontamente el "equilibrio político", garantizar la constitucionalización de sus mandatos, pues una "buena Constitución" "debe ser el fruto de una santa revolución" (*La Bagatela* n°12 22/9/1811, 45-46). La revolución no era un fin en sí misma; era el medio privilegiado para la refundación del orden político sobre nuevos basamentos. Así, la alocución de la carta constitucional venezolana de 1812 afirmaba al nuevo pueblo soberano que el "término de la revolución se acerca: apresuraos á llegar á él por medio de la Constitucion que os ofrecemos, si quereis sumir en la nada los proyectos de nuestros enemigos, y apartar para siempre de nosotros los males que ellos nos han causado" (*Constitución federal para los Estados de Venezuela* 1812, 40).

En cualquier caso, ya en los estertores de las primeras repúblicas, se elaboran toda clase de balances, se perfilan sendas críticas al proceso revolucionario y reemergen con vehemencia las valoraciones negativas del concepto. La revolución se había mostrado incapaz de cumplir sus mandatos de felicidad pública y de establecer un consenso perdurable alrededor de la causa republicana. Según dirá Jorge Tadeo Lozano, primer presidente de Cundinamarca, "nuestros errores deben buscarse en el curso posterior de la revolución" y "son efectos naturales de ella". Se censuran el triunfo del interés particular sobre el interés general, la proliferación de pasiones personales y el desprecio de las virtudes públicas, aspectos todos que no habían implicado otra cosa que la victoria de aquellos que querían una "revolución sin revolución" o "a lo menos dirigir su impulso de modo, que no toque á los desórdenes de que se alimentan" (*El Anteojo de Larga Vista* n°15 1814, 67). Se censuran también la proliferación de soberanías provinciales y la consecuente infinidad de gobiernos regionales, la fragmentación del consenso y la polifonía de la opinión. Según dirá Bolívar, en su famosa *Carta de Jamaica*, "unión es la que nos falta para completar la obra de nuestra regeneración", pues resultaba evidente que "cuando los sucesos no están asegurados, cuando el Estado es débil y cuando las empresas son remotas, todos los hombres vacilan, las opiniones se dividen, las pasiones las agitan y los enemigos las animan para triunfar por este fácil medio" (2009 [1815], 86).

La restauración de Fernando VII en la Península en mayo de 1814 y la llegada del Ejército expedicionario a las costas de la Tierra Firme casi un año después, significarán el fin del ciclo revolucionario y la emergencia de una nueva gramática sobre la revolución. No es casualidad que la *Gazeta de Santafé*, la publicación más importante del gobierno restaurado, prometa a sus lectores, desde sus primeras páginas, la elaboración de un "resumen histórico de las convulsiones pasadas" capaz de explicar los "principios sobre los que se formó la revolución, y la marcha desastrosa que ha seguido". Se trataba, entonces, de "describir los sucesos ocurridos, con este motivo, en el Nuevo Reyno de Granada, y Provincias de Venezuela, durante los seis años que han llamado de transformación política" (*Gazeta de Santafé* nº 1 13/6/1816, 3). Para los realistas, la revolución presentaba una especie de esencia inalterable en todo el continente: la "revolución de América es una en todas las partes en que se ha manifestado: unas sus causas y unos sus fines: los mismos delitos; los mismos malvados", por eso el "virreinato de Buenos Aires presenta las mismas escenas en la sustancia [que las de la Tierra Firme] aunque modificadas en los accidentes" (*Gaceta de Caracas* nº 231 27/1/1819, 1773; nº 233 10/2/1819, 1788). Los "mismos malvados" eran unos mandones incapaces de administrar los destinos de la comunidad política y de sostener con decoro cualquier tipo de autoridad. Los republicanos eran enemigos declarados del buen orden, del "Altar y el Trono", del bien común y la utilidad pública. Se encontraban impelidos por miras particulares y eran títeres de las pasiones más abominables: el odio, la ingratitud, la ambición, la mentira y la venganza. Al mismo tiempo eran dueños de una nueva "ciencia revolucionaria" en esencia contradictoria y que oponía punto por punto las certezas políticas respaldadas por el orden natural y por la historia de tres siglos (Torres y Peña 1960, 112). Según el arzobispo de Santafé, Juan Bautista Sacristán, los revolucionarios eran los "principales causantes de la inversión del orden", "un corto número de hombres ambiciosos", "que con promesas lisongeras, é inventados supuestos, os seduxeron para separaros de la obediencia del Rey, y subordinación á las legitimas autoridades que le representaban" (1816, 2).

Para los realistas, los orígenes de las revoluciones de la Tierra Firme eran múltiples y podían ir desde el levantamiento comunero (1781) y el de Gual y España (1797-1799) hasta la invasión napoleónica y la formación de juntas de gobierno. En cualquier caso, la causa eficiente estaba fuera de discusión: las revoluciones habían sido en lo fundamental obra del filosofismo incrédulo que se había enseñoreado del mundo atlántico y que pronto había anidado en la corte de Madrid y en los círculos virreinales americanos. Los libros y gacetas extranjeros que habían dado forma a la república estadounidense y a la Revolución francesa habían corrompido la fidelidad irrestricta de los vasallos de la Tierra Firme y dado pábulo a una gran "metamorfosis moral" (Valenzuela y Moya 1817, 11-12). Los efectos de las revoluciones serán siempre registrados en la

Fabio Wasserman (comp.)

publicidad monárquica bajo la figura de una constatación evidente: "no se necesitaba mucho para prever estos acontecimientos: bastaba conocer el carácter de la revolución y el de los revolucionarios" (*Gaceta de Caracas* n° 105 4/12/1816, 826). La revolución había implicado la erosión de toda noción de autoridad entre los pueblos, la irrupción de la discordia en el mundo político y la confusión del mundo moral, pues no solo la "sana ilustración" había perdido su imperio en la Tierra Firme, sino que la Iglesia católica como institución, y el catolicismo, como seña de identidad de la monarquía hispánica y como argamasa de la sociedad, se encontraban seriamente amenazados por el filosofismo republicano. La cuidadosa filigrana de jerarquías de la monarquía hispánica había saltado en pedazos y había sido reemplazada por los estragos de las guerras civiles. En definitiva, la revolución, entendida como la impugnación radical del principio monárquico para organizar a la comunidad política y como la proclamación de la independencia absoluta de España, buscaba "romper los lazos de la naturaleza y de la sociedad", "arrojar á la nada" la historia y las tradiciones de tres siglos; "separar los padres de los hijos, y los hermanos de los hermanos"; "destruir el equilibrio que una fuerza moral conservaba entre las diversas razas" y "condenarlo á la anarquía y á su destrucción: abrir, en fin, el abismo" (Díaz en Jonama 1829 [1819], 221, 8).

En cualquier caso, la república comenzó a tomar forma pronto con la sucesión de triunfos bolivarianos. Como era de esperarse, el fin de la restauración monárquica trajo consigo todo tipo de explicaciones sobre el fin del dominio ibérico en la América continental. Los "errores impolíticos" cometidos por el régimen restaurador en la Tierra Firme; las disputas internas entre los realistas sobre cómo llevar a cabo la empresa restauradora y la incapacidad para fijar la opinión pública en favor del gobierno del rey serán algunas de las razones mentadas con más frecuencia. Sin embargo, estas explicaciones resultaban siempre insuficientes, pues se revelaban incapaces de dar cuenta de la impronta fundamental de las revoluciones en la región. Para los contemporáneos, más allá de la supremacía incontestable de las armas rebeldes en los campos de batalla y de la robustez política del proyecto republicano, el éxito de la revolución había radicado en la construcción efectiva de una especie de "nacionalidad americana" en oposición a España y fraguada durante las guerras, y que si bien no prefiguraba la unión colombiana o avalaba necesariamente la existencia de una nación neogranadina o de una nación venezolana, sí había sido fundamental en el devenir de los acontecimientos. Los revolucionarios habían hecho coincidir la noción de patria con el territorio americano hasta tal punto que la causa de la revolución se equiparó con la causa patriótica: los enemigos de la revolución eran enemigos de la patria. Las revoluciones habían sellado el destino común de la América continental y erosionado de manera definitiva la unidad moral de la monarquía hispánica. Según escribió Pablo Morillo a las autoridades metropolitanas en julio de 1820, "es un delirio, á mi entender, persuadirse que esta parte de la América quiera unirse á ese hemisferio", pues la "guerra sostenida en estos países contra el Gobierno español, no ha tenido por objeto mejorar su sistema, ni reclamar los principios liberales que ahora nos dirigen, sino la emancipación y absoluta independencia". Los habitantes de la Tierra Firme "no quieren ser españoles, así lo han dicho altamente desde que proclamaron la independencia, así lo han sostenido sin desmentir jamás su opinión en ninguna circunstancia ni vicisitud de la Península" (Rodríguez Villa 1908, t. 4, 205-208).

La construcción efectiva de regímenes republicanos hizo posible nuevas coordenadas de enunciación para el concepto de *revolución* en la Tierra Firme. La revolución significó para los pueblos colombianos una nueva modalidad de institucionalización política de la sociedad, una transformación radical en la forma de gobierno y en la manera de organizar las relaciones entre el poder político y los nuevos ciudadanos, pero quizá más importante, esta había implicado de manera simultánea la disolución y la refundación efectiva de la sociedad bajo principios completamente inéditos. La revolución se afirmaba siempre contra el orden de cosas y el universo jurídico existentes. Según el periódico bogotano *El Patriota*, "esto es hacer revolución, porque creer que se puede entablar un nuevo orden de cosas con los mismos elementos que se oponen a él, es una quimera" (n°30 1/6/1823, 231). Para el neogranadino Vicente Azuero, la revolución se perfilaba como el momento preciso para restablecer la correspondencia y la semejanza entre la ley humana y la ley trascendente de la naturaleza, siempre negada por el orden hispánico, por eso en la revolución colombiana

> ...se disuelve la sociedad para formar otra nueva, que es puntualmente lo que nos ha sucedido a nosotros. Es menester decirlo: las que se llaman revoluciones, mutaciones de gobierno, no son en realidad otra cosa que la disolución del cuerpo político existente, y la formación

de uno nuevo: la destrucción del antiguo edificio y la reconstrucción de otro con los materiales del primero. (*La Indicación* n° 13, 19/10/1822, 51)

La desaparición de las antiguas lealtades monárquicas y la erosión del universo político hispánico encarnado en la soberanía del rey fueron de la mano de la búsqueda de nuevos fundamentos de legitimidad y de la constitución de una nueva comunidad política ya por fuera definitivamente de la unión con España. El tránsito de un reino de vasallos a una república de ciudadanos virtuosos se estaba operando ante los ojos, ora escépticos ora entusiastas, de los contemporáneos. Se impone pronto una certidumbre imperiosa: "Colombia seguramente es el pueblo americano que en su revolución contra España ha adelantado más" (*El Patriota* n° 30 1/6/1823, 232). El carácter y el espíritu del pueblo colombiano habían sido modelados por la revolución misma. Colombia era en y por la revolución: el "pueblo de Colombia, después de 16 años de revolución, ha sido renovado en su espíritu y va adquiriendo un carácter conforme al sistema de gobierno que desde 1810 se anunció y aun admitió gustosamente por todos los que habían entrado en la revolución" (*La Bandera Tricolor* n° 8 3/9/1826, 31).

Para los contemporáneos, Colombia era la campeona de la libertad en América y gracias a su posición geográfica privilegiada, a sus riquezas naturales y a los talentos de sus hijos, pero sobre todo, gracias a la revolución, se abría a un futuro majestuoso de progresos fulgurantes para ejemplo del mundo ilustrado. No en vano los periódicos colombianos llamaban sin descanso "a trabajar por la estabilidad nacional i porque la república de Colombia siempre grande i siempre distinguida llevando la vanguardia de la revolución en la América meridional no decaiga, i camine al engrandecimiento i gloria á que está llamada" (*Gaceta de Colombia* n° 290 6/5/1826, 4).

Al mismo tiempo, la revolución se convierte rápidamente en el acontecimiento fundador de la patria americana como noción de pertenencia suprema y de la libertad como patrimonio de valores comunes. Los revolucionarios expresarán sus expectativas de refundación social y de discontinuidad radical entre el antiguo régimen y el promisorio futuro republicano aludiendo una y otra vez al estandarte de la libertad. La metáfora será expuesta de manera magistral en 1817 por Juan Germán Roscio en *El triunfo de la libertad sobre el despotismo* y será continuada sin césar en toda la publicidad del periodo. Según dirá el periódico caraqueño *El Argos,* la "revolución actual es la revolución de la América entera contra todos sus opresores; es la revolución de la libertad contra los tiranos. La primera perseguida en Europa se ha refugiado en América y el destino quiere que en ella tenga su mansión. Los segundos han luchado y lucharán por desalojarla, quieren que no tenga Patria; quieren que no exista" (n° 13, 6/9/1825, 2). El *telos* de la revolución estaba fijado de antemano por las leyes divinas, naturales y morales, eternamente válidas y legítimas: la instauración en la Tierra Firme del virtuoso reino de la sociedad republicana. Para *El Venezolano*, por ejemplo,

> ...toda forma de gobierno que no sea popular representativo y re-publicano, no servirá más que para prolongar la revolución de estos países de América; que si han sacudido el yugo de la antigua metrópoli á costa de tanta sangre y de tantos sacrificios, no es por cierto para tolerar en lugar suyo otro despotismo doméstico. (n° 13, 2/9/1822)

No obstante, pronto comienza a parecer evidente que la revolución había garantizado la independencia de España, pero no el imperio de la libertad. La revolución se encontraba incompleta en términos de realizaciones. Sus promesas aún estaban por cumplirse para los pueblos colombianos. Bolívar reconocerá en enero de 1830 que la "independencia es el único bien que hemos adquirido á costa de los demás", al tiempo que expresará cuán incompleta estaba la obra de la revolución:

> ...ardua y difícil es la obra de constituir un pueblo que sale de la opresión por medio de la anarquía y la guerra civil sin estar preparado previamente para recibir la saludable reforma a que aspiraba. Pero las lecciones de la historia, los ejemplos del viejo y nuevo mundo, la experiencia de veinte años de revolución han de serviros como otros tantos fanales colocados en medio de las tinieblas de lo futuro. (*Gaceta de Colombia* n° 449 24/1/1830, 2)

En un sentido similar se expresará el periódico *El Patriota Venezolano*, que consideraba inconclusa la revolución debido a que esta no había conseguido llevar a cabo el "acto tremendo de constituir un pueblo" y de fundar una república de ciudadanos virtuosos, "grandiosa obra" "resultado de profundas meditaciones sobre las circunstancias del país, de repetidos ensayos sobre el carácter de sus habitantes y de un perfecto conocimiento de sus fuertes costumbres" (n° 1 1/10/1830, 1). Resultaba

Fabio Wasserman (comp.)

fundamental, entonces, "entrar en una nueva carrera, la de la libertad" y desterrar de una vez por todas el pasado de la dominación hispánica. Era necesario llevar a cabo la transición de "Colombia antes la Costafirme", "de un país sumido en la más vergonzosa servidumbre colonial, á una nación independiente bajo un sistema republicano" y acabar con el "abismo de errores, nacidos de su ignorancia, de su dependencia anterior y de sus hábitos de tres siglos" (Anónimo 1828, 1, 4,12).

Se impone, entonces, una pregunta acuciante para los contemporáneos. Una vez conseguida la independencia de España y destruida la monarquía hispánica en la Tierra Firme, cuándo dar por terminada la revolución. Si en 1811 esta ya parecía concluida cuando los constituyentes caraqueños proclamaron que el "término de la revolución se acerca", quince años después los publicistas reclamaban todavía su culminación efectiva: "esta es la lucha americana: esta es la revolución emprendida que es necesario concluir. La actual generación se haría indigna de la empresa si dejara extinguir en sus manos, la grande obra de la emancipación, y de su libertad republicana" (*El Constitucional Caraqueño* n° 13 6/9/1825, 2). Si bien los levantamientos que habían seguido a la revolución serán entendidos como coletazos naturales de esta, en la medida en que la transformación de la sociedad había sido tan radical, cada vez serán más las voces que abogan por detener la pluralización sin control de la revolución. De allí que muchos contemporáneos apelen a la naturaleza bifronte del concepto para llamar a las autoridades a efectuar con prontitud los cambios políticos, pero al mismo tiempo para azuzar los espíritus con el fantasma de una revolución permanente si aquellos no se llevaban a cabo en la dirección correcta. Francisco Javier Yanes y Tomás Lander plantearán la "cuestión revolucionaria" con claridad meridiana. Con las revoluciones, la "cuestión, pues, queda reducida á inquirir si la opinión publica tendrá bastante ascendiente para no dar lugar á nuevos disturbios revolucionarios que pudieran emprenderse con objetos en la apariencia loables", "de esta cuestión, que es lo mismo que preguntar si la revolución está concluida, depende el destino de la generación actual y de las futuras" (*El Constitucional Caraqueño* n° 8 8/11/1824, 3).

Era necesario, así, clausurar la revolución para poder superar el precario equilibrio entre las leyes heredados del acontecimiento revolucionario y las costumbres de los pueblos colombianos. Según afirmó *El Fósforo de Popayán* "lo que el pueblo desea en el día es la tranquilidad: lo que quiere es que la libertad reemplace al fin la revolución" (n° 1

28/1/1823, 1). Todavía en 1828, Bolívar escribirá a José Antonio Páez sobre la necesidad de preparar la opinión pública por medio de "escritos públicos llenos de razón y de calor, a fin de que se conozca la necesidad que tenemos de poner un término a una revolución tan larga, tan complicada y tan desastrosa" (Bolívar 2009, 325).

Precisamente, el levantamiento de Páez en Venezuela en abril de 1826, conocido como la Cosiata, y los continuos desafíos a la arquitectura constitucional forjada en Cúcuta, no harán sino alimentar los reclamos de aquellos que piden el cierre de la revolución, al tiempo que proliferan los significados negativos del concepto asociados con el problema de las facciones, el espíritu de partido, el riesgo de la disolución y de la guerra civil. Para el círculo santanderista, la "revolución de Venezuela" solo podía significar para Colombia el imperio del caos sempiterno y de la guerra fratricida porque, como ya lo demostraban los recientes levantamientos en Quito y Guayaquil, a partir de ahora cualquiera sin razón aparente podría impugnar la legitimidad constitucional y levantarse en armas contra el gobierno legítimo. Por su parte, Páez defenderá este movimiento como una actualización del patriotismo y del amor a la libertad propios de la revolución de abril de 1810, como obra de la filosofía y las luces. El movimiento empezado en Valencia no se trataba de una "insurrección á mano armada" motivada por el desorden de las pasiones y el espíritu de discordia. Por el contrario, buscaba forzar el cambio político y tener efectos perdurables en la sociedad colombiana. La "propia conservación", como "suprema ley", había dictado la revolución, pues los "pueblos estaban afligidos por la mala administración, y anhelaban por el remedio de sus males". El acontecimiento revolucionario había sido espontáneo y lo había envuelto a él mismo "como á una débil paja [en] las impetuosas ráfagas de un huracán" y "como [a] un cuerpo inerte que sobrenada en la superficie de un océano tempestuoso". Páez simplemente había sido el instrumento del torrente irresistible de la revolución que hacía vacilar el "entendimiento entre la obediencia que debe á las leyes y á los principios establecidos y el temor de que puedan resultar grandes males si el pueblo toma sobre sí la responsabilidad del acto" (Páez 1871, 334-344).

La "revolución de Venezuela" no hará otra cosa que poner sobre la mesa la irremediable opacidad del concepto y los múltiples juegos políticos que este permite. La revolución, invocada por todos los sectores en pugna, era un estandarte que permitía, al mismo tiempo, cubrir con su manto de legitimidad las propias ideas y socavar las demandas contrarias: "en revolución no puede haber mas que dos partidos, el que la ataca y el que la defiende" (*El Patriota* n° 13 26/1/1823, 3). La cuestión de quiénes eran los verdaderos intérpretes de la revolución y de su legitimidad variable de acuerdo con las aspiraciones del grupo que la capitanea o que la enfrenta atraviesan la publicidad del periodo. Los afectos al círculo santanderista se esforzarán por demostrar cómo "se deprime con desesperación frenética al Congreso nacional, y se le ultraja, apellidandolo instrumento servil y ciego de una facción, y establecedor de la revolución por actos lejislativos; y á los representantes se les dice anarquistas e impudentes" (*Gran Círculo Istmeño* n° 18 6/11/1827, 2); mientras que la prensa venezolana presentará la revolución de Páez como la disolución definitiva de los vínculos que reunían a los colombianos en sociedad y la ocasión para el renacimiento de Venezuela como un nuevo estado "libre e independiente", siempre republicano y "separado de Bogotá desconociendo al mismo tiempo la autoridad del jeneral Bolívar" (*El Fanal* n° 1 24/12/1829, 1-4).

Así las cosas, la revolución –esta que se escribe casi siempre con mayúscula– solamente triunfa en 1832, con la sanción definitiva de las respectivas constituciones de Venezuela y Nueva Granada. En retrospectiva, para los contemporáneos, los movimientos ocurridos en 1810, 1819 y 1826 habían sido pasos fundamentales para la consecución de la libertad, pero no habían desembocado en transformaciones tan definitivas como las más recientemente ocurridas. La revolución termina por medio de la sanción constitucional del nuevo orden y la salvaguarda de las conquistas que garantiza. La revolución triunfa porque la emancipación de España, el rechazo del principio monárquico y la república fundada en la soberanía del pueblo se convirtieron definitivamente en el espacio natural de la política en la Tierra Firme. Según afirmará la relanzada *Sociedad Republicana de Venezuela* en 1830, la "Constitucion está hecha, y la revolucion ha terminado ya", "hoy comienza para vosotros y para Venezuela una nueva crónica de prosperidad y de gloria. La Constitucion está sancionada, y nuestra redencion física y moral está hecha" (1830, 7 y 14). Por su parte, la Constitución neogranadina, además de reivindicarse como la obra más acabada de la revolución, mandaba un alto a las revoluciones y entregaba los destinos de la nueva comunidad política al tiempo, para que trenzara con acierto los destinos de los neogranadinos:

...esperad que el tiempo desarrolle el bien i que remedie el mal. En los negocios humanos, la mayor parte de todas las desgracias consiste en no querer soportar ninguna, i pretender avanzar rápidamente hacia la perfección ó la felicidad. Dejad que el tiempo descubra los errores, i permitid que la prudencia los corrija. (*Constitucion del estado de la Nueva Granada* 1832, VII y VIII).

El tiempo, supremo árbitro de la política, era el encargado de cerrar el telón de las revoluciones de la Tierra Firme, de convertir la tierra de la revolución en la tierra prometida de la libertad. Según afirmará el general panameño José Domingo Espinar en una feroz defensa escrita en 1851 para contrariar las voces que lo acusaban de liderar una "revolución de castas" dos décadas atrás:

¡Fui alguna vez conspirador, revolucionario…! ¿Quién no lo ha sido habiendo militado en la guerra de independencia? [Pero] no lo serán con razón los que nazcan después de cimentada la República sobre las eternas bases de *comunidad de derechos, intereses i opiniones de cuantas personas asienten el pie sobre el suelo de la patria.* (1851, 16)

— **Reflexiones finales** —

Las diferentes controversias políticas alrededor del término *revolución* durante el arco temporal analizado dan cuenta de su transformación en concepto sociopolítico fundamental en la región grancolombiana. La historia de este concepto no es la historia de una evolución lineal de tipos ideales de *revolución*, de una seguidilla de ideas, teorías y prácticas específicas tendientes a realizarla o conjurarla. Por el contrario, es la historia de una cohabitación dinámica y conflictiva de significados, imágenes y discursos sobre esta. En todos los casos analizados, la revolución permitió la afirmación de determinados órdenes políticos y simbólicos, el quiebre de las percepciones del mundo y las representaciones políticas hasta entonces consideradas legítimas y funcionó como una forma de imaginar las relaciones entre los sujetos políticos y el poder estatal. En este sentido, los usos del concepto de *revolución* se constituyen en índice y factor de las diversas alternativas de recomposición de la comunidad política durante el periodo examinado. Si bien la revolución salta a la palestra pública de manera definitiva una vez proclamada la soberanía del pueblo, su naturaleza no conseguirá ser objeto de consenso definitivo ni de prácticas claramente asumidas en el nuevo orden político, aunque como principio de legitimidad será ya incuestionable.

El concepto de *revolución* estará llamado a tener larga vida en la Tierra Firme animado ahora por la dinámica partidista. Para los contemporáneos, una vez disuelta la unión colombiana, la revolución, ese movimiento estructural e impetuoso que excedía las voluntades humanas, ya dominaba la historia, se actualizaba en un sinnúmero de presentes y comprometía el futuro sin marcha atrás. Los pueblos de todo el mundo habían cambiado dramáticamente, como nunca antes, gracias a las revoluciones. La historia reciente solamente era inteligible a partir de sus ideas y realizaciones. La revolución será imaginada como un movimiento universal, capaz de echar por tierra el despotismo de los reyes y asegurar la felicidad de los pueblos con las ideas de soberanía popular y de gobierno representativo. Sin embargo, para algunos contemporáneos, la revolución no debía jugar todas sus esperanzas únicamente en el cambio de régimen político. La meta final de la revolución debía trascender la esfera del gobierno humano, pues toda su potencia respondía a una necesidad natural inaplazable: la instauración de la civilización en el mundo, el avance moral y material de la humanidad. Las vastas transformaciones acaecidas en el mundo con las revoluciones formaban parte de un único proceso civilizatorio y eran la expresión del progreso regulado por leyes superiores y de un orden moral análogo al orden natural. No es casualidad que el Secretario del Interior de Venezuela, Miguel Peña, señale en 1830 que su primer objetivo era enrutar a los venezolanos en la carrera por la civilización, pues el "estado en que se encuentran los principales ramos de la administración interior demuestra cuan poco ha adelantado Venezuela en la civilización después de veinte años de revolución y ocho de una administración colocada fuera de su centro: todo está casi en embrión" (1830, 32). Ya en agosto de 1848, el liberal Manuel Ancízar graduaba como un verdadero axioma político aquello de que las "revoluciones políticas no son acontecimientos casuales: son medios concedidos al jénero humano para satisfacer sus necesidades de progreso i de civilizacion" (*El Neogranadino* n° 1 4/8/1848, 1-3).

Sin embargo, si la "civilización moderna [estaba] fundada sobre la libertad", resultaba menester reconocer que las repúblicas americanas aún debían "realizar brevemente todos los principios de la libertad sobre los hombres i las cosas, so pena de quedar rezagadas en la rápida carrera de civilización que lleva el mundo" (*El Neogranadino* nº 1 4/8/1848, 1-3; nº 39 28/4/1849, 130). Para algunos contemporáneos, la civilización aparecía como una empresa de difícil realización en la Tierra Firme debido a los limitados efectos sociales de las revoluciones de principios de siglo. No debe sorprender, entonces, que las demandas para que la revolución de independencia desemboque en una verdadera revolución social y económica se multipliquen con el pasar del tiempo. Para el periódico bogotano *La Bandera Nacional*, por ejemplo, la revolución debía ser más que un cambio de gobierno en favor de los criollos y debía significar el comienzo de un proceso de transformaciones sustanciales en las sociedades de la Tierra Firme, pues a estas alturas resultaba evidente que "en las revoluciones políticas los pueblos ordinariamente mudan de señores, sin mudar de condición" (nº 11 31/12/1837, 44). Según dirá el caraqueño Simón Rodríguez, la república, la comunidad política perfecta, se encontraba "establecida, pero no fundada" en la Tierra Firme: "hágase algo por unos pobres pueblos que después de haber costeado con sus personas y bienes... ó como ovejas, con su carne y su lana... la Independencia, han venido a ser menos libres que antes" (*El Neogranadino* nº 39 28/4/1849, 131). Así, para cerrar el círculo revolucionario era necesaria una segunda revolución, pues resultaba innegable que "si los americanos quieren que la revolución política, que el peso de las cosas ha hecho y que las circunstancias han protegido, les traiga verdaderos bienes, hagan una revolución económica y empiécenla por los campos" (*El Neogranadino* nº 40 5/5/1849, 139).

Sin embargo, esta revolución social y económica, que era vista con esperanza por algunos y con recelo por tantos otros, será a menudo postergada en nombre de los temores que despertaban sus progresos impredecibles. Las razones no eran otras que el carácter inconstante y voluble del pueblo, ese pueblo que, más allá de ser el fundamento de la soberanía, habitaba un territorio inmenso apenas poblado y poco conocido, y se caracterizaba por una extraordinaria heterogeneidad racial y por la existencia de clases diversas dominadas por intereses contradictorios. A la hora de hablar de revolución, entonces, se impondrá con frecuencia la figura del "mal menor" o del "mal necesario" para afrontar la injusticia, conseguir la anhelada igualdad o proteger los bienes superiores de la comunidad política. La ambivalencia seguirá modelando desde adentro las reflexiones sobre las revoluciones a lo largo del siglo:

¡Lejos de nosotros el indicar las conmociones populares para resistir á mandatos injustos! No: la insurreccion es un mal necesario solamente cuando empleados los demás remedios de la reclamación, de las peticiones, de la imprenta, no le queda al pueblo otro partido que elegir entre sufrir en silencio la opresion, ó levantar su frente en masa para hacerse justicia. (*El Defensor de las Libertades Colombianas* n°12 21/10/1827, 49)

La Tierra Firme se abrirá, así, irremediablemente a los vaivenes de las revoluciones políticas. La radical irrupción de la temporalidad en el discurso político auspiciado por la revolución significará el reconocimiento abierto de que el orden político ya no se realiza más sino por la propia voluntad de sus miembros. Los republicanos, arrojados ahora al mundo incierto de la política, habían descubierto el pecado de la revolución, la precariedad de todo arreglo político. La revolución había inaugurado un nuevo momento y una nueva manera de entender la política en la Tierra Firme, al tiempo que también había dado lugar a fuerzas y conflictos que atentaban contra sus propias ideas y realizaciones: "una revolucion por la mañana anuncia otra para el mediodía, y esta una tercera para la noche; pasan los años en tan dolorosa sucesión: desaparecen las generaciones enteras, y el Orizonte cada día es mas negro" (*El Venezolano* n° 5 20/11/1831, 39). La espiral sin fin de la revolución era el pecado original de la Tierra Firme, la marca indeleble de la tierra de la libertad, "sin que por esto se lejitime i justifique ella, como tampoco se santifica el primer pecado de inobediencia del padre comun de los hombres".

Al igual que el pecado de Adán y Eva, la revolución era absolutamente necesaria: se necesitaba la caída para garantizar la redención de los pueblos, se necesitaba la muerte del cuerpo político para renacer en la luz de la libertad, se necesitaba la esclavitud de los vasallos para la poner en marcha la regeneración moral de los nuevos ciudadanos. Sin embargo, al igual que el *felix peccatum,* la revolución tenía como resultado la liberación de las pasiones humanas más temibles y el desvanecimiento de la razón en las tinieblas de la opinión. El pueblo elegido de la Tierra Firme, "pueblo nuestro primojénito en la carrera de la libertad", había ya recibido el bautizo de fuego: "*¡Ó felix peccatum!* ó feliz revolución" (*El Defensor de las Libertades Colombianas*, n° 13 28/10/1827, 50-51).

— Bibliografía —

Anónimo (1828), *Colombia en 1828 o lo que deberá ser Colombia en 1828,* Bogotá.

Baralt, R.M. y Díaz, R. (1841), *Resumen de la Historia de Venezuela,* 2 t. París.

Bolívar, S. (2009), *Doctrina del Libertador,* Caracas.

Caballero y Góngora, A. (1782), *Edicto para manifestar al público el indulto general, concedido por nuestro cathólico monarca el señor don Carlos III,* Santafé de Bogotá.

Caldas, F.J. (1978), *Cartas de Caldas,* Bogotá.

Calderón, M.T. y Thibaud, C. (2010), *La majestad de los pueblos en la Nueva Granada y Venezuela, 1780-1832,* Bogotá.

Carrera Damas, G. (1971), *La crisis de la sociedad colonial venezolana,* Caracas.

Colmenares, G. (1986), *Las convenciones contra la cultura: ensayos sobre historiografía hispanoamericana del siglo XIX,* Bogotá.

Constitución federal para los Estados de Venezuela (1812), Caracas.

Constitucion del estado de la Nueva Granada dada por la Convención Constituyente en el año de 1832 (1832), Cartagena.

Díaz, J.D. (1829), *Recuerdos sobre la rebelión de Caracas.* Madrid.

Espinar, J.D. (1851), *Resumen histórico que hace el General José Domingo Espinar, de los acontecimientos políticos ocurridos en Panamá, en el año de 1830, apellidados ahora revolución de castas, por el Gobernador, señor José de Obaldía,* Panamá.

Fernández Sebastián, J. (dir.) (2009), *Diccionario político y social del mundo iberoamericano. La era de las revoluciones, 1750-1850,* v.1. Madrid.

Fernández Sebastián, J. (dir.) (2014), *Diccionario político y social del mundo iberoamericano. Conceptos políticos fundamentales, 1770-1870,* v.2. Madrid.

Fernández Sebastián, J. y Fuentes, J.F. (2002) (dirs.), *Diccionario político y social del siglo XIX español,* Madrid.

Finestrad, J. de (2000), *El vasallo instruido en el estado del Nuevo Reino de Granada y en sus respectivas obligaciones,* Bogotá.

Furet, F. (1980), *Pensar la Revolución francesa,* Barcelona.

Garrido, M. (1993), *Reclamos y representaciones: variaciones sobre la política en el Nuevo Reino de Granada, 1770-1815,* Bogotá.

Goldman, N. (ed.) (2008), *Lenguaje y revolución. Conceptos políticos clave en el Río de la Plata, 1780-1850,* Buenos Aires.

Heredia, J.F. (1916), *Memorias del Regente Heredia,* Madrid.

Izard Llorens, M. (1979), *El miedo a la revolución. La lucha por la libertad en Venezuela 1777-1830,* Madrid.

Jonama, S. (1829), *Cartas al Sr. Abate de Pradt, por un indígena de la América del Sur,* Madrid (Caracas, 1819).

Koselleck, R. (1993), *Futuro pasado. Para una semántica de los tiempos históricos,* Barcelona.

Koselleck, R. (2004), *historia/Historia,* Madrid.

Koselleck, R. (2012), *Historias de conceptos. Estudios sobre semántica y pragmática del lenguaje político y social,* Madrid.

Miranda, F. de (1982), *América espera,* Caracas.

Páez, J.A. (1871), *Autobiografía del general José Antonio Páez,* New York.

Palti, E. (2007), *El tiempo de la política. El siglo XIX reconsiderado,* Buenos Aires.

Peña, M. *et al.* (1830), *Acta de instalación del Congreso Constituyente de Venezuela. Mensage del jefe civil y militar al Congreso Constituyen-*

Fabio Wasserman (comp.)

te; contestación y memorias de los secretarios del ministerio, Valencia.

Real Academia Española (1780), *Diccionario de la lengua castellana compuesto por la Real Academia Española, reducido a un tomo para su más fácil uso*, Madrid.

Restrepo, J.M. (1827), *Historia de la Revolución de la República de Colombia en la América meridional*, 10 t. París.

Rodríguez Villa, A. (comp.) (1908), *El teniente general don Pablo Morillo, primer conde de Cartagena, marqués de La Puerta*, 4 t., Madrid.

Roscio, J.G. (1996), *El triunfo de la libertad sobre el despotismo*, Caracas.

Sacristán, J.B. (1816), *El Arzobispo de Santafé á sus diocesanos*, Cartagena de Indias.

Sociedad Republicana de Venezuela (1830), *El triunfo de la Constitución celebrado en Caracas el miércoles 11 de noviembre de 1830*, Caracas.

Straka, T. (2009), "La república revolucionaria. La idea de revolución en el pensamiento político venezolano del siglo XIX", *Politeia* 32 (43), pp. 165-190.

Thibaud, C. (2003), *Repúblicas en armas: los ejércitos Bolivarianos en la guerra de independencia en Colombia y Venezuela*, Bogotá.

Torres y Peña, J.A. (1960), *Memorias del presbítero José Antonio Torres y Peña*, Bogotá.

Valenzuela y Moya, N. (1817), *Oracion congratulatoria y parenetica pronunciada el día 1 de Septiembre de 1816 en la parroquia de la ciudad de Neyba*, Santafé de Bogotá.

Vanegas Useche, I. (2013), *La Revolución Neogranadina*, Bogotá.

Wasserman, F. (2009), *Entre Clío y la Polis. Conocimiento histórico y representaciones del pasado en el Río de la Plata (1830-1860)*, Buenos Aires.

Zermeño Padilla, G. (ed.) (2014), *Revolución*, en J. Fernández Sebastián (dir.) *Diccionario Político…*, v. II t. 9, *op. cit.*

Capítulo IX

La revolución en México
vista desde la historia conceptual[1]

Guillermo Zermeño

El Colegio de México

Sé escriba: te salva del cansancio y te protege de todos los trabajos. Te mantiene lejos del azadón y de la pala, y te evita tener que cargar un cesto. Te mantiene alejado del remo y te preserva de muchos tormentos, porque no está bajo una multitud de amos ni te mandan numerosos jefes. Sé escriba.

Fragmento de un poema egipcio de hace 3300 años.

A partir de la distinción entre *lengua* (sistema de pertenencia general) y *habla* (sistema particular) (Coseriu 1952 y 1990) intentamos mostrar los usos particulares del término *revolución*, concebido como un esquema general que dota de un sentido específico a una multiplicidad de apariciones del vocablo en los impresos difundidos en México entre 1780 y 1950. Pero hay que añadir además que entre la *lengua* y las *locuciones* particulares existen instituciones normativas socialmente establecidas. Así, no cualquier palabra o vocablo consigue alcanzar un nivel suficiente de generalización. Su transformación en un *concepto guía*, como el caso de *revolución*, es parte del repertorio lingüístico básico propio del vocabulario político y social fabricado durante el siglo XIX y que se prolonga a lo largo del siglo XX. Se trata, por eso, de un concepto entendido como un esquema de acción social que da impulso y da marco a la vez a la formación de un tipo de experiencia histórica.

---

1   Este ensayo está en deuda con colegas y amigos que participaron en el proyecto de Iberconceptos en torno al concepto *revolución*. En particular mis agradecimientos a Cristóbal Aljovín de Losada, Izaskun Álvarez Cuartero, Lúcia Maria Bastos Pereira y Ghilherme Pereira das Neves, José Antonio Fernández Molina, Juan Francisco Fuentes, Ana Frega, Daniel Gutiérrez Ardila y Arnovy Fajardo Barragán, Fátima Sá e Melo Ferreira, Alejandro San Francisco, Ezio Serrano Páez y Fabio Wasserman. Para la Revolución mexicana mi reconocimiento al trabajo de Alejandra Romo.

Una de las premisas metodológicas de la historia conceptual es el *dictum* de que no hay mundo sin lenguaje; pero tampoco lenguaje sin mundo. Por eso el habla sirve no sólo para describir el mundo, sino para darle forma. Así, a propósito del concepto *revolución*, en este ensayo se sostiene que en cierto modo el historiador no es más que una suerte de "escriba" (Abad Faciolince 2002, 168-169). Un "escriba" que en nuestra modernidad científica y desde la historia conceptual articula sus discursos a partir de tres tipos de lenguaje: el del pasado o propio de las fuentes, el del presente o propio del historiador, y otro de carácter metahistórico que no proviene directamente de las fuentes del historiador, aunque más tarde, tras su uso, pueda convertirse igualmente en una categoría histórica sujeta a cuestionamiento (Bödeker 2009, 131-168). Mientras los dos primeros son inmanentes a la historia (están en los acervos y en los modos como el historiador los cuestiona y los inscribe en formas gramaticales y sintácticas propias del presente), los últimos pertenecen al arsenal de la "teoría" o arte de "elevarse", para no perderse entre los árboles, en su inmediatez, y así contemplar el conjunto al que pertenecen (Gadamer 1993, 23-43).

Como veremos, la historia del concepto *revolución* es propia de nuestras modernidades nacionalistas y está ligado al de violencia sistémica. Pero asimismo forma parte de una reserva lingüística, similar a la de otros conceptos como *constitución*, *soberanía* o *independencia*, concebidos como procesos abiertos siempre en construcción y en cuyo nombre se realizan actos y se toman decisiones. En nombre de la *revolución* se hacen revoluciones, se expiden manifiestos, se hacen pronunciamientos, se dan golpes de estado, todos vocativos movilizadores de la acción social y militar, siempre enmarcados por el signo de la confrontación y del conflicto.

— Girando alrededor de la *Revolución francesa* —

Así, con base en una indagación de las locuciones aparecidas, fundamentalmente en la prensa del periodo 1780-1870, se puede seguir la emergencia y evolución del vocablo *revolución* transformado en un concepto rector a la sombra de un acontecimiento fundador: la Revolución francesa. A partir de este referente pueden entrar en juego otros acontecimientos revolucionarios, pasados o futuros. Por eso, constituido como referente sustancial, el vocablo sigue una trayectoria polivalente y sinuosa, hasta coadyuvar a la construcción de las nuevas entidades sociopolíticas o naciones-estados modernos que conocemos.

No está claro que las conspiraciones o levantamientos antes de 1789 en diversos lugares de Iberoamérica contengan los elementos consignados alrededor de la Revolución francesa. Podría darse el caso más bien de que sus referencias apunten a la variable de la revolución angloamericana. Así, por ejemplo a fines de 1799, Francisco Miranda desde Londres hablaba tanto de la Revolución americana como de la francesa. Y sugería a su interlocutor que esta parte del continente americano debería imitar "discretamente la primera" y evitar "los fatales efectos de la segunda" (Lynch 1991, 37). Estos dos modelos de revolución funcionarán negativa o positivamente como referentes para desarrollar versiones autóctonas del uso del término *revolución*, y así no quedarse fuera de uno de los signos conceptuales que marcan la época. Incluso, como fue advertido desde hace tiempo, la solicitud o exigencia de equidad en las tomas de decisión políticas al momento de la crisis de 1808 de la monarquía hispánica, hizo intervenir una tercera variante inspirada en la teología del jesuita Francisco Suárez (1548-1617), no coincidente del todo con las tipologías en las que se fundan la francesa y la angloamericana. Suárez en *De legibus ac Deo legislatore* argumenta que antes que el derecho divino de los reyes está la delegación, mediante un pacto directo, del poder de Dios en el pueblo o sociedad civil (Bushnell 1991, 84).

La Revolución francesa cubre con sus noticias la prensa periódica de la última década del siglo XVIII, y sus efectos son evidentes de manera diferente en los mundos lusoportugués e hispanoamericano. Aunque llama la atención de que sea en la *Gaceta de Lisboa* donde se da cuenta muy pronto de la toma de la Bastilla considerada como un acontecimiento que irrumpió de modo sorprendente e inesperado, al hablar ya de "la famosa revolución de Paris". En cambio, en el mundo hispanoamericano, en general, se lucha por evitar que la información circule, aunque no siempre con éxito. Más adelante, en ambas esferas culturales, la "sorprendente revolución" se convertirá en la "temible revolución", con el ascenso de los jacobinos al poder, la proclamación de la república y la ejecución de Luis XVI en enero de 1793. Para entonces el sintagma Revolución francesa se ha cargado de connotaciones negativas "al asociarse al regicidio, el terror y la guillotina" (Fuentes 2014, 140). En ese contexto aparece en portugués y en español la obra del jesuita secularizado, el abate Barruel, en la que se consigna la triple amenaza de la Revolución francesa: conspiración contra el altar (papado), el trono (la monarquía) y la sociedad civil (el pueblo). Es el tema del día y preocupa enormemente. Se teme sobre todo la combinación de dos pares de términos contradictorios: libertad y terror; justicia y persecución. Sobre esta antinomia, las perspectivas "revolucionarias" podían variar según el lugar ocupado dentro del ajedrez político del Imperio español.

Es interesante observar que durante el periodo previo a las independencias, *revolución* es codificada a partir del lenguaje médico: se teme que su "contagio" la expanda, y por eso se toman medidas precautorias como si se tratara de una epidemia. Esta semántica reaparecerá durante el periodo nacional cuando, conforme avance el siglo, los analistas hablen de las revoluciones convertidas en una enfermedad endémica, frente a la cual no acaba de encontrarse el remedio o el antídoto para su cura.

Como se ve, las palabras y sintagmas utilizados movilizan también los afectos. No sólo estimulan el cálculo racional, impregnan también los sentimientos. Generan esperanzas o desesperanza, confianza o temor. *Revolución francesa* genera sobre todo temores, ya que lleva consigo la amenaza de disolución de las autoridades tradicionales. Así, *revolución*, en su acepción como revuelta o tumulto, permite que los afectados tracen un límite para deslindarse y no confundirse. Pero no pueden evitar asimismo salir del círculo envolvente de estar en tiempos de "revolución".

Para el caso mexicano, el vocablo *revolución* apareció primeramente en la prensa novohispana durante la década de 1780 relacionado fundamentalmente con la astronomía. El término designa el movimiento y duración que tarda la tierra en efectuar su rotación sobre sí misma, lo cual presupone una estructura y un funcionamiento estable, regular y giratorio. Sin embargo, políticamente el término ya era utilizado también para designar un tumulto o una revuelta sin que estos levantamientos o amotinamientos fueran concebidos como una alteración sustancial del orden establecido. Esta doble acepción domina todavía en dos de los diccionarios más usados, el de Covarrubias de 1611 y el de Terreros y Pando de 1788. De hecho, en la capital del virreinato, los acontecimientos de París de 1789 son concebidos al principio como una revuelta más. Pero pronto surge la sospecha de que se trata de otra cosa, de una "revolución" que implica un cambio de "sistema". Por eso la pregunta de esta indagación es cuándo propiamente se trasladó el término "revolución" de la astronomía para describir lo contrario: desorden o alteración de la regularidad de un ciclo o sistema.

En un principio, desde los ministerios civiles y religiosos de la Monarquía se ordenó regular y dosificar la información que circulaba sobre los eventos de París, pero sin poder impedir que esas mismas órdenes llevaran inscritas las informaciones que pretendían ocultar o soslayar. Así, en las órdenes reales de julio y agosto de 1792 se decretó que todos los impresos y objetos generales que trataran "de las revoluciones" se remitieran al Ministro de Estado. Se sabe también que el 6 de agosto de 1790 se puso preso en la ciudad de México a un francés que portaba un chaleco figurando en su centro un caballo a galope tendido "con el mote *liberté*", tratando con ello de evitar que se introdujeran en el reino toda clase de objetos "relativos a las turbulencias de Francia". También es sabido que desde enero de 1790 el Santo Oficio de la capital novohispana perseguía a quien poseyera o distribuyera "papeles" relativos a la "revolución en Francia". Hubo alguien que delató un manuscrito con "noticias de las revoluciones de Paris, parte en castellano y parte en francés", o papeles con "principios y máximas de la filosofía anticristiana". Las noticias provenían de cartas enviadas a Esteban Morel por su hermano desde Paris. En una se decía que "la revolución que se preparaba" sería 'quizá la mas importante que haya estremecido al globo, por las consecuencias que se puede pensar que traerá consigo" (Torres Puga 2008, 358 y 364).

No obstante, solamente hasta el año 1792 alcanzó la magnitud y el peso que marcará el porvenir. Un año en el que la intensidad del término *revolución* irá en aumento conforme la autoridad de la cabeza de la monarquía vaya decreciendo. Existe documentación de 1793 posterior a la decapitación de Luis XVI, en la que se habla ya de "los franceses y su Revolución", de sus correrías en Italia y de las campañas en Prusia y Austria. Posiblemente para 1794 circula ya la denominación "Revolución francesa" como un hecho consumado, junto con las reacciones en contra.

Es hasta 1793 cuando el órgano oficial de la capital, *La Gazeta de México*, comenzó a divulgar las informaciones relativas a "revoluciones" que estaban ocurriendo en ciudades como Ginebra o Frankfurt. En general se trata de relaciones detalladas que intentan aproximar la voz "íntima" de los protagonistas a los lectores. A partir de entonces parece como si los lectores estuvieran siguiendo una novela viva, con sus héroes y antihéroes en acción. Se quiere hacerlos copartícipes de los sucesos que ocurren en los tribunales de la revolución o en los campos de batalla políticos y militares. Se trata de una suerte de anales de la Revolución francesa. Se informa, por ejemplo, que un general, antes adicto a la revolución, fue guillotinado en la Plaza de la Revolución por una de las facciones revolucionarias y que muchos llorarían su muerte siendo ya demasiado tarde. La narrativa se va extendiendo y va dejando paso a nuevas nominaciones para los espacios públicos como la Plaza de la Revolución; asimismo se va estableciendo una nueva relación con el tiempo a través de un novedoso calendario cifrado alrededor de la simbología revolucionaria.

Para 1794 (año de los tribunales revolucionarios y de la guillotina) se menciona que en los anales de la historia nunca antes se habían dado actos propios del peor de los despotismos. Esto va teniendo lugar en medio de las purgas internas de las facciones revolucionarias. No hay mes en el que no se lean hechos de sangre. Entre los guillotinados se ven desfilar tanto a miembros de la nobleza como a convencidos revolucionarios. En marzo de 1794 se lee que durante la sesión de la Convención Nacional del 28 de septiembre de 1793, se decretó que toda la Francia se mantendría "en estado de revolución" hasta que los demás Estados reconocieran "su independencia." Se informa también que se

> ...ha hecho otra ley para que se prenda á toda la gente sospechosa, declarando por tal a cuantos por su conducta o por sus relaciones, sus palabras o sus escritos, den indicios de ser partidarios de la tiranía, del federalismo, y enemigos de la libertad: a los que no pudieran justificar en las formas prevenidas por sus medios de existir y el cumplimiento de sus obligaciones cívicas: a los que no hayan podido obtener certificaciones de civismo: a los que hayan sido privados o suspendidos de sus empleos; y á los Nobles, o los que pertenecen á esta clase por parentesco y que no hubieran manifestado constantemente su afecto á la revolución. (*Gazeta de México*, 29/3/1794)

En 1794 también apareció en la prensa el término "contrarevolucionario". En forma análoga a la química, también en la política se observaba que a una acción le correspondía una reacción (Starobinski 2001, 353-379). Condorcet había establecido esta contraposición al disertar sobre el sentido de la palabra "revolucionario" en 1793 (Ricciardi 2003, 92). En ese sentido se puede afirmar que para entonces la *revolución* se había constituido en un campo semántico nuevo. Ahí se encuentra un cierto cierre conceptual del sintagma *Revolución francesa*, sobre todo cuando comiencen a aparecer obras que se preguntan por las causas de la hecatombe parisina. Entre 1794 y 1805 aparecen avisos en la prensa periódica para lectores interesados en adquirir libros relativos a la "revolución francesa". En particular se recomienda la *Historia del Clero en el tiempo de la revolución francesa* del Jesuita Augustin Barruel que esos años tuvo varias reimpresiones.

Para entonces "Revolución francesa" ya designa un "cambio de sistema", y su uso se expande para designar transformaciones en otros campos, como la medicina o la economía política, pero también en la historia, y para describir conmociones sociales en lugares como Polonia o Turquía. La *revolución* se erige asimismo en tribunal supremo de las conductas, profesiones y riquezas anteriores y posteriores "a la revolución". Simultáneamente se leen voces "antirrevolucionarias" en defensa del "pueblo".

Hasta aquí se observa que la referencia a la *revolución* arrastra consigo otros términos como el de *independencia, república, civismo, libertad, pueblo*. No obstante, la forma como se transmite la información en Nueva España es todavía la de quien observa un fenómeno ajeno. La Revolución es algo que les pasa a los franceses, aunque eso también podría sucederle a la monarquía al otro lado de los Pirineos. Desde la óptica del órgano oficial en la ciudad de México se adjetiva a la revolución en Francia como "infeliz", sobre todo por el grado de violencia psicológica y material que ha implicado en la población. Hacia 1806 se advierte un reflujo de la gran "revolución". Se nota en la mutación del "calendario" revolucionario porque dificulta la sincronización de los tiempos para llevar adelante los intercambios comerciales entre las naciones. En ese contexto, no obstante su descrédito, el término se propaga.

— La crisis de 1808 y sus efectos semánticos en Nueva España —

El año de 1808 es clave en muchos sentidos porque traza una línea temporal entre un antes y un después en cuanto al uso del término *revolución*. Hay hechos incuestionables que tienen lugar en la capital del imperio: el motín de Aranjuez, la abdicación del rey, la guerra de resistencia contra el invasor francés. En tiempos de revolución, sinónimo de "desorden", el punto está en observar cómo se reelabora el término. Debido a la carga semántica negativa que posee la temible Revolución francesa, el intento consistirá en no confundirse con ella. España y Portugal comparten el mismo punto de partida: la presencia del ejército imperial francés en sus territorios. En España, tras la insurrección de mayo de 1808 hay una rehabilitación parcial del concepto. El dilema se plantea entre la defensa de la "soberanía popular" y la "revolución a la francesa". Es una de las lecturas que se encuentran en los órganos "jacobinos", intentando no quedar desbordados por sus connotaciones negativas; incluso de no ser identificados con la causa del enemigo invasor. Así se tiende una línea que se desmarca del "ejemplo francés" con la formación de una Junta central en octubre de 1808, calificada como su "feliz revolución". Esta nominación, enmarcada por las Cortes de Cádiz (26/4/1811), no excluye el ingreso de "revolución" entendida como "alteración inexorable, consecuencia necesaria de la que va corriendo por toda Europa, anunciada por las luces (…) del siglo pasado". Esta clase de fórmulas serán constitutivas más tarde de un tipo de filosofía liberal sobre la revolución conceptualizada en México ya como un singular colectivo. Claramente, como se verá, en publicistas como Lorenzo de Zavala y José María Luis Mora.

Con las abdicaciones de Carlos IV y Fernando VII en Bayona cediendo los derechos sobre "Españas e Indias" a su "aliado y Amigo, el Emperador de los franceses", se desencadenan, entonces, una serie de hechos que van desde Madrid hasta ciudad de México, basados en la declaración de guerra a Napoleón. Se crea entre el centro metropolitano y sus colonias una suerte de pacto para defender la religión, el rey y la patria. En ese sentido, los "levantamientos españoles" de mayo de 1808 se pueden entender como "tumultos" a favor de la reinstalación de la monarquía legítima. Para los novohispanos esos hechos designan una "gloriosa revolución" todavía en el sentido suareciano: como el derecho de un pueblo a la rebelión en contra de la tiranía. Esta fase revolucionaria concluirá con la promulgación de la Constitución de Cádiz en 1812, derivada de la Regencia que sustituyó a la Junta Suprema a principios de 1810.

A partir de 1808 se delinean tres etapas claves: 1) de julio a septiembre de 1808 cuando llegan a América las noticias de la abdicación de Carlos IV, la destitución de Godoy y la proclamación de Fernando VII, seguida por las Abdicaciones de Bayona; 2) los meses de abril y mayo de 1809 cuando se notifica la creación de la Junta Central, pero sobre todo el decreto de enero que convoca a los territorios americanos a participar en la Junta; 3) los meses de mayo-junio de 1810 cuando llegan las noticias de la disolución de la Junta Central, la creación de la Regencia y la convocatoria a las de Cortes de Cádiz el 14 de febrero de

1810 (Chust 2007, 28-37). Así, entre 1808 y 1810, se observan en la América española diversos efectos de los sucesos peninsulares.

Para el área hispanoamericana hay un sustrato común compartido. Esos años funcionan como un nudo ferroviario, que al tiempo que centraliza todas las llegadas, las reenvía en direcciones diversas: cuatro virreinatos (Nueva Granada, Perú, Nueva España, Río de la Plata) y cuatro capitanías generales (Venezuela, Chile, Cuba, Guatemala). Se dice que Venezuela reacciona más rápidamente al recibir antes las noticias por su mayor proximidad con Europa; o que la situación estratégico-comercial de Buenos Aires la convierte en un punto de atracción para los intereses políticos y comerciales británicos.

En la capital del virreinato novohispano al iniciarse la formación de una junta de gobierno en 1808 todavía no aparece el término "revolución". Ocurre más bien una guerra callejera de pasquines entre las opciones representadas por los miembros del Consulado y los de la Audiencia de México. Ahí apareció la sombra de la "Revolución francesa". Los opositores a la formación de la junta de México temían que se repitiera una situación similar a la francesa. Algunos pensaban que la Revolución francesa era inaplicable en Nueva España donde reinaba el orden y la unidad. En otras partes, como en Querétaro, se estaba a favor de la formación de la Junta como medio idóneo para garantizar la paz y evitar que se repitiera la experiencia francesa.

La prisión forzada del virrey Iturrigaray la noche del 15 de septiembre de 1808 por un grupo partidario de la Junta de Sevilla, desencadenó un litigio jurídico político que transformó a "revolución" en una noción sustantiva como sinónimo de "cambio de sistema". Este cambio, no obstante, se dio en medio de equívocos, ya que ninguna de las dos partes quería comprometerse con la noción englobada en la "Revolución francesa". Se hacía la "revolución" en todo caso para evitar una revuelta mayor ya que, se decía, los "indios eran accesibles a la seducción y podían inficionarse a poca costa". Sus opositores, en cambio, acusaban al virrey de estar revolucionando y sublevando a todo el reino. Así, solamente hasta septiembre de 1808 el término "revolución" se incorporó en el léxico político. De esa manera, el 15 de septiembre sentó el precedente discursivo para futuras revoluciones. Alrededor de la acción de "los 300" que tomaron prisionero al Virrey esa noche, se estructuró un concepto de *revolución* equívoco, oscilante entre la semántica tradicional y la nueva.

— El caso "Hidalgo" o la invención de la "Revolución de la Nueva España" —

El famoso "grito de Dolores" ocurrió en otra noche del 15 de septiembre, pero dos años después, en 1810. Entre la primera y la segunda se han formado el partido "americano" y el "europeo". Primero, se produjo la conspiración de Querétaro en rechazo al procedimiento para encarcelar al virrey y la formación de la Junta mexicana; segundo, se llamó a la sublevación para restaurar el orden legítimo que primaba antes de la noche de septiembre de 1808. Pero la insurgencia de Hidalgo incluye además otro precedente: la supresión de la Junta Suprema de España y su sustitución por la Regencia acusada de estar controlada por las fuerzas francesas invasoras. Es posible que este hecho contenga los elementos para transformar la "revolución de Nueva España" en una *jacquerie* o sublevación con acentos populares, casi en una guerra de religión.

Sea lo que fuere, la figura conceptual cifrada alrededor de la *Revolución francesa* se aplicó en el proceso seguido a los insurgentes de 1810, acusados de ser portavoces de la impiedad y herejía personificada por Napoleón. Hidalgo fue culpado de tener "ideas revolucionarias" para "derrocar el trono y el altar", con procedimientos similares a "los de Lutero en Alemania". No obstante, en el Manifiesto de Hidalgo del 12 de enero de 1811 hay dos menciones que connotan negativamente a esa clase de revolución. Ahí sostiene que la rebelión se debe a los procedimientos de un sector de los peninsulares en 1808, y que se trata de evitar que la rebelión se transforme en una "revolución". Al caer preso en Chihuahua en mayo-junio de 1811, los acusadores insistían, no obstante, en identificarlo como un "revolucionario" afrancesado.

Desaparecido Hidalgo, la noción de *revolución* se enriqueció al amparo de la Constitución de Cádiz de 1812 y la actividad del cura Morelos e Ignacio López Rayón que en 1813 convocaron a un Congreso constituyente americano, exigiendo condiciones de igualdad frente a las heredades peninsulares. En la reinvención del término tuvo mucho que ver la ideología liberal al distinguir entre una "revolución genuina" y una "revolución espúrea". Esta distinción fue utilizada para valorar la insurgencia de Hidalgo, en la que se perfila una revolución connotada "liberalmente", lastrada de lo "popular" al relacionar este rasgo con el uso irracional de la fuerza.

Tras la muerte de Hidalgo (30/7/1811) y el decaimiento del movimiento insurgente, surgió la cuestión acerca de las causas de la rebelión. En ese contexto apareció la obra del ex dominico Fray Servando Teresa de Mier, *Historia de la revolución de Nueva España, antiguamente Anáhuac, o verdadero origen y causas de ella con la relación de sus progresos hasta el presente año de 1813*. A este texto le ha precedido el de su opositor, Juan López Cancelada, *Verdad sabida y buena fe guardada. Origen de la espantosa revolución de Nueva España comenzada en 15 de setiembre 1810*. Y otros como el de Lizarza, defensor de Iturrigaray.

En su escrito Mier sostiene que esta "revolución" no se parecía en nada a la francesa. Compararla significaba agraviar a la Nueva España, reino "agobiado por los impuestos". Acude también a la etimología para esclarecer los términos "insurgencia" y "revolución". El primero proviene del latín *"insurgo"* o "levantarse el que esta caído", por tanto es un título honorífico; el segundo, "viene del verbo *revolvo*, que en Cicerón significa volver otra vez o hacia atrás; con que si lo de atrás fuere mejor, la revolución será". Finalmente, acusa a López Cancelada, diputado por México en las Cortes, de estar "dominado por el espíritu de intriga, de revolución, maledicencia, pasquinada y calumnia". Fueron los "anuncios de la abdicación (…) los que prepararon la revolución. Así, por qué sorprenderse de que los eclesiásticos hayan encabezado la revolución".

A partir de 1813 se profundizó en la prensa la "revolución de la Nueva España" depurada del componente "francés", hasta llegar a un punto en que la insurgencia continuada por Morelos, encuentra su "razón" de ser ya no en Nueva España sino en México:

> Hasta ahora me he abstenido de publicar reflexiones sobre la revolución del Reyno de México (…) Era imposible formar una idea del carácter de aquella revolución oyéndolo a sus mortales, y enfurecidos enemigos (…) El bosquejo histórico que antecede, escrito en México por un enemigo de la revolución actual, aunque amigo de la razón en que la revolución se funda, nos puede guiar para formar conjeturas sobre este importante, y desgraciado acontecimiento. (*Pequeño rasgo* 1814, 38 y 40)

El 22 de octubre de 1814 se promulgó la Constitución de Apatzingán o *Decreto Constitucional para la libertad de la América Mexicana*. Fue el comienzo del proceso que, en palabras de Rayón, logró "fijar el sistema de la revolución y atacar en sus propias trincheras" a sus enemigos (Hernández y Dávalos 1985, I, 285 [1815]). En ese sentido, ser "revolucionario" crecientemente se asoció al postulado de que no podía haber nación que fuera "racionalmente libre sin ser integralmente justa". Sin eso los "regeneradores" no harían sino naufragar entre "los flujos y reflujos de las revoluciones". En tal caso serían todavía más "nocivas las conmociones populares, y todos los recursos de la violencia" al atentar contra el orden natural de las cosas. De esa manera se hace eco de la distinción entre "revolución liberal' y "revolución popular" planteada en Chile por fray Camilo Enríquez al emitir su juicio contrario a la "revolución" de Hidalgo (*Aurora de Chile* n° 32, 17/9/1812).

— Apogeo, crisis y reactivación filosófica del concepto —

Entre 1820-1822 se consolidó un ajuste de cuentas semántico entre la "primera revolución de Hidalgo" y la relacionada con la independencia de México. El balance se realizó al amparo de la Constitución liberal de 1820 que distingue entre los genuinos revolucionarios o amantes de la libertad y los "serviles" o amantes del despotismo, en el que se incluyen a los insurgentes "revolucionados".

La "Revolución de Nueva España" después de la Declaración de Independencia en septiembre de 1821, fue sustituida por la "Revolución de Mégico": en 1822 se publicó un folleto titulado *Bosquejo ligerísimo de la Revolución de Mégico, desde el grito de Iguala hasta la proclamación imperial de Iturbide*. El "grito de Iguala" designaba el pacto celebrado el 24 de febrero de 1821 entre el coronel realista Agustín de Iturbide y el jefe insurgente Vicente Guerrero, para separar a Nueva España de Madrid. Atrás quedaron los hechos de 1808, y comenzó a distinguirse la "primera" de la "segunda" revolución. La entrada del ejército "trigarante" en la ciudad de México el 27 de septiembre de 1821 se enfocó en apagar lo que quedaba del fuego anterior, esperando con ello que prendieran "las luces de América", que "apareciese un genio superior, o un verdadero héroe" y que "venciese todos los obstáculos que se oponían al establecimiento de la independencia y al triunfo de la libertad". Quien escribe es un liberal admirador de las teorías de Montesquieu, Mably, Filangiery, Constant, Franklin y Madison. Esta noción quedará envuelta en la retórica de la ilustración y de la lucha en contra del "terror y barbarismo" a favor de la "civilización" (*Bosquejo ligerísimo* 1822, VII).

Con la independencia se confirmó, en ese sentido, un concepto liberal de *revolución* que implicará, entre otras cosas, el que uno de los libertadores, Agustín de Iturbide, se vea obligado a abdicar del trono imperial el 19 de marzo de 1823. En esta concepción se distinguirá la "nueva revolución de Iguala" de la de Hidalgo y la de 1808, aunque buscará a la vez salvar la esencia que identifique a las tres. En la de Hidalgo, por ejemplo, el problema fue haber caído la "revolución" en manos de "gentes de campo, acostumbradas desde la niñez a domar caballos, y a sufrir los rigores de las estaciones del año en el cultivo de la tierra" (*Bosquejo ligerísimo* 1822, 92). Esta argumentación forma parte de la justificación del levantamiento militar de Guadalupe Victoria y Antonio López de Santa Anna contra Iturbide el 6 de diciembre de 1822, con lo cual se reinstaló el congreso constituyente.

Hecho el ajuste conceptual con el pasado inmediato, se inició la construcción del nuevo panteón de la patria republicana. El decreto del 19 de julio de 1823 declaró "beneméritos de la patria en grado heroico" a un conjunto de personalidades, comenzando con Hidalgo, Allende, Aldama, Abasolo y Morelos, como "los héroes de 1810", venerados como "sus primeros libertadores".

En el *Manifiesto del Congreso General Constituyente* presidido por Lorenzo de Zavala en 1824 se habla de la "la revolución de catorce años" (1810-1824), y se asume que "los costos y sacrificios" eran necesarios para la constitución de la nación. Sólo la historia juzgará al autor (Iturbide) de "la segunda revolución" y su trágico fin. Su caída dio lugar a la "revolución" con la que se restableció la paz y la tranquilidad, tomando como modelo a "la República floreciente de nuestros vecinos del Norte". Con ello, finalmente el "siglo de luz y de filosofía" había acabado por desvanecer las tinieblas de los antiguos. En este discurso resplandece la figura de Washington contrapuesta a la de Robespierre y Marat. Exhumadas las revoluciones del pasado inmediato, la "nueva revolución" se proyectó en términos de la construcción de una nación próspera, justa, respetuosa de las leyes, capaz de proporcionar a sus habitantes "las comodidades" de otros "pueblos civilizados, (…) haciendo brotar todas las artes" para embellecer un "suelo tan favorecido de la naturaleza" (*Manifiesto* 1824).

Establecida la Constitución Federal de la República Mexicana, los términos "revolución" y "revolucionario" se asociarán en el futuro a algún levantamiento militar en el marco de la disputa por la sucesión presidencial tal como ocurriría en 1828. A partir de entonces generalmente los sublevados harán la "revolución" –se pondrán fuera de la ley– para restaurar la ley. En nombre de la paz y el restablecimiento del orden se harán las "revoluciones", o enfrentamientos político-militares entre liberales y conservadores, federalistas y centralistas. O incluso, se podrán hacer revoluciones para prevenir otras.

En este sentido, hacia 1835 el término *revolución* se habría devaluado. Por ejemplo, para el cronista de "la revolución de independencia", Carlos María Bustamante, "toda revolución" era detestable, era un mal que debía erradicarse como una enfermedad; en parte porque el verbo "revolucionar" se había convertido en un negocio entre particulares. Al tomar el poder los conservadores en 1835, Francisco Manuel Sánchez de Tagle resumió la situación del país en dos estados: "uno de paz, (…) de inercia, de cansancio, de silencio, (…) y el otro de revolución o movimiento". Ambos se alternan y se suceden intermitente y periódicamente "con lamentable rapidez", como una "fiebre maligna", por la que "se destruye lo que hay, para reponer lo que había; en el estado de paz o de quietud fermentan en silencio y sin cesar los elementos de la erupción volcánica que estallará a su tiempo, y traerá aquel primer estado". "Estos pronunciamientos se repiten, se multiplican (…); los papeles sediciosos los preparan y los apoyan, estableciéndose periódicos a propósito". Se remueven los jefes y gobernantes "desafectos", después se pasa a darle un "barniz de legitimidad, por medio del cuerpo legislativo que se disolvió (…). Al efecto se llama al congreso actual". Instalado el nuevo congreso se procede a condecorar a los escaladores de puestos y a anular los aciertos y desaciertos de los predecesores, "y aquí comienza la época del silencio, durante la cual, los descontentos trabajan para volver a sobreponerse en otra revolución". En "las épocas de revolución" todo se reduce al "quítate tú para ponerme yo". De ahí que se tenga que buscar una "quinina política". Evitarlas es un "bien inestimable"; se exige en el estado actual y la "experiencia de lo pasado" establecer un arbitrio "capaz o de dar permanencia al orden constitucional, alejando las revoluciones, o al menos de restablecerlo cuando estas acaezcan y lo turben". Para remediarlo propone la creación de "un poder, neutro de su género" y regulador. Es el único modo para sortear la situación en la que se habita, en el que todo tiene un principio y un fin, excepto Dios (Bustamante 1822-1848, Anexos 1835, 27). Ante este círculo vicioso no faltará quien se pregunte si no se trata de un problema propio del modo de ser del mexicano.

Fabio Wasserman (comp.)

Carlos María Bustamante inició la escritura de su *Cuadro histórico de la revolución de la América mexicana* en 1823. Después publicará varios suplementos y continuaciones en 1826, 1832, 1846 y 1854. A su primer trabajo le siguió en 1830 la *Historia de la revolución hispano-americana* del español Mariano Torrente. Poco después aparecieron las obras de Lorenzo de Zavala (1831-32) y José María Luis Mora (1836). Todos coinciden en hacer uso del término "revolución" en el encabezado, pero particularmente Zavala y Mora lo transformaron en un concepto filosófico de carácter universal. Queda claro que el vocablo *revolución* en su sentido político se había pluralizado, pero a su vez se transformó en un concepto general y abstracto. Mientras lo primero enfatizaba su aspecto descriptivo (hay muchas y diversas revoluciones), lo segundo se centraba en su aspecto explicativo o filosófico.

Mora publicó en 1836 *Méjico y sus revoluciones* en París. Ahí, en especial en el segundo volumen, traza la primera teología histórica liberal de la "revolución mexicana", en la que el conquistador Hernán Cortés aparece incluso como precursor de la lucha de México por su independencia (1977, II, 169-171). Se trata de un discurso del progreso civilizatorio en el que los indígenas no son relevantes en el proceso de emancipación nacional (1977, II, 178). La revolución de independencia culmina en la "revolución liberal" en la que resaltan algunos tópicos explicativos sintomáticos: 1) La influencia de los "filósofos franceses" en los precursores de la independencia; 2) El evento Revolución francesa como motor del cambio en la forma del "mundo entero", "escuela abierta para la instrucción de todos los pueblos" que no "dejó de extender sus lecciones a México, a pesar de lo remoto que se hallaba de este teatro" y, 3) Las reformas borbónicas representadas por el virrey Bernardo de Gálvez hasta Iturrigaray, periodo en el que "la Nueva España adelantaba en todos los ramos de la civilización y prosperidad pública, por una escala de progresión asombrosa, y los deseos de independencia camina-ban a la par, descendiendo por grados de las clases más ilustradas (…) [hasta] la ínfima" (1977, II, 250 y 255-6). Para Mora la noche del 15 de septiembre se transformó en el "amanecer del día 16" cuando "México se halló, sin saberlo, con una revolución hecha y un nuevo virrey a quien obedecer". Y los españoles, en general poco ilustrados, se dieron cuenta que cuando "la revolución había concluido" en realidad apenas empezaba, con la "prisión del virrey". Aun cuando los revolucionarios carecían "de la ciencia práctica de las revoluciones" pudieron intuir las dificultades en que se hallaba el gobierno (1977, II, 302-3). Esto sucedió cuando en España comenzaban a difundirse con "suma rapidez" las ideas de soberanía nacional y sistema representativo, ideas que pasarían "naturalmente" a México. Y para Mora, los culpables del tipo de revolución que se dio eran los españoles "por no haberse unido con los mexicanos para regularizar lo que al fin se había de hacer, los cambios inevitables (que) habrían partido de la autoridad, y esta reconocida y respetada, les habría impreso el carácter de estabilidad y energía, pues las revoluciones que se hacen en el centro del poder, a diferencia de las que se efectúan por las masas, tienen siempre esta inapreciable ventaja" (1977, II, 306). Por eso en aquella revolución no predominó el orden, sino la sed de venganza "y el odio a los opresores"; tales fueron "los sentimientos que ocuparon a los vencidos" (1977, II, 308). Una revolución hecha por las masas, debía ser necesariamente desastrosa, "como lo fue" (1977, II, 325).

Mora remata su filosofía de las revoluciones estableciendo que las

...revoluciones en el orden social y moral, lo mismo que en el natural, no consisten sino en la coexistencia de elementos encontrados que se hallan en perpetuo conflicto, mientras no sobreviene la crisis que es siempre determinada por la desvirtuación o expulsión de uno de estos elementos.

Al retardarse, al triunfar las inercias, sobrevienen los "males y desórdenes sociales". El "estado transitorio en la sociedad es penoso para las personas", pero los males son inevitables "por ser el resultado de causas necesarias". Lo que tenía que suceder ha sucedido, y los hombres "en general" están "constituidos bajo el influjo de causas inevitables" (1977, II, 470-1).

Algunos años antes, Lorenzo de Zavala había publicado su *Ensayo histórico de las revoluciones de México*, inspirado en la obra de Jean-Charles-Leonard Sismonde de Sismondi, *Histoire des Republiques Italiennes du moyen age* (1809-1818). En Zavala, más claramente, el término trasciende a los hacedores de las revoluciones, y sólo aquel que posee intelectualmente esta noción puede identificarlas. Sólo quien dominaba "la ciencia práctica de las revoluciones" era capaz de orientar el proceso que estaba viviendo; de conocer su alcance y profundidad. Vivir en un "tiempo revolucionario" implicaba, por eso, una noción de temporalidad que dividía en dos partes a la historia: de un lado, un tiempo pasado (antes de 1808) dominado por el "silencio", el "sueño" y la "monotonía", y del otro, un tiempo futuro dominado por lo contrario: ruido, aceleración y cambio incesante (1831, I, 9). Al respecto escribió que

> Una revolución dilatada y que ha cambiado la faz de medio mundo se ha verificado en pocos años entre nosotros; era preciso que arrastrase la subversión del antiguo sistema, y sin dar tiempo a reemplazar los establecimientos que era necesario destruir, nos ha rodeado repentinamente de ruinas. (...) Nuestra generación ha sido transportada instantáneamente en una especie de esfera moral distinta de aquella en que vivieron nuestros padres. Quizá ningún ejemplo presenta la historia de un cambio tan rápido, si se exceptúan aquellos en que los conquistadores obligaron con la fuerza a obedecer su imperio y a adoptar sus instituciones. (1832, II, 117 y 291)

Por eso, en una situación de cambio constante, sólo quien posee la "ciencia de las revoluciones" podrá advertir los bienes que traen éstas consigo en medio de los males que arrastran (1832, II, 121). Las revoluciones, en apariencia, se suceden sin rumbo y, no obstante, el viejo orden se transforma siempre de nuevo al quedar inscrito en un proceso mayor: "El mayor error de los hombres de revolución consiste en no conocer la oportunidad de los proyectos que emprenden" (1832, II, 33). "Pero las revoluciones no pueden ser detenidas hasta donde se quiere. Son torrentes que todo lo arrastran, y se llevan muchas veces de encuentro a sus autores. La revolución se principió y no sabemos aún hasta donde se detendrá" (1832, II, 119). Así, la nación mexicana "se elevará dentro de poco a sus grandes destinos, si podemos dar a la revolución el curso que naturalmente debe tener" (1832, II, 121).

Al ocurrir la Revolución francesa de 1848 el término llegó recargado filosóficamente al asociarse al de "civilización", al mismo tiempo que desacreditado por su carácter destructivo. El nuevo referente revolucionario hizo explícitas nuevas dicotomías sociológicas, como la de burguesía y clase obrera; y políticas, como la de democracia y movimiento popular u obrero. En México, tal contraposición permitió que tanto liberales como conservadores se reconocieran más con una fase del mes de febrero de esa nueva revolución francesa que con la del mes de junio. La primera, como parte de la secuencia regeneradora de las revoluciones de medio siglo, y la segunda, con la irrupción en la historia de "las clases trabajadoras, sin educación" o del "pueblo bárbaro" (Pani 2001, 62-69).

Hacia 1848 México se encontraba en las negociaciones de paz tras la derrota militar con el admirado vecino norteño de los liberales, y con la amenaza constante de separación o independencia de Yucatán. En ese contexto, el término democracia adquirirá mayor relevancia en cuanto a las demandas "revolucionarias". Quizás, por ello, en general, a partir de 1850 *revolución* tenderá a confundirse más con el vocablo *reforma*.

— De la Revolución de Ayutla (1854) a la Revolución de Tuxtepec (1876) —

Una de las virtudes del levantamiento militar cifrado alrededor del Plan de Ayutla (1/3/1853) –obra de Juan Álvarez, un liberal más *serrano*, e Ignacio Comonfort, de formas más *urbanas*– consistió en convertirla en 1854-1855 en la "Revolución de Ayutla" con mayúsculas. El sintagma fue el resultado de la crisis de la sucesión presidencial al huir el general López de Santa Anna, presidente destronado, en agosto de 1855. Y su éxito consistió en convertirla en una fuente de legitimidad duradera para los aspirantes futuros al gobierno de México. Primero fue Juan Álvarez, y luego Ignacio Comonfort. Lo interesante fue que el primero dio la legitimidad al segundo como "presidente interino" fundado en los principios de la Revolución de Ayutla (8/12/1855). Durante 1855 esta revolución logró convertirse en un movimiento nacional. Juan Álvarez, su gestor, supo explotar el hecho de presentarse como descendiente directo de los insurgentes que lucharon por la independencia, como el eslabón más puro que lo conecta con Hidalgo en contra de opositores como Lucas Alamán o López de Santa Anna.

Así estructurada, esta revolución incorporó más tarde nuevos elementos sociológicos. Uno de sus voceros, Ponciano Arriaga, por ejemplo, durante los debates del Congreso constituyente de 1856 actualizó las demandas sociales inscritas en la Revolución francesa de 1848. También José María Lafragua, tras el triunfo de los liberales sobre el II Imperio (1862-1867), brindó el 7 de octubre de 1867 a favor de la memoria de sus padres, "Washington, Bolívar, Hidalgo e Iturbide", y aprovechó la ocasión para distinguir entre la revolución de entonces y la de ahora: "la revolución que esos hombres ilustres iniciaron, era sólo la independencia de todo poder extraño, quedaba aún pendiente la revolución social, que es la que se ha consumado en los Estados Unidos y en México" (Juárez 2006).

Hacia 1870, una especie de internacionalismo liberal hizo que Samuel Bernstein incluyera a Benito Juárez –el prócer de la segunda independencia de México vencedor de los franceses– en una lista de personalidades como Blanqui, Garibaldi y hasta Marx. En esta apología se destaca la solidaridad de Juárez con los franceses en 1870 en contra de Bismarck, siendo Francia pionera en las "revoluciones democráticas desde 1789" (Bernstein en *Science and Society*, y carta de Juárez en *Le Rappel*, 8/12/1870, en Juárez 2006). En todo caso, después del triunfo de la Revolución de Ayutla, escribe Juárez en sus *Apuntes para mis hijos*, era necesario "hacer reformas porque la revolución era social" (Juárez 2006, I). En su funeral de julio de 1872 alguien caracterizó la revolución de Juárez como "la gloriosa revolución reformista" (Zárate 20/7/1872, en Juárez 2006). Otro más remarcó que a diferencia de las anteriores revoluciones en las que sólo se cambiaba de personas y algunas formas de gobierno, dejando de lado "la cuestión social", en la triunfante

> ...revolución de Ayutla, cupo a Juárez la insigne gloria de haber librado el primer combate y obtenido la primera victoria en el campo cerrado de la reforma. Nacida de las primeras tentativas reformistas, vinieron a enardecerla más los célebres decretos expedidos en Veracruz, en cuyas resoluciones se comprendía una completa revolución social. (Iglesias 20/7/1872, en Juárez 2006)

La Revolución de Ayutla y la nueva Constitución de 1857 cerraron un ciclo de revoluciones, que en la contabilidad de Juárez eran las de 1833, 1836, 1842, 1847, 1852, y la última de 1856 o reacción en contra del nuevo gobierno. Con el Plan de Tacubaya supuestamente se acabarían "cincuenta años de revoluciones" y la patria se "regeneraría" (*Manifiesto de la Regencia del Imperio* 2/1/1864, en Iglesias 1998, 448-449). Sin embargo, con el triunfo del partido liberal y la retirada del ejército francés, la lucha por la sucesión presidencial, motivo de las revoluciones, se dará al interior de los descendientes y gestores de la Revolución de Ayutla: dentro de la franja que separa a los liberales "puros", "mas activos e impacientes y por igual cándidos y atolondrados", y los "moderados", "mas cuerdos y mas mañosos, mas negligentes y mas tímidos" (Toro 1953, 445).

Así tenemos a Porfirio Díaz, un miembro de la élite del ejército republicano, quien desde 1867 hizo público su descontento frente a Juárez, y con el lema "Sufragio efectivo, no reelección" expidió el Plan de

Tuxtepec en 1876. Con este Plan cifrado alrededor de la "no reelección" se opuso a Lerdo de Tejada, el protegido de Juárez, después de su muerte en 1872. Como triunfador de una revolución armada el general Díaz fue nombrado presidente provisional el 26 de noviembre de 1876, para luego ser ratificado "constitucionalmente" el 5 de mayo de 1877. En 1878, por su parte, apareció un periódico oficialista llamado *La Revolución social*, presagio tal vez de lo que vendría después.

— Girando alrededor de la *Revolución mexicana* —

En cierto modo lo que se conoce actualmente como la Revolución mexicana es una continuación del concepto *revolución* acuñado durante el siglo XIX. En otro sentido se deja ver como un fenómeno prototípico de la cultura política global del siglo XX (Hart 1990). Esto tiene que ver en buena medida con las dificultades que enfrenta el historiador conceptual para dar cuenta de la transformación semántica del término durante el siglo XX, debido a la multiplicación y pluralización de las fuentes, medios o soportes a través de los cuales ha circulado su denominación. En ese sentido enfrenta un territorio inédito distinto al que se realiza tomando como base el análisis de las fuentes impresas, periodísticas o bibliográficas, como ha sido el caso para el periodo anterior. Por ejemplo, es sabido que lo que se conoce como Revolución mexicana no sería tal sin pasar por el tamiz de los filtros del cine, la radio y la publicidad (Pick 2010; Berumen 2009). Sin omitir que las artes plásticas y la literatura impresa en sus múltiples variantes humanísticas y científico sociales han jugado también un papel relevante en la construcción de la Revolución mexicana como un hecho conceptual acabado, es decir, como un "mito" (Benjamin 2000).

Pero digamos que conceptualmente esta nueva revolución tiene también una historia. De hecho, tras el llamado a la rebelión contra el gobierno de Porfirio Díaz por no respetar el sufragio electoral y el mandato a la no reelección (motivo idéntico de Díaz al rebelarse décadas atrás), hubo levantamientos armados en algunos lugares del norte (Chihuahua) y del sur (Morelos). La "nueva revolución" codificada en principio en los términos del siglo XIX está presente en el manifiesto revolucionario del Plan de San Luis Potosí del 5 de octubre de 1910 firmado por Francisco Madero, candidato a la presidencia por el Movimiento anti-reeleccionista formalizado en junio del año anterior. Al ser arrestado Madero en la víspera de la Convención anti-reeleccionista en abril de 1910, se le impidió presentarse a a las elecciones en el mes de junio. Tras la reelección de Díaz, Madero fue liberado. En octubre, y después de que el régimen celebrara el centenario de la independencia, Madero hizo el llamado a la revolución desde San Antonio Texas, desconociendo al gobierno de Díaz (Garner 2003, 216-217). Ante la presión generalizada de la opinión pública, los levantamientos armados de Pascual Orozco y Francisco Villa en la frontera norte y de Emiliano Zapata en el sur, y las negociaciones de paz en Ciudad Juárez en mayo de 1911, finalmente Díaz renunció al cargo y abandonó el país rumbo a París. Tras la presidencia interina de Francisco León de la Barra y la convocatoria a elecciones, Madero fue el triunfador asumiendo la presidencia el 6 de noviembre de 1911. No obstante lo anterior, Pascual Orozco en el norte y Emiliano Zapata en el sur se negaron a entregar sus armas. Esta revolución será la "revolución de 1910", según la denominación que circulaba todavía en 1912.

Si se examina la prensa del periodo es evidente que el uso del término *revolución* tendió a incrementarse entre 1910 y 1911, apareciendo por primera vez el 10 de septiembre de 1910. Aunque es sabido que el vocablo circulaba también por otros medios no nacionales, lo cual deja ver la atención que se estaba prestando desde el extranjero a la revolución maderista (Katz 1982, 19-115). Próxima a la frontera mexicana se editaba, por ejemplo, el periódico *Regeneración*, órgano del Partido Liberal Mexicano fundado en San Luis Missouri en 1906 por los hermanos Flores Magón. En sus páginas circuló una conceptualización de *revolución* diferente a la maderista. Se trataba no sólo de una revolución por motivos político-electorales, sino de otra clase de revolución caracterizada como "social". En ese sentido, en principio, sus comunicaciones estaban dirigidas a los círculos de una nueva clase obrera industrial llamando a su emancipación revolucionaria acorde con el "espíritu del siglo"; conceptualizado además el término como una irrupción violenta, necesaria, inesperada e inminente dirigida al mejoramiento social de las masas obreras (*Regeneración* 3, 10 y 17/9/1910).

Lo interesante es que poco antes de la proclama maderista del Plan de San Luis (1/10/1910) aparece ya en este medio impreso el uso del sintagma "revolución mexicana" concebida, sin embargo, como lucha de clases de "carácter socialista". En el contexto del encuentro fronterizo entre las fuerzas maderistas y las magonistas en enero de 1911 se podía apreciar ya las diferencias entre una revolución y otra: "El proletariado va uniéndose bajo su bandera, que es la libertad, y el maderismo se va quedando atrás reducido a la sola burguesía, y la revolución, por lo mismo, va adquiriendo paulatinamente el sello y el sabor de una verdadera *Revolución Social*" (*Regeneración* 25/3/1911; Hernández Padilla 1984, 136-165).

Asimismo, el 25 de noviembre de 1911, tres semanas después de que Madero asumiera la presidencia, Emiliano Zapata, el líder del movimiento agrario del estado de Morelos, lo desconoció como "jefe de la Revolución". En el fondo, el Plan de Ayala (*Historia Documental de México* 1974, II 462-463) suscrito por Zapata apuntaba a restaurar el orden agrario de las viejas comunidades campesinas afectadas por las reformas liberales juaristas originadas en la "Revolución de Ayutla" de 1854 (Meyer 1973; Thomson y Lafrance 1999). Así, el concepto de *revolución* en el discurso zapatista, antes que apuntar al futuro y a la transformación estructural de la sociedad, reclamaba un retorno al pasado, al viejo orden agrario que reconocía los títulos primordiales de los pueblos frente a la expansión de los grandes latifundios de la segunda mitad del siglo XIX (Womack 1969). No obstante lo anterior, el magonismo hará suyas las demandas agrarias zapatistas. Ricardo Flores Magón sostenía en 1911 que su programa continuaba la obra de Juárez "pero con táctica distinta" (1970, 102). Mantenía la lógica futurista del liberalismo del siglo XIX a la vez que lo dotaba también de los contenidos propios de una "revolución agraria" (1970, 90-94; *Regeneración* 18/11/1911). Este desencuentro de origen entre el progresismo magonista y el "tradicionalismo" zapatista será fuente de tensiones hasta el asesinato de Zapata en 1919, convirtiéndolo en el marco de la Revolución mexicana en un "héroe trágico" (Velázquez 2008, 33-52). No obstante, ya se vislumbraba en las comunicaciones magonistas lo que se identificaba como la "Revolución Mexicana" (*Regeneración* 18/11/1911); sobre todo, ésta se distinguía por la idea que había detrás del movimiento: "La *Revolución* Mexicana desea un cambio de propiedad (…) La *revolución* mexicana (…) es una *revolución* económica y social" (*Regeneración* 23/3/1912 –destacado en el original–). Enunciados en los que de alguna manera todavía se asomaban los restos de la sombra de lo que fue la Revolución francesa.

En el campo emergente de los intelectuales, poco tiempo separa la participación de los jóvenes miembros del Ateneo de México en la celebración del centenario de la independencia y el discurso de José Vasconcelos, uno de sus integrantes, en el banquete homenaje a los "ateneístas revolucionarios". Entre agosto-septiembre de 1910 y junio de 1911 los ateneístas "porfiristas" se transformaron en "revolucionarios". Este desplazamiento semántico no significa un mero acto de oportunismo político. Ni tampoco refleja un quiebre radical entre el régimen porfirista y el maderista (Guerra 1988). En esta ocasión, Vasconcelos, futuro Secretario de Educación Pública a principios de 1920, disertó sobre "La juventud intelectual mexicana" de ese momento. Lo significativo radica en que dicho homenaje está dedicado al mismo Vasconcelos valorando su talento, pero sobre todo su colaboración "a la causa del pueblo" (1911). Por esas fechas, el 20 de junio de 1911, otro intelectual ligado al medio político, Luis Cabrera, disertó sobre "La Revolución es (la) Revolución" (Blas Urrea 1921). Se podría decir que se trata de discursos paralelos en el tiempo, aunque con alcances y proyecciones diferentes.

Por eso conviene aclarar que el término "revolución" no tiene el mismo significado para Vasconcelos que para Cabrera. Su semántica define en buena medida los márgenes en los que puede concebirse la acción de los intelectuales. Si Vasconcelos entiende la revolución en relación a la caída política del régimen porfirista originada en la sublevación maderista, Cabrera en cambio inscribe el término "revolución" dentro de una teoría sociológica que hace de la violencia un hecho irreversible de la transformación social. Esta teoría le funcionará a Cabrera hasta su expulsión del régimen revolucionario en la década cardenista de 1930 cuando realice un ajuste de cuentas retrospectivo en "La Revolución de entonces (y la de ahora)" (Meyer 1972, 155-201). De hecho, en esa década es cuando propiamente el sintagma Revolución mexicana se condensa con la fundación en 1936 del Partido de la Revolución Mexicana. Una noción que el mismo Cabrera había ya utilizado en 1916 como representante en los Estados Unidos de la facción constitucionalista encabezada por Venustiano Carranza (Cabrera 1916). Frente a un público norteamericano en Filadelfia en el marco de La Sociedad de Arbitraje y Paz el 10 de noviembre de 1916, Cabrera explicaba que la revolución que se desarrollaba en México no hacía sino seguir el curso de toda revolución, encontrándose ya en su etapa reconstructiva.

Ahora bien, es preciso recordar que la "revolución de 1910" se hizo originalmente en contra de la dictadura militar de Porfirio Díaz, de ahí que se adjetivara como una "revolución redentora". Pero tras la caída de Díaz había quienes opinaban, como Cabrera, que no obstante el triunfo maderista, la revolución no se había consumado; la revolución todavía no gobernaba con "la Revolución" ("Memorial del bloque liberal renovador" 23/1/1913, en de la Torre Villar 1974, 466-7). Esta apreciación tuvo lugar días antes de que se desencadenara la "Decena trágica" (9 a 23/2/1913) que dio lugar al asesinato de Madero a manos del general Victoriano Huerta, miembro del antiguo ejército federal porfirista. Como resultado de estos hechos, Venustiano Carranza, antiguo gobernador de Coahuila durante el régimen de Díaz, promulgó el Plan de Guadalupe (26/3/1913) en el que se desconocía a Huerta y se nombraba a él mismo como primer jefe del "Ejército Constitucionalista". La nueva revolución se hacía ahora en nombre de la Constitución y la legalidad. Los tratados de Teoloyucan (13/8/1914) coincidieron con la entrada del Ejército Constitucionalista en la ciudad de México al mando del general sonorense Alvaro Obregón. Y para establecer los acuerdos entre las diferentes facciones que tomaron parte en la derrota del ejército federal, se organizó la Convención Militar de Aguascalientes (octubre de 1914), a la cual Carranza se abstuvo de ir, estableciendo en Veracruz una capital política temporal, desde donde expidió nuevas "Adiciones al Plan de Guadalupe" (12/12/1914) basadas en reformas sociales (obreras y agrarias) que deberían complementar las Leyes de Reforma de 1857.

Concluida la que se conoce como la fase armada de la revolución (1913-1916) o lucha interna entre las diferentes facciones revolucionarias, se abriría el periodo para las nuevas elecciones, refrendadas por el Congreso Constituyente de Querétaro a fines de 1916 y principios de 1917 (Romero Flores 1960). Así, lo que fue la "revolución de 1910" se transformó en la "revolución constitucionalista" respaldada por la promulgación de una Constitución que no hacía sino reformar a la liberal de 1856 añadiéndole algunos artículos agrarios y obreristas. Faltaría todavía que se dirimiera la lucha interna por el poder entre el jefe constitucionalista y el principal general del ejército, Alvaro Obregón, con la muerte de Carranza en mayo de 1920, para que pudiera hablarse del cierre de un ciclo revolucionario, y se convocara a la unidad "de la familia mexicana".

Tras el asesinato de Obregón en julio de 1928, Emilio Portes Gil siendo Secretario de Gobernación del presidente Plutarco Elías Calles, mencionaba la posibilidad de fundar un Partido que ayudara a resolver las inquinas entre los revolucionarios y pudiera realizar "la unión de la familia revolucionaria". Son los preámbulos de la organización del Partido Nacional Revolucionario concebido como un "Partido de Estado" que fungiera como "sostén y guía en todos los órdenes del pensamiento revolucionario" (De La Torre Villar 1974, 493-4). Este partido sería sólo la apertura para la formación del Partido de la Revolución Mexicana en 1938, organizado por sectores, que incluye ya la fórmula acabada de Revolución mexicana alcanzando su cierre conceptual. Una manera de formalizar políticamente a la revolución de 1910 hecha gobierno y que en 1946 asumirá la nomenclatura del Partido Revolucionario Institucional vigente hasta hoy en día:

> El PRI es una asociación política nacional, integrada por obreros y campesinos organizados por trabajadores independientes, empleados públicos, cooperativistas artesanos, estudiantes, profesionales, comerciantes en pequeño y demás elementos afines en tendencias o intereses que acepten los principios de la Revolución Mexicana, y las mujeres se consideran igualmente que los hombres. (De la Torre Villar 1974, 504-506)

Sus derivaciones en el campo de la cultura y las artes plásticas son visibles en el muralista David Alfaro Siqueiros en 1945 al utilizar el "México de la Revolución" como sinónimo de Revolución mexicana, en cuyo proceso se creó un "nuevo arte político", es decir, un "nuevo y mayor arte de Estado" (de la Torre Villar 1974, 641). Enunciados de un panfleto de Siqueiros intitulado, "No hay mas ruta que la nuestra". O los de Alberto Morales Jiménez que en 1942 concebía a la Revolución mexicana como una "Revolución permanente" (1972, 159-163). A partir de entonces se verán aparecer numerosas *Historias de la Revolución Mexicana* como la del mismo Morales Jiménez, publicada en 1951 como libro de texto oficial escolar, o la de José Mancisidor aparecida en 1957. A estas se sumarán otras, muy populares, como los dos volúmenes de la *Breve historia de la Revolución Mexicana* de Jesús Silva Herzog publicada por el Fondo de Cultura Económica en 1960.

— Para concluir —

Al final de este recorrido hemos visto como la revolución liberal juarista (a la muerte de Juárez denominada también como "la gloriosa revolución reformista") acabó por transformarse en la "revolución mexicana". Esto último tras haber pasado por un proceso de depuración de adjetivaciones como "democrática", "social" y "constitucionalista", hasta su metamorfosis en un concepto nacional/universalista vigente hasta hoy en día tanto en los medios políticos como en los intelectuales y académicos. Una "revolución" con capacidad para canibalizar toda clase de pasados así como de proyectar un movimiento de activa transformación.

En este ejercicio histórico-conceptual se trató de observar la evolución de un concepto nada evidente para los actantes antes del acontecimiento histórico englobado en el sintagma *Revolución francesa*. A su sombra emergerá y cobrará especial relevancia en el lenguaje de los medios impresos. Un concepto asimismo que funciona como uno de los pilares de la construcción de las naciones modernas. Es desde ese lugar de enunciación que el concepto *revolución* se disemina durante el siglo XIX y atraviesa el siglo XX.

En principio se trató fundamentalmente de una forma conceptual transferida del campo de la astronomía newtoniana para describir fenómenos políticos y sociales. En su disputa semántica prevaleció una noción concebida en términos liberales lastrada de lo "popular", aunque proyectada igualmente (en sus formas constitucionales) con demandas sociales propias del industrialismo emergente, tanto en los medios rurales como urbanos. Además de la gran revolución de 1789 en su trasfondo aparecerá también la sombra de la Revolución rusa de 1918, frente a la cual la Revolución mexicana se debatirá en la lucha por su propia identidad. Frente a esa nueva experiencia revolucionaria abiertamente antiliberal, la *familia revolucionaria* articulará una versión mexicanizada, distante de la soviética y más próxima a la revolución reformista del *new deal* rooseveltiano.

En suma, la historia del concepto *revolución* propia de las modernidades nacionalistas, sin duda está ligada al de violencia sistémica, al mismo tiempo que se constituye en parte de un arsenal linguístico que le ha permitido autoconservarse y recrearse, así como proyectarse en un hecho siempre inacabado. Algo similar sucede con el concepto de *soberanía* que implica ya en sí mismo una forma de secularización del concepto tradicional, dando lugar a las formas de autogobierno instauradas a partir de las guerras napoleónicas. En efecto, la discusión acerca del origen de la nueva nación se juega alrededor de la fuente de donde proviene la soberanía: si deviene de Dios o no. Es claro que con la Revolución francesa, no antes, la primera opción comenzó a tambalearse, como uno de los ingredientes de la crisis global. En el caso hispano americano existía además la tradición medieval del pactismo, del derecho a deponer al rey soberano cuando este abusaba del poder o no cumplía con el cuidado y atención debida hacia sus súbditos. Es el derecho del pueblo contra la tiranía establecida por los juristas del siglo XVI en las mismas Leyes de Indias. En el primer momento de la crisis del sistema monárquico de representación en España y sus colonias, se apeló a dicho derecho situado en el pasado, no en el futuro. Por eso se habla de volver al origen, de regeneración, frente al invasor y a la situación del monarca legitimo secuestrado. Pero poco a poco, sobre todo a partir de 1812 en el contexto de la insurgencia, se irá abriendo paso la posibilidad de transportar la soberanía legitima a la nación representada por el pueblo, una entidad con un alto grado de abstracción (Roldán, 2009, 1207). Así, no hay que esperar hasta 1857 para saber que la soberanía ahora recaía en el pueblo, es decir, en los mismos que son sujetos y objetos de ese poder soberano. En ese sentido, el pueblo sustituyó al lugar ocupado antes por Dios para explicar la construcción del poder soberano, y en cuyo nombre se harían las revoluciones futuras.

— Bibliografía —

Abad Faciolince, H. (2002), *Oriente empieza en El Cairo*, Barcelona.

Ávila, A y Moreno, R. (2008), "El vértigo revolucionario. Nueva España 1808-1821", en *Nuevo Topo. Revista de Historia y pensamiento crítico*, n° 5, pp. 99-125.

Benjamin, T. (2000), *La Revolución: Mexico's Great Revolution as Memory, Myth, and History*, Austin.

Berumen, M. A. (2009), *Pancho Villa. La construcción del mito*, México

Bödeker, H.E. (2009), "Sobre el perfil metodológico de la historia conceptual, en *Historia y Grafía*, 32, pp. 131-168.

Bosquejo ligerísimo de la Revolución de Mégico, desde el grito de Iguala hasta la proclamación imperial de Iturbide escrita por un "verdadero americano" (1822), Philadelphia.

Bushnell, D. (1991), "La independencia de la América del Sur española", en L. Bethell (ed.), *Historia de América Latina; t. 5. La independencia*, Barcelona.

Bustamante, C.M. (2001) [1822-1848], *Diario Histórico de México*, México.

Bustamante, C.M. (1823), *Cuadro histórico de la revolución de la América mexicana comenzada en quince de septiembre de 1810, por el ciudadano Miguel Hidalgo y Costilla*, dedicada al ciudadano general José María Morelos, México.

Bustamante, C.M. (1985) [1843], *Cuadro Histórico de la Revolución Mexicana*, México.

Cabrera, L. (1916), "México y los Mexicanos", en *Tres intelectuales hablan sobre México*, México.

Chust, M. (2007), "Un bienio trascendental", en M. Chust (coord.) *1808. La eclosión juntera en el mundo hispano*, México, pp. 28-37.

Coseriu, E. (1952), *Sistema, norma y habla: con un resumen en alemán*, Montevideo.

Coseriu, E. (1990), *Introducción a la lingüística*, México.

Covarrubias, S. de (1611), *Tesoro de la lengua castellana o española*, Madrid.

De la Torre Villar, E.; González Navarro, M. y Ross, S. (1974), *Historia Documental de México II*, México.

Flores Magón, R. (1970), *La revolución mexicana*, México.

Fuentes, J.F. (2014), "Revolución - España" en J. Fernández Sebastián (dir.), *Diccionario Político y social del mundo iberoamericano. Conceptos políticos fundamentales, 1770-1870* [*Iberconceptos II*], t. 9, G. Zermeño Padilla (ed.), *Revolución*, Madrid, pp. 139-151.

Gadamer, H.G. (1994), *Elogio de la teoría. Discursos y artículos*, Barcelona.

Garner, P. (2003), *Porfirio Díaz. Del héroe al dictador. Una biografía política*, México.

Guerra, F-X. (1988), *México: del antiguo régimen a la Revolución*, México.

Hart, J. M. (1990), *El México revolucionario. Gestación y proceso de la Revolución Mexicana*, México.

Hernández Padilla, S. (1984), *El magonismo: historia de una pasión libertaria 1900-1922*, México.

Hernández y Dávalos, J.E. (1985) [1877], *Historia de la Guerra de Independencia de México*, México.

Juárez, B. (2006), *Documentos, Discursos y Correspondencia*, México.

Katz, F. (1982) *La guerra secreta en México 1. Europa, Estados Unidos y la revolución mexicana*, México.

Lizarza, F. de (1812), *Discurso que publica don Facundo de Lizarza vindicando al Excelentísimo Señor Don José Iturrigaray, de las falsas imputaciones de un quaderno titulado por ironía Verdad sabida, y buena fe guardada*, México [Cádiz, 1811].

López Cancelada, J. (1811), *Verdad sabida y buena fé guardada. Origen de la espantosa revolución de Nueva España comenzada en 15 de setiembre 1810. Defensa de su fidelidad*, Cádiz.

Lynch, J. (1991), "Los orígenes de la independencia hispanoamericana", en Leslie Bethell (ed.), *Historia de América Latina; 5. La independencia*, Barcelona.

Manifiesto del Congreso General Constituyente a los habitantes de la Federación (1824), [http://www.biblioteca.tv/artman2/publish/1824_121/Manifiesto_del_Congreso_General_Constituyente_a_lo_198.shtml].

Mendivil, P. (1828), *Resumen histórico de la revolución de los Estados Unidos Mexicanos, sacado del cuadro histórico que en forma de cartas escribió el lic. D. Carlos María Bustamante*, 4. Vols, Londres.

Meyer, E. (1972), *Luis Cabrera: teórico y crítico de la Revolución*, México.

Meyer, J. (1973), *Problemas campesinos y revueltas agrarias (1821-1910)*, México.

Mora, J.M.L. (1977) [1836], *México y sus revoluciones*, 3 vols., México.

Morales Jiménez, A. (1972) [26/I/1942], "La Revolución Mexicana no es transitoria: es permanente", en Stanley Ross (dir.), ¿Ha muerto la Revolución Mexicana? Causas, desarrollo y crisis, México, pp. 159-163.

Pani, E. (2001), *Para mexicanizar el Segundo Imperio. El imaginario político de los imperialistas*, México.

"Pequeño rasgo de la Revolución de Nueva España que un europeo imparcial escribió en México á 19 de noviembre de 1810, cuyo testimonio autorizado con una multitud de documentos auténticos merece de todo nuestro aprecio, crédito y respeto" (1814), en *Clamores de la fidelidad americana contra la opresión o fragmentos para la historia futura*. Mérida, t. 1, n° 8.

Pick, Suzana M. (2010), *Constructing the image of the Mexican Revolution. Cinema and the Archive*, Austin.

"Reflexiones que sobre el papel anterior hizo un historiador peninsular, que incertamos para prueba de nuestra imparcialidad y rectitud" (1814), en *Clamores de la fidelidad americana contra la opresión o fragmentos para la historia futura*, Mérida, t. 1, n° 9.

Ricciardi, M. (2003), *Revolución. Léxico de política*, Buenos Aires.

Roldán, E. (2009), "Pueblo-México", en *Diccionario político y social del mundo iberoamericano I*, J. Fernández Sebastián (dir.) Madrid, pp. 1201-1217.

Romero Flores, J. (1960), *La constitución de 1917 y los primeros gobiernos revolucionarios*, México.

Starobinski, J. (2001), *Acción y reacción. Vida y aventura de una pareja*, México.

Teresa de Mier, S. (bajo el seudónimo de José Guerra) (1813), *Historia de la revolución de Nueva España, antiguamente Anáhuac, o verdadero origen y causas de ella con la relación de sus progresos hasta el presente año de 1813*, Londres.

Terreros y Pando, E. de (1788), *Diccionario Castellano con las voces de ciencias y artes*, t. III, Madrid.

Thomson, G. y Lafrance, D.G. (1999), *Patriotism, Politics, and Nineteenth-Century Mexico. Juan Francisco Lucas and the Puebla Sierra*, Wilmington.

Toro, A. (1953), *Compendio de Historia de México. La Revolución de Independencia y México Independiente*, México.

Torres Puga, G. (2008), *Opinión pública y censura en Nueva España. De la expulsión de los jesuitas a la Revolución francesa*, Tesis de Doctorado en Historia, El Colegio de México.

Torrente, M. (1830), *Historia de la revolución hispano-americana*, 3 vols. Madrid.

Urrea, Blas Lic. (Luis Cabrera) (1921), "La Revolución es (la) Revolución", en *Obras Políticas del Lic. Blas Urrea*, México, pp. 227-242.

Vasconcelos, J. (1911), "La juventud intelectual mexicana y el actual momento histórico de nuestro país", *Revista de Revistas*, 25/6/1911.

Velázquez, M. (2008), "El *Zapata* de Womack: la construcción narrativa de un héroe trágico", en V. Torres Septién (coord.), *El impacto de la cultura de lo escrito*, México, pp. 33-52.

Villegas Moreno, G. y Porrua Venero, M.A. (coords.) (1997), *De la crisis del modelo borbónico al establecimiento de la República Federal*, Enciclopedia Parlamentaria de México, Serie III Documentos.. Leyes y documentos constitutivos de la Nación mexicana. T. III.

Womack, J. (1969), *Zapata y la Revolución Mexicana*, México.

Zavala, L. de (1985), *Ensayo histórico de las revoluciones de México desde 1808 hasta 1830*, 2 vols., México [París 1831-1832].

Capítulo X

Revolución en Brasil: la historia de un concepto, un concepto en la historia (siglos XVIII - XXI)[1]

João Paulo Pimenta

Universidad de San Pablo

Rafael Fanni

Universidad de San Pablo

façamos a revolução
antes que o povo a faça
antes que o povo à praça
antes que o povo a massa
antes que o povo na raça
antes que o povo: A FARSA

Affonso Ávila, *Frases-feitas* (1969)

— Introducción —

¿Puede una palabra desempeñar un papel central en la historia de un país o de una nación? Dar una respuesta afirmativa no sería tan difícil como su demostración. Y tal demostración no sería satisfactoria si se contentara con tomar la palabra como simple traducción de una o de varias realidades sociales; habría que partir del presupuesto de que la palabra, si bien puede ser capaz de seguir y de

1   Traducción de Oscar Javier Castro. Revisión de la traducción de Fabio Wasserman. Una primera versión fue leída y comentada por Ana Prates, Fabio Wasserman y Paula Braga; una segunda fue discutida en el Seminario del LabMundi-USP, en el cual recibió críticas y sugerencias de Edú Levati, José Evando de Melo, Luís Otávio Vieira, Marco Aurélio dos Santos, Maria Clara Laet, Oscar Javier Castro, Pedro Sette, Rafael Marquese, Rodrigo Goyena Soares, Sarah Boscov, Sheila Virgínia Castro, Thomáz Fortunato e Vinícius Albuquerque. A todos, nuestros sinceros agradecimientos. El trabajo contó con financiamiento de la FAPESP y se inscribe en las actividades del Proyecto de Investigación HAR2017-84032-P, y del Grupo IT615-13, respectivamente financiados por el Departamento de Educación, Universidades e Investigación del Gobierno Vasco, y por el Ministerio de Economía y Competitividad del Gobierno de España - Agencia Estatal de Investigación/ FEDER, Unión Europea.

traducir los humores históricos de una sociedad a lo largo de su existencia en el tiempo y en el espacio, también puede ser capaz de modificar algo en dicha sociedad, de determinar, aunque sea parcialmente, algunas de las formas de ser de esa sociedad. No una palabra cualquiera entonces, sino una especial, y que, de esta manera, sea simultáneamente producto de una historia y productora de historia.

La palabra que nos interesa aquí es *revolución*, y el tiempo y espacio relativos a ella son los que genéricamente se podría llamar *Brasil* entre los siglos XVIII y XXI. Lo que impone, desde el inicio, dos problemas básicos. En primer lugar, el hecho de que la palabra *revolución* no es exactamente la misma a lo largo de ese amplio espectro temporal. Aun cuando preserve su morfología básica –su caparazón externo, digamos así–, sus usos varían; también los contenidos a ella asociados se modifican, agregando otros nuevos, alterando articulaciones internas, y engendrando otros vocablos, constituyendo, de esa manera, un campo semántico dinámico y sintético de un conjunto de otras palabras e ideas; y que justamente por ello torna la palabra capaz de (re)producir algo relevante en una sociedad. En resumen: no se trata de una simple *palabra*, sino de un *concepto* (Koselleck 1993; Fernández Sebastián 2009). En segundo lugar, tenemos que tener en cuenta que la palabra *Brasil* tampoco permanece estática, pues ella también se modifica con el tiempo; y a lo largo de este proceso va creando y articulando en forma progresiva una nueva noción del espacio que designa. El Brasil del siglo XVIII es un conjunto de regiones más o menos articuladas, incluso a veces desarticuladas, que integran el Imperio portugués; por eso es, para casi todos los efectos, un Brasil esencialmente distinto de aquel del siglo XXI, que ya identifica un Estado, una nación y un territorio soberanos que solo comenzaron a existir en el siglo XIX (Jancsó y Pimenta 2000).

Perspectivas históricas no académicas basadas en el sentido común, así como un porcentaje no despreciable de autores de obras académicas sobre Brasil, podrían objetar la propuesta de una historia fundamentada en el concepto de *revolución*; o entender que Brasil habría conocido a lo sumo, aquello que Antonio Gramsci denominó "revoluciones pasivas" (Vianna 1996; Secco 2006). En otras narrativas de la historia de Brasil, *revolución* parece una palabra desajustada, extranjera, incluso hasta burlesca, supuestamente incapaz de describir situaciones concretas de esa historia (Pimenta *et al.* 2014). Pero hay situaciones, sin embargo, en que la palabra surge con fuerza: sea como ideal, temor o proyecto

–realizado o no– de hombres y mujeres en el pasado o en el presente; o como categoría analítica capaz de explicar episodios de esa historia (Costa 2005). Todas esas concepciones, bastante actuales, opuestas entre sí o no, justifican una investigación del problema.

No se trata de un análisis totalmente pionero, y menos aún exhaustivo. Sus objetivos se limitan a la búsqueda de una organización parcial de aquello que ya está disponible al lector interesado (Neves 2007; Neves y Neves 2014; Pimenta 2009), de completar algunas lagunas, y de anotar nuevas demandas que permanecerán abiertas. Todo eso a partir de una extensión cronológica poco común para una historia del concepto de *revolución* en Brasil, y deteniéndose en algunos contextos específicos y especialmente fecundos para ser observados.

El marco inicial de esta historia podría ser un análisis de palabras y conceptos indígenas que, en el transcurso de intensos mestizajes que caracterizaron el proceso colonizador portugués en el continente americano desde comienzos del siglo XVI, articulaban contenidos de movimiento (sea de reiteración o de modificación) astronómicos, fisiológicos, religiosos y políticos. En resumen: palabras y conceptos que irían a encontrarse con aquello que los portugueses, en su lengua, y siguiendo el ejemplo de otros pueblos y de otras lenguas, desde hace mucho tiempo denominaban como *revolución*. A pesar de formidables análisis historiográficos recientes en torno a una historia de traducciones conceptuales entre lenguas europeas y amerindias (Boidin 2016; Neumann y Boidin 2017), no disponemos –al menos los autores de este texto– de condiciones para siquiera trazar notas preliminares en ese sentido (tampoco para tratar voces pertencientes a lenguas de origen africano traídas a América por el tráfico de esclavos). Nos contentamos, por lo tanto, con partir del primer registro lexicográfico del término en lengua portuguesa, disponible a comienzos del siglo XVIII, y cuando *revolución* ya era incluso un concepto.

En historia de los conceptos, casi nunca el contraste absoluto entre una forma más antigua y una más actual (o menos antigua) tiene sentido (Capellán 2013). Cuando observamos trescientos años de historia de la definición lexicográfica en portugués de *revolución* vemos, es verdad, cambios importantes y significativos; pero también ciertas estabilidades fundamentales. Esto significa que cambios y estabilidades deben ser entendidos en una dialéctica de reciprocidades, y no en una lógica de simple exclusión o superposición de unas con las otras. Desde por lo menos el siglo XVIII, el concepto de *revolución* es –y continúa siendo– polisémico y polémico, surgiendo de realidades históricas concretas que, de diversas formas, pudieron también ser creadas y recreadas por él.

— La historia en la lexicografía —

¿Qué nos muestra una observación de trescientos años de definiciones en los diccionarios? Que *revolución* siempre puede significar, *al mismo tiempo*, un movimiento reiterativo y un movimiento innovador, adjetivando lo previsible y lo imprevisible, lo viejo y lo nuevo (en esto, la lengua portuguesa no presentaba ninguna discrepancia digna de nota en relación con la lengua española, Zermeño 2014; Wasserman 2014). También nos muestra que sus áreas de incidencia preservaron un núcleo original, formado por la astronomía, la fisiología y la política, aun cuando las designaciones de estas áreas se hayan modificado y eventualmente posibilitado ciertas descripciones (en los campos de la geometría, medicina, historia, etc.). En términos de novedad, dos puntos merecen ser destacados.

En primer lugar, el hecho de que se incrementaron las palabras directamente derivadas de *revolución*. Tomando como base tres importantes diccionarios, vemos que en 1720 ninguna palabra derivada directamente de *revolución* se encuentra lexicalizada; en 1813 hay tres, y en 2004, seis (Bluteau 1720; Silva 1813; Houaiss 2004). Es decir, la palabra fue ganando importancia en el vocabulario social. En segundo lugar, el hecho de que, a lo largo del tiempo, el énfasis de la definición se desplazó claramente de la reiteración hacia la innovación. No se trata, repitamos, de una simple substitución, sino de una inversión de tendencias: *revolución* pasó a ser, principalmente, una modificación profunda de una determinada situación o realidad; lo que permitió, incluso, su conversión en un substantivo de referencia histórica (la *Revolución francesa, la Revolución rusa*, etc.). Por primera vez en 1831 se realizan definiciones en ese sentido: "las revoluciones d'Évora contra Felipe IV, levantamiento, sublevación contra el gobierno: las Revoluciones de Pernambuco contra la tiranía Holandesa" (Silva 1831). Se observa que, de esta manera, *revolución* se asoció de modo coherente al desarrollo también de un nuevo concepto de *historia* en el mundo occidental caracterizado, entre otras marcas, por la singularización del pasado (cerrado) en relación con el futuro (abierto), y por la atribución a la historia de un doble entendimiento, como conocimiento del pasado y como el pasado propiamente dicho;

Fabio Wasserman (comp.)

convirtiendo, incluso, la historia en objeto de sí misma (Koselleck 1993; Zermeño 2004).

Evidentemente, los diccionarios, como cualquier texto, son socialmente limitados. Se conectan solo de manera parcial y segmentada con las sociedades que los produjeron y los consumieron, además su acceso directo está relacionado a los niveles de alfabetización, lectura y oralidad correspondientes a aquella sociedad. Sin embargo, eso no les hace perder valor como fuente histórica: ellos son siempre indicadores de ciertos usos corrientes y recurrentes, traducen prácticas sociales concretas, y cargan consigo intenciones normativas que deben ser tomadas en serio, principalmente cuando actúan en realidades nacionales que estimulan oficialmente esa normatividad (no es el caso del Brasil del siglo XVIII y de parte del XIX, pero sí de toda la época posterior). Además, en el caso de la lengua portuguesa, el primero de los diccionarios, que sirvió de fuente original a los demás, el *Vocabulario* de Bluteau, es una antología de palabras y significados encontrados en textos de autores portugueses modernos (como Camões o Vieira) o latinos clásicos (como Cicerón o Plinio), lo que legó a la posteridad de los diccionarios una proficua herencia de usos de palabras. Los diccionarios son, por lo tanto, fuentes histórico-lingüísticas parciales y limitadas, pero también proficuas y globalizantes (Pinto 2008; Mugglestone 2011).

La ampliación de los derivados de la palabra *revolución* en la lexicografía de la lengua portuguesa en Brasil a lo largo de la historia, así como de sus posibilidades de uso, muestra como la *palabra*, en su condición de indicadora de movimientos tanto de permanencia como de cambio, fue ampliándose cuantitativamente y expandiendo sus alcances sociales, valiéndose incluso, a partir del siglo XIX, del gran crecimiento poblacional de Brasil, de su urbanización, de la ampliación de la prensa y del montaje de un sistema educativo nacional. De ese modo fue constituyéndose en un *concepto* capaz de articular realidades sociales que, sin él, no existirían, o no serían las mismas. Pasemos ahora a observar algunas de esas realidades.

— El Brasil portugués: preparación y disponibilidad del concepto —

A mediados del siglo XVIII, estadistas portugueses elaboraron e implementaron parcialmente proyectos reformistas que modificaban la administración, la economía, la política y la organización militar del Imperio portugués (iniciativa semejante a la de otros imperios europeos, como el español, el austríaco y el ruso). El objetivo final de esos proyectos, ya esbozados a finales del siglo XVII y comienzos del XVIII, era colocar a Portugal y sus territorios ultramarinos en una mejor posición en el escenario de competencia mundial, y acabaron promoviendo una considerable agitación intelectual y cultural que atribuía a los territorios de Brasil una posición estratégica. Apoyados en una idealización del pasado imperial portugués, visto como otrora glorioso, y dirigidos a un futuro pensado como posible por una lógica racionalista, esos proyectos evitaron al máximo el empleo de la palabra *revolución*, una de las muchas disponibles en lengua portuguesa para indicar alteraciones del orden político; y las pocas veces que tal palabra surge, es como un substantivo referente a situaciones históricas concretas. Es el caso del nono ítem de la *Lei da Boa Razão*, de 1769 (las "revoluciones de la República, y del Imperio Romano"), o en el "Prefacio" a las *Memórias políticas sobre as verdadeiras bases da grandeza das nações*, escritas por João Rodrigues de Brito entre 1802 y 1805 (en alusión a la "historia general de las revoluciones políticas"). En los discursos reformistas, *revolución* es un término omitido, en favor de otros como *reforma*, *adelantamiento*, *mejoramiento* y *progreso* (Paulino 2017). Cabe aquí preguntarnos: ¿por qué?

Muy probablemente porque quienes elaboraron esas propuestas reformistas, sensibles a ciertas tendencias del mundo en el cual vivían, observaban en *revolución* un énfasis innovador incompatible con el carácter ajustado de sus proyectos, que apuntaban en última instancia a la preservación y el fortalecimiento del poder monárquico, pero jamás a su supresión. Una de esas tendencias a las cuales se mostraron sensibles era justamente a la profundización de la carga política del concepto *revolución* y su creciente énfasis en movimientos no más reiterativos, sino esencialmente innovadores. La Revolución francesa no inventó ese énfasis, sino que ofreció una considerable contribución para su expansión alrededor del mundo (Godechot 1956; Palmer 1959; Arendt 1992). La llamada "era de las revoluciones" continuaría atribuyendo significados a conceptos en sentidos tradicionales, sin embargo los ponía en tensión con nuevos sentidos o, como es el caso de *revolución*, con sentidos antiguos, pero hasta entonces minoritarios. El combustible de toda esa dinámica sería, evidentemente, la historia de las sociedades y de sus individuos.

Fabio Wasserman (comp.)

En el mundo lusoamericano, las tentativas sediciosas de finales del siglo XVIII, también conocidas como *Inconfidência Mineira* (1789) y *Conjuração Baiana* (1798), ofrecen ejemplos notables de luchas sociales en las que se resignifican el concepto de *revolución* y, al mismo tiempo, son resignificadas por él. En el primero de los episodios, tanto los supuestos conspiradores como sus acusadores e interrogadores emplean *revolución* de modo residual, ya sea omitiéndolo o articulándolo con otros términos como *sublevación, motín, sedición, levantamiento, rebelión* y *revuelta*. En el caso de los acusadores, todos ellos agentes del poder monárquico portugués afinados con el discurso político del Reformismo Ilustrado, esos términos asumían una connotación negativa de afrenta al poder real. En el caso de los acusados, no sabemos si siempre fue así; sin embargo, una vez descubiertos sus planes, y frente a sus interrogadores, no dudaron en emplearlos de la misma manera y, consecuentemente, a limitar el radicalismo de su acción política. Tomás Antônio Gonzaga, por ejemplo, argumentó no ser "rebelde" y no estar comprometido con los conjurados por él ser "hijo de Portugal" y no poseer cualidades militares, siendo, por lo tanto, improbable que fuera invitado por los "mismos de la tierra" (de Minas) para la sedición. Además, iba a asumir el cargo de "Desembargador de Bahía, ser[ía] de presumir que no quería perder este empleo útil y cierto por cosa incierta y menos útil, que se le pudiera ofrecer". Por último, afirmaba que temiendo "alguna revolución del pueblo", procuró alertar al Intendente de Villa Rica para que no cobrara los impuestos atrasados sobre el oro –lo que había motivado la conspiración– demostrando, así, no interesarse por el "motín del pueblo" (*Autos de Devassa da Inconfidência Mineira* 1982, V, 208-210). Gonzaga, magistrado y poeta, era un hábil manipulador de las palabras. Así como él, la mayoría de los participantes del movimiento provenía de los estratos altos de la sociedad mineira, ocupaban cargos públicos en las esferas civil, eclesiástica y militar, participaban en el cobro de impuestos y en el contrabando, y poseían lazos clientelares entre sí. El movimiento fue proyectado a partir de las insatisfacciones con la pesada política fiscal de la metrópoli y encontraba inspiración en un poco definido ideario republicano de autonomía de los miembros de la comunidad política en la conducción de los negocios públicos; ideario parcialmente conectado con la experiencia histórica de la Independencia de las trece colonias inglesas de América del Norte (Maxwell 1978; Starling y Lynch 2009; Villalta 2016), cuyo "ejemplo" mostraban tener "bien fresco" en la memoria (*Autos de Devassa* 1976, I,

184). A pesar de su fracaso, la conspiración contribuyó para que *revolución* se asociara, inclusive, a *república* y *pueblo*, constituyendo sistemas conceptuales de referencia negativa y subversiva, y por ello eran políticamente proficuos: de este modo, otros dos implicados procuraban circunscribir la culpa por el episodio al militar Joaquim José da Silva Xavier –el "Tiradentes"–, afirmando que en la visión de este último Europa parecía una "esponja" que reducía "a la mayor miseria" "unos países tan ricos como este" (*Autos de Devassa* 1982, V, 118) que, sin Portugal, "bien podía ser una república libre y floreciente" (*Autos de Devassa* 1976, I, 156).

En el caso del movimiento ocurrido en Bahía, en 1798, las demostraciones de inconformismo e insatisfacción emergieron de un modo más explícito y radical inclusive en el plano discursivo (Jancsó 1996). En esa ocasión, fueron difundidos en varias partes de la ciudad de Salvador aquello que funcionarios reales denominaron "papeles sediciosos y Libertinos", "atrevidos" e "infames", que versaban "sobre libertad y revoluciones" (*Autos da Devassa da Conspiração dos Alfaiates* 1998, I, 46, 48, 51 y 49). A diferencia de lo que había ocurrido diez años antes en Minas Gerais, el episodio de Bahía, influenciado por la Revolución francesa, rompía el límite de la publicidad de las acciones políticas transgresoras, vislumbraba la integración del conjunto de la población, ahora mezclando individuos de origen social diverso que incluían hombres libres y esclavos –la América portuguesa del siglo XVIII era esencialmente una sociedad esclavista– en un mismo proyecto de lucha política (Jancsó 1996). En una de las manifestaciones públicas de los conspiradores, un papel titulado *Aviso ao Povo Bahiense*, se aclamaba a "los Pueblos", "abandonados por el Rey, por sus despotismos [y] por sus ministros", a seguir el ejemplo de Francia, en la cual los ojos de las naciones del mundo estarían fijados: "pueblo el tiempo ha llegado para vosotros defender vuestra Libertad: el día de nuestra revolución, de nuestra Libertad y de nuestra felicidad está por llegar, animaos, que seréis felic[es] para siempre" (*Autos da Devassa da Conspiração dos Alfaiates* 1998, I, 33-34). Y si en Minas Gerais *revolución* se asociaba a *república* y *pueblo* con una connotación negativa, ahora en Bahía se asociaba también a *libertad*, y con una connotación positiva.

A fines del siglo XVIII, *revolución* no solía ser considerado como una cosa buena ni en Brasil ni en Portugal; no obstante, ese consenso empezaba a tener fisuras. Como vimos, ni el concepto ni su sentido de innovación eran nuevos; pero, ahora existía la posibilidad de que fuera asociado, en una sociedad esclavista, a otros como *república, pueblo* y *libertad*, convirtiéndose, por lo tanto, en un concepto antimonárquico, antieuropeo y anticolonialista (Mota 1979), aun cuando no en un concepto nacional. Esto justificaba que fuera prudentemente evitado o usado de manera abierta como herramienta de lucha política. De la misma forma, su empleo podía ser entendido como una inversión del énfasis tradicionalmente atribuido a *revolución*, es decir, ya no para describir una situación de reconducción política, sino una situación fundamentalmente nueva. De esta manera, esa inversión avanzaba, no solo *traduciendo*, sino también *moldeando* parte de la vida política tanto en Europa como en América.

— El peso del concepto en el surgimiento y dinámica de un Brasil nacional —

En 1817, en la capitanía lusoamericana de Pernambuco, un movimiento político contrario al gobierno portugués de Río de Janeiro –donde la Corte se instaló en 1808 tras huir de los ejércitos franceses que habían invadido Portugal– instauró una república que logró sobrevivir por cerca de tres meses (Bernardes 2006; Silva 2006). En ese momento, *revolución* volvió a ser un término empleado tanto por los participantes y defensores del movimiento como por sus opositores. Con la profundización de las tensiones políticas que envolvían al Imperio portugués –ahora transformado en Reino Unido de Portugal, Brasil y Algarve– el concepto continuaba desempeñando su doble papel: de indicador de dinámicas políticas en curso y de promotor de esas mismas dinámicas. Es importante observar que *revolución* y *revolucionarios* ya podían, de acuerdo con los usos de la época, hacer referencia no solo a las experiencias históricas de los Estados Unidos (donde, a propósito, los republicanos de Pernambuco buscaron apoyo autodenominándose *revolucionarios*), de Francia y de Haití, sino también de la América española. Esto, claro, *pari passu* a usos más antiguos y convencionales. Así, la acumulación de experiencias políticas fue formando lo que podríamos denominar como un "espacio de experiencia revolucionario moderno" que envolvía espacios y tiempos históricos variados y articulados (Pimenta 2012), por lo que el concepto de *revolución* se mostraba no solo más políticamente innovador que antes, sino también más claramente transnacional.

Fue así que, comentando los acontecimientos de Pernambuco de 1817, el influyente publicista Hipólito José da Costa, que editaba el *Correio Braziliense* en Londres, al comienzo defendía el movimiento, viéndolo en un sentido tradicional, como un indicador de necesidades de reforma que el Imperio portugués ya venía mostrando desde hacía tiempo, fruto de la incapacidad de sus principales estadistas en percibir una situación que, según él, tenía un paralelo en las "revoluciones" aún en curso en la América española. Sin embargo, una vez establecido un debate al respecto entre el *Correio Braziliense* y otro importante periódico, el *Correo del Orinoco*, portavoz de las luchas republicanas en Venezuela, Hipólito da Costa –que, al fin y al cabo, no era republicano, sino monarquista– se vio en la necesidad de cambiar su posición original (Fernandes 2010). Teniendo en cuenta lo que llamaba "Revolución de América" o "Revolución de Caracas", pasaría a señalar "el absurdo de quien supone que las revoluciones son el medio de mejorar la nación". Mostraba que la pernambucana era "obra del momento, parto de la inconsideración, y nunca sustentada por plan concertado", llevada a cabo por "demagogos", pero que "producirá con todo un efecto benéfico; [que es el de] mostrar al pueblo de Brasil que las reformas nunca se deben procurar por medios injustos, como son los de la oposición de fuerza al Gobierno, y efusión de sangre" (*Correio Braziliense* XIX n° 110, 7/1817). La tradicional polisemia del concepto, mencionada anteriormente, no podría ser más claramente operativa: "no queremos una revolución y una revolución será si se cambian las bases de todo el edificio administrativo y social de la monarquía; y una revolución tal y repentina no se puede hacer sin convulsiones desastrosas, y es por eso que no la deseamos" (*Correio Braziliense* XXIV n° 143, 4/1820).

Hipólito da Costa se distanciaba de sus interlocutores hispanoamericanos, asociando definitivamente *revolución* con términos negativos como *conmoción, anarquía* y *guerra civil*, y se mostraba en plena sintonía con una tendencia política que era tanto europea como americana bien representada por el Congreso de Viena y por la Santa Alianza: la de una Europa, junto con sus colonias americanas, monárquica, legitimista y conservadora, que no debería tolerar aquello que cada vez más se entendía por *revolución*.

La Independencia de Brasil, formalizada en 1822, se forjó a partir de las condiciones creadas por la transferencia de la Corte a América, en 1808 y, de manera más contundente, por la coyuntura política específica inaugurada por el movimiento constitucionalista portugués de 1820, cuyos protagonistas también evitaron llamarlo *revolución*, prefiriendo términos como *regeneración* y *reforma* (Fanni 2015). Las pocas veces que *revolución* es usada, lo es tanto para indicar, negativamente, "mares tempestuosos de una revolución" como, positivamente, una revolución moderada. Un panfleto de la época afirmaba: "nuestra conducta puede servir de ejemplo y modelo a los Pueblos del Universo que quisieren regenerarse, porque en nuestra revolución no separamos todavía ni las ideas morales de las ideas liberales, ni la Justicia de la Política" (*Carta segunda do compadre de Belém* 1821, 7). Así, en el liberalismo portugués de la década de 1820, que fue trasplantado y reelaborado en Brasil en las vísperas de la Independencia, *revolución* surge de manera tímida, pero bastante significativa: como revolución conservadora, moderada, por consiguiente positiva. La dinámica conceptual parece clara: como el uso de *revolución* cada vez más podría traer consigo el sentido de un cambio radical del orden político, su utilización demandaba un control, establecido por la movilización de otros conceptos accesorios como *pueblos* y *libertad*, o incluso sinónimos pero con una valoración negativa. Fue exactamente lo que ocurrió en medio del proceso de formación del Imperio de Brasil, a partir de 1822. La Independencia como proyecto vencedor siempre estuvo políticamente distante de los principios políticos de movimientos anteriores como los de Minas Gerais, Bahía y Pernambuco, pues ella era monárquica y esclavista (Oliveira 1999). De ahí el triunfo de una solución conceptual que expresaba bien esa situación, adoptada por varios de los protagonistas de ese proceso (entre los cuales estaba José da Silva Lisboa, traductor, comentador y divulgador, en Brasil, de los escritos de Edmund Burke): la Independencia como una *revolución desarrollada*, moderada y conservadora, por ello virtuosa y capaz tanto de integrar el Brasil nacional que surgía en el contexto *revolucionario* iberoamericano del siglo XIX como de, supuestamente, distinguirlo de sus vecinos continentales (la misma solución conceptual era utilizada en varios de esos países durante la misma época). Fue de este modo que la definió el periódico oficial del nuevo Imperio:

> ...un hecho pocas veces ocurrido, una revolución desarrollada, un Pueblo que reasume los derechos inalienables de su independencia, quiebra los vergonzosos hierros de su vituperio, y entra, sin haber pasado por los horrores de la guerra civil y de la anarquía, en el

círculo de las Naciones libres del Universo. (*Diário do Governo* nº 28, 5/2/1823)

En esta fase de su existencia, el concepto de *revolución* se encontraba listo para entrar con fuerza en la historia del nuevo país, en la cual echaría raíces profundas con respecto a los modos por los cuales la nueva nación representaría su pasado y a sí misma, condicionando incluso hasta importantes tradiciones intelectuales eruditas y académicas que, de diversa manera, pasarían a intentar entender pasados, presentes y futuros de ese país y de esa nación. Nuevas ocasiones surgirían a lo largo del siglo XIX para la consolidación y difusión de esa asociación entre Brasil y *revolución*.

En 1831, D. Pedro I abdicó al trono y, mientras su hijo no asumió su lugar como D. Pedro II (1840), el Imperio sería gobernado por una regencia. La caída de D. Pedro I resultó de un proceso conflictivo, relacionado con temas políticos, económicos, militares, institucionales y de identidad nacional, envolviendo amplios y diversos actores sociales, e incluso apoyado por una fuerte presión popular (Morel 2003; Mattos 2009; Basile 2009; Ribeiro y Pereira 2009). Concebido por muchos de sus participantes como una "revolución gloriosa", el evento representaba, según *O Tribuno do Povo*, "la gloria de una Regeneración no sangrienta" al apartar de la patria la tiranía del "monstruo más abominable" (nº 29, 29/4/1831; nº 28, 21/4/1831). Desde entonces, la discusión y los conflictos acerca de los ritmos y dirección de esa nueva *revolución* se impusieron como uno de los ejes fundamentales del debate político brasileño del siglo XIX. Así, otro periódico afirmaría, casi un año después, que "la Revolución del 7 de Abril" no habría tenido como objetivo "colocar en las manos del Pueblo la administración, sino cambiarla de las manos despóticas de D. Pedro I para [unas] manos más libres y Nacionales" (*Astréa* nº 805, 1/3/1832); defendía el gobierno de la Regencia y atacaba a sus opositores, "anarquistas" descontentos con la "revolución que echó por tierra el antiguo edificio" (*Astréa* nº 768, 10/11/1831). Ya la voz de los opositores acusaba al gobierno de la regencia de no marchar "de acuerdo con las ideas Populares" y alterar "el curso de la Revolución" (*Tribuno do Povo* nº 48, 28/2/1832). Si ambos concordaban con el carácter positivo de la *revolución* de 1831, divergían sobre otros conceptos, asociados a ella o no, como *pueblo* y *soberanía*.

Ahora bien, se definía lo que sería otra marca duradera en la historia del concepto en Brasil: sus grados de convergencia o de divergencia en relación con las ideas relativas a lo que sería una nación brasileña, popular o no, y a conflictos en torno a cuestiones como libertad, soberanía y representación. Siempre, claro, en función de otros aspectos de la realidad histórica sin los cuales la historia de un concepto no tendría sentido. Entre 1835 y 1845, ocurrieron serias luchas armadas en varias provincias del Imperio brasileño, conocidas como "Revueltas Regenciales", muchas de las cuales contaron con fuerte participación popular. Episodios como la "Cabanagem" (en Pará), la "Sabinada" (en Bahía), la "Cabanada" (en Alagoas), la "Balaiada" (en Marañón) y la "Farroupilha" (en Río Grande del Sur) provocaron enormes tensiones en el centro político imperial y probaron esas relaciones entre el concepto de *revolución* y otras dimensiones de la vida social brasileña. Al respecto, el periódico *O Sete de Abril* afirmaba: "es preciso tener certeza que no puede existir por mucho tiempo este temporal de revoluciones: o sucumbiremos en ellas, o un mundo nuevo ha de aparecer en Brasil" (13/1/1838). Más tarde, en un discurso en el Senado pronunciado el 29 de mayo de 1839, el político Bernardo Pereira de Vasconcelos –otrora un liberal, ahora convertido en conservador, y una de las voces que en ese momento actualizaba la antigua asociación entre *revolución, anarquía* y *guerra civil*– juzgaba que ya era tiempo de frenar la revolución de 1831. Para él, después del Acto Adicional de 1834, que reformó la Constitución de Brasil y definió a las provincias como unidades político-administrativas,

> ...se debía hacer alto en el movimiento, que se decía revolucionario, del 7 de Abril: juzgué que ni un paso más adelante debía ir, al menos mientras una experiencia bien calculada no mostrara que algunas alteraciones debían ser hechas; yo quise, por lo tanto, parar el carro revolucionario; me arrojé frente a él; sufrí y he sufrido, porque quien se lanza frente al carro revolucionario de ordinario siempre sufre. (*Anais do Senado* 1912; Lynch 2015)

Aquí aparece una nueva marca duradera en la historia del concepto en Brasil: la interrogación acerca de los alcances deseados, necesarios y posibles de una *revolución* positiva que, en razón de las circunstancias históricas, podía tornarse negativa. Así, el primer periódico brasileño en estampar la palabra en el título sería *A Revolução Pacífica*, de 1862; años después, no obstante, *A Revolução: Folha de Propaganda Democrata*, de 1878, complejizaba la vida política por medio de disputas que, en parte, continuaban siendo conceptuales (Neves y Neves 2014).

Esa oscilación entre lo positivo y lo negativo de *revolución* estará bastante presente en Brasil décadas después, incluso tras abolir la esclavitud (1888) y substituir el régimen monárquico por uno republicano (1889), eliminando dos de los pilares de su historia pasada. En el contexto de una autoproclamada revolución más, la "Revolución de 1930", la famosa frase "hagamos la revolución antes que el pueblo la haga", atribuida al entonces gobernador de Minas Gerais, Antônio Carlos Ribeiro de Andrada (Fausto 1997; Faoro 2001; Neto 2012), parece hacer eco y al mismo tiempo perpetuar una buena parte de la historia del concepto *revolución* hasta aquí esbozada. Con el creciente descontento político y social respecto a los gobiernos nacionales en las primeras décadas del régimen republicano en Brasil, la creación de la Alianza Liberal, en 1929, reconocía la existencia de un estado de agitación, y articulaba oligarquías preocupadas en formar un nuevo eje de poder, incluso con el movimiento *tenentista*, que gozaba del apoyo de las clases medias urbanas. Un nuevo lenguaje político comenzaba a ser gestado en este encuentro, con el propósito de movilizar amplios segmentos de la sociedad y llevar al centro del debate la problemática de los derechos sociales y de la construcción de un nuevo programa político para el país (Karepovs 2006; Schwarcz y Starling 2015). No obstante, la conducción de ese proceso evocaría preocupaciones políticas de los tiempos de la Independencia y del Imperio, no admitiendo, en las palabras del militar Juarez Távora, la "subversión social creada por el predominio incontrastable del populacho" (Fausto 1997). El temor incidía sobre corrientes de izquierda en el interior del movimiento obrero, inclusive las encarnadas por el ex líder *tenentista* convertido al comunismo, Luiz Carlos Prestes. En un *Manifiesto* en el cual exponía su visión sobre el "momento revolucionario brasileño", Prestes afirmaba que el programa de la Alianza Liberal era "anodino", y que la minoría dirigente apoyada por los imperialismos extranjeros solamente sería derrotada a través de una "verdadera insurrección generalizada, por el levantamiento consciente de las más vastas masas de nuestras poblaciones del *sertão*[2] y de las ciudades" (*Diário da Noite* n° 199, 29/5/1930). Las marcas de la Revolución rusa parecen evidentes: en esa época, ya no era posible ignorar la preponderancia de la idea de transformación radical del orden político movilizada por el concepto de *revolución* (Koselleck 1993), aun cuando la eficacia de la acción política moldeada por la palabra, en

---

2   Hace referencia a una región agreste, poco poblada, desértica o semidesértica.

circunstancias históricas específicas, continuara imponiendo la necesidad de aclarar lo que se entendía exactamente por esa palabra. En Brasil, esta podría ir de la izquierda a la derecha, en diversas modalidades.

Aun cuando en este período sea posible percibir la incorporación de nuevos estratos semánticos al concepto de *revolución*, así como el reiterado desarrollo de los procesos anteriores de ampliación social y politización del mismo, sectores importantes que participaron de la "Revolución de 1930" –que provocaría la caída de la Primera república brasileña y la instauración de una dictadura encabezada por Getúlio Vargas– actualizaron y reforzaron la idea ochocentista de que, en Brasil, la vía "revolucionaria" debería encuadrarse dentro de los marcos del orden social. En otras palabras, el uso de *revolución* nuevamente manipulaba sus asociaciones semánticas y conceptuales, promovía una idea de nación vinculada al orden y concedía legitimidad a futuras –incluso recientes– acciones oligárquicas y golpistas.

No es de extrañar, por lo tanto, que años después de la "Revolución de 1930", la UDN del influyente político Carlos Lacerda haya movilizado el concepto para volverse contra el propio Getúlio Vargas –ahora senador–, cuando este sea candidato a las elecciones presidenciales de 1950. Según Lacerda, Vargas "no debe ser candidato a la Presidencia. Si es candidato, no debe ser electo. Si es electo, no debe tomar posesión. Si es investido, debemos recurrir a la revolución para impedirle gobernar" (*Tribuna da Imprensa* n° 132, 1/6/1950). Postura semejante se repetiría en los intentos de impedir la toma de posesión de los presidentes Juscelino Kubitschek en 1956 y João Goulart en 1961. En esos años, la polarización ideológica de la Guerra Fría era intensamente vivida en todo el globo, inclusive en Latinoamérica. Si la Revolución rusa parecía haber encerrado la consagración del sentido moderno de *revolución*, invirtiendo su énfasis anterior de un movimiento esperado hacia uno innovador, las revoluciones china y cubana también contribuirían para un balanceo, a escala global, del término en dirección a un espectro ideológico a la izquierda que, como vimos, no era mayoritario en la historia del concepto en Brasil. La Revolución cubana, incluso, llevó a los Estados Unidos de América a redoblar sus atenciones hacia el sur del continente, influenciando directamente en los destinos de las soberanías nacionales (Fico 2008; Loureiro 2014). En esa época, era posible el entendimiento de que el desarrollo económico no era suficiente para contornear las desigualdades sociales del país. Así, en la visión de una voz política progresista como la de San Tiago Dantas, era urgente construir estrategias y alianzas que posibilitaran la implantación de las reformas de base en el país, entre ellas la tributaria y la agraria. En 1962 señalaba:

...tenemos que realizar en nuestro País, como en todos los países subdesarrollados que tienen nuestras características políticas, una auténtica revolución democrática. Esta revolución es la que nos salvará de una revolución extremista y antidemocrática. Ella es la que consolidará nuestras instituciones. (Gomes 1994, 149)

La búsqueda de una "auténtica" (esto es, popular) revolución brasileña encontraba espacio en importantes elaboraciones intelectuales militantes que, articulando campos como los de la historia, la sociología y la economía, reflexionaban sobre algunos de los significados del concepto *revolución* y lo asociaban a otros como *desarrollo* y *democracia*. Ejemplos significativos de esas elaboraciones son obras como las de Nelson Werneck Sodré (1958), José Honório Rodrigues (1965), Caio Prado Júnior (1966) y Florestan Fernandes (1975).

Expresando conceptos no siempre convergentes en torno a una *revolución democrática, popular* o *brasileña,* tales autores serían –con la excepción de Rodrigues– combatidos por los partidarios civiles y militares del golpe de 1964, que derrocó al gobierno electo de Joáo Goulart e instauró en Brasil una dictadura que duraría más de dos décadas. Editoriales de periódicos como *O Globo* defendieron que la acción de 1964 se habría dado dentro de la legalidad, y que aquello que pasaron a llamar "revolución brasileña de 31 de marzo" (*O Estado de São Paulo* n° 28097, 20/11/1966) habría sido responsable de librar a Brasil de un "Gobierno irresponsable" que estaría arrastrando al país "hacia rumbos contrarios a su vocación y tradición", queriéndolo convertir en "comunista" (*O Globo* n° 11825, 2/4/1964). Un gran número de textos de propaganda oficial, de prensa y de opinión defendería esa versión de la historia, con el activo apoyo de los gobiernos de los Estados Unidos que, por esa época, dio soporte no solo a la instauración de la dictadura en Brasil, sino también en otros países latinoamericanos. Un folleto conmemorativo elaborado en 1977 por el Ministerio de Defensa, apuntaba que el golpe de 1964

...era la Revolución Democrática Brasileña. La Revolución por las armas. En una visión inmediatista, era la contrarrevolución, la guerra contrarrevolucionaria. En una visión histórica más profunda, la retomada de la revolución democrática brasileña, enriquecida por la lección de los tiempos y por el mensaje social de nuestros días... Este fue el milagro de la victoria en pocos días, sin derramamiento de sangre. El milagro de la cohesión. El milagro de la voluntad popular. El milagro que es preciso comprender y respetar, para asegurar la cohesión, ya amenazada, y consolidar la victoria democrática. (Cardoso 2011)

Pero, una vez más, las circunstancias históricas encargadas de modificar parcialmente el concepto de *revolución* en Brasil –circunstancias que se valieron de la trayectoria anterior del concepto y de su disponibilidad como herramienta de acción política– reservarían un legado a la posteridad.

— Conclusión: actualidad del concepto —

En medio de la profunda crisis política, institucional y económica atravesada por Brasil a comienzos de 2018, individuos y grupos sociales constructores de una memoria positiva del Golpe de 1964 se expresan públicamente en forma desinhibida. Los partidarios de una nueva dictadura en Brasil parecen cada vez menos inexpresivos y excéntricos. Algunos de los mismos medios de comunicación que apoyaron la quiebra de la legalidad política en 1964, como *O Estado de São Paulo* y *O Globo*, ahora con el agregado de nuevas voces, tratan de justificar diariamente el derrocamiento de Dilma Rousseff, ocurrido en 2016. Por ejemplo, un *blog* de extrema derecha titulado "Hombre Culto", cuya página ostenta el título "No deje que un profesor comunista adopte su hijo", exhibe la foto de unos manifestantes con una pancarta pidiendo "intervención militar ya", y trae un texto que titula "historia de la revolución [sic] 1964". La cifra de visitantes –no del todo confiable–, mostrada, en enero de 2018, era de más de 5 millones. Curiosamente, ese mismo espectro político es capaz de asociar *revolución* con algo negativo, como ocurre con frecuencia con la también autoproclamada "revolución bolivariana" de Venezuela. En la página de *Facebook* del Movimiento Brasil Libre (MBL) –una organización de derecha cada vez más fuerte en Brasil– se podía leer, en julio de 2017 que "Ya pasó la hora de que los líderes mundiales tomen medidas contra la dictadura genocida de Maduro. Venezuela sufre con hambre, pobreza y represión del gobierno socialista. Trump hace lo correcto al tomar medidas contra la 'revolución bolivariana'" (MBL – Facebook 18/7/2017, consultado el 23/1/2018).

En muchas partes, operaciones político-discursivas y luchas políticas concretas, agudas y dramáticas se empeñan en asociar conceptos cuya historia no es reciente en Brasil. *Democracia, pueblo, soberanía, anarquía, reforma, desarrollo, república, libertad,* entre otros, continúan estableciendo combinaciones probables e improbables, que sirven a los más diversos propósitos y disputas, y le dan al concepto de *revolución* –por reiteración, resignificación o incluso hasta exclusión– una centralidad histórica inequívoca. Aunque sea como una farsa, una revolución hecha "antes que el pueblo la haga", como en el auge de la última dictadura escribió el poeta Affonso Ávila.

Finalmente: ¿qué hay de no nacional o de no particularmente brasileño en esta historia del concepto de *revolución* en Brasil? Sin duda, las breves páginas aquí expuestas ofrecen solo un esbozo de una historia mucho más amplia, que continúa demandando más investigación y análisis. No obstante, se percibe que, a efecto de la caracterización de una modernidad en los términos propuestos por Reinhart Koselleck (2009) y extendidos al mundo iberoamericano por Javier Fernández Sebastián (2009), el concepto de *revolución* en su historia brasileña presenta indicios contundentes de haberse *democratizado* (una vez que amplió progresivamente su incidencia cuantitativa y su alcance social); *temporalizado* (pues pasó a referirse tanto a un cierto tipo de evento específico, como a una categoría analítica); *ideologizado* (pues amplió, también progresivamente, sus cargas y funciones ideológicas); *politizado* (pues se constituyó en herramienta de lucha política); *emocionalizado* (porque continúa cargando consigo expectativas depositadas en el futuro integrándolas a los factores de movilización colectiva); *internacionalizado* (al fin y al cabo, como vimos, su dinámica nunca estuvo aislada de vectores históricos surgidos de otras partes del mundo); y, paradójicamente, *nacionalizado* (una vez que, desde el siglo XIX, pasó a existir en una lógica nacional brasileña que posibilitó la efectividad política de sus muchas especificidades en contextos simultáneamente locales y globales).

La inserción de un concepto en una lógica histórica *moderna* no significará, evidentemente, la inapropiada presunción de que Brasil es *moderno* para todos los efectos, o que haya logrado *modernizarse* a lo largo de su trayectoria. Aún menos, que cualquiera de sus revoluciones haya hecho triunfar *la libertad, el pueblo, la democracia, la república* o *el desarrollo*. Las revoluciones del concepto *revolución*, en la historia de Brasil, solo indican una historia abierta, todavía en curso. Una historia que, para ser transformada, necesita ser comprendida.

— Bibliografía —

Anais do Senado do Império do Brasil (1912), t. I. Rio de Janeiro.

Arendt, H. (1992), *Sobre la revolución*, Buenos Aires.

Autos de Devassa da Inconfidência Mineira (1976-1983), Belo Horizonte, 10 v.

Autos da Devassa da Conspiração dos Alfaiates (1988), Salvador, 2 v.

Basile, M. (2009), "O laboratorio da nação: a era regencial (1831-1840)", em K. Grinberg y R. Salles (orgs.), *O Brasil Imperial, v. II:* 1831-1870, Rio de Janeiro, pp. 53-119.

Bernardes, D. (2006), *O patriotismo constitucional: Pernambuco, 1820-1822*, São Paulo/Recife.

Bluteau, R. (1720), *Vocabulário portuguez & latino*, Lisboa, v. 7.

Boidin, C. (2016), "Pensar la modernidad/colonialidad en guaraní (XVI-XVIII)", *Cuadernos de Antropologia Social* n° 44, pp. 7-25.

Capellán de Miguel, G. (2013), "Los *momentos conceptuales*. Una nueva herramienta para el estudio de la semántica histórica" en J. Fernández Sebastian y G. Capellán de Miguel (eds.), *Conceptos políticos, tiempo e historia*, Santander/Madrid, pp. 195-233.

Cardoso, L.C. (2011), "Os discursos de celebração da 'Revolução de 1964'", en *Revista Brasileira de História*, 31 (62), pp. 117-140.

Carta segunda do Compadre de Belém ao redator do Astro da Lusitânia dada à luz pelo Compadre de Lisboa (1821), Rio de Janeiro.

Costa, W.P. (2005), "A independência na historiografia brasileira", em I. Jancsó (org.), *Independência: história e historiografia*, São Paulo, pp. 53-118.

Fanni, R. (2015), *Temporalização dos discursos políticos no processo de independência do Brasil (1820-1822)*, Tesis de Maestría, São Paulo.

Faoro, R. (2001), *Os donos do poder: formação do patronato político brasileiro*, São Paulo.

Fausto, B. (1997), *A Revolução de 1930: historiografia e história*, São Paulo.

Fernandes, A.C. (2010), *Revolução em pauta: o debate Correo del Orinoco-Correio Braziliense (1817-1820)*, Tesis de Maestría, São Paulo.

Fernandes, F (1975), *A revolução burguesa no Brasil: ensaio de interpretação sociológica*, Rio de Janeiro.

Fernández Sebastián, J. (dir.) (2009 y 2014), *Diccionario político y social del mundo iberoamericano*, Madrid, 11 v.

Fernández Sebastián, J. (2009), "Hacia una Historia Atlántica de los conceptos políticos". *Diccionario político y social del mundo iberoamericano. La era de las revoluciones, 1750-1850 Iberconceptos I*, pp. 23-45.

Fico, C. (2008), *O Grande irmão: da Operação Brother Sam aos anos de chumbo. O governo dos Estados Unidos e a ditadura militar brasileira*, Rio de Janeiro.

Godechot, J. (1956), *La grande nation: l'expansion révolutionnaire de la France dans le monde de 1789 à 1799*, Paris.

Gomes, Â. de C. (1994), "Trabalhismo e Democracia: o PTB sem Vargas", en *Vargas e a crise dos anos 50*, Rio de Janeiro, pp. 133-160.

Houaiss, A. (2004), *Dicionário Houaiss da Língua Portuguesa*, São Paulo.

Jancsó, I. (1996), *Na Bahia, contra o Império: história do ensaio de sedição de 1798*, São Paulo.

Jancsó, I. y Pimenta, J.P. (2000), "Peças de um mosaico (ou apontamentos para o estudo da emergência da identidade nacional brasileira)" en C.G. Mota (org.), *Viagem incompleta: a experiência brasileira. Formação: histórias*, São Paulo, pp. 127-175.

Karepovs, D. (2006), *A clase operária vai ao parlamento: o Bloco Operário e Camponês do Brasil, 1924-1930*, São Paulo.

Koselleck, R. (1993), *Futuro pasado: para una semántica de los tiempos históricos*, Barcelona.

Koselleck, R. (2009), "Introducción al Diccionario histórico de conceptos políticos-sociales básicos en lengua alemana" en *Anthropos* nº 223, pp. 92-105.

Loureiro, F.P. (2014), "The Alliance For or Against Progress? US-Brazilian Financial Relations in the Early 1960s", *Journal of Latin American Studies*, 6 (2), pp. 323-351.

Lynch, C.E.C. (2015), "Modulando o tempo histórico: Bernardo Pereira de Vasconcelos e conceito de "regresso" no debate parlamentar brasileiro (1838-1840)" *Almanack* 10, pp. 314-334.

Mattos, I.R. (2009), "O gigante e o espelho", em K. Grinberg y R. Salles (orgs.) *O Brasil Imperial, volume II: 1831-1870*, pp. 13-51.

Maxwell, K. (1978), *A devassa da devassa. A Inconfidência Mineira: Brasil e Portugal, 1750-1808*, Rio de Janeiro.

Morel, M. (2003), *O período das Regências: (1831-1840)*, Rio de Janeiro.

Mota, C.G. (1979), *Ideia de Revolução no Brasil (1789-1801): estudo das formas de pensamento*, Petrópolis.

Mugglestone, L. (2011), *Dictionaries: a very short introduction*, Oxford.

Neto, L. (2012), *Getúlio, 1882-1930: dos anos de formação à conquista do poder*, São Paulo.

Neves, L.B.P. das. (2007), "Revolução: em busca de um conceito no império luso-brasileiro (1789-1822)", em J. Feres Jr. y M. Jasmin (orgs.), *História dos Conceitos: diálogos transatlânticos*, Rio de Janeiro, pp. 129-140.

Neves, L.B.P. das y Neves, G.P. das (2014), "Revolução/Brasil", en J. Fernández Sebastián (dir.). *Diccionario político y social del mundo iberoamericano, II*, t.9. Madrid, pp. 65-80.

Neumann, E. y Boidin, C. (2017), "A escrita política e o pensamento dos Guarani em tempos de autogoverno (c.1753)", *Revista Brasileira de História*, 37 (75), pp. 97-118.

Oliveira, C.H. (1999), *A astúcia liberal: relações de mercado e projetos políticos no Rio de Janeiro (1820-1824)*, São Paulo.

Palmer, R.R. (1959), *The Age of the Democratic Revolution: A Political History of Europe and America 1760-1800*. Vol. I: The Challenge, New Jersey.

Paulino, M.F. (2017), *Tempo e mudança nas Américas Ibéricas: vocábulos e conceitos no discurso de reformistas ilustrados portugueses e espanhóis (c.1750-c.1807)*, Projeto de maestría, São Paulo.

Pimenta, J.P. (2009), "A Independência do Brasil como uma revolução: história e atualidade de um tema clássico", *História da Historiografia*, nº 3, pp. 53-82.

Pimenta, J.P. (2012), "Brasil y la experiencia revolucionaria moderna (siglos XVIII y XIX)". *20/10 – El mundo atlántico y la modernidad iberoamericana*, México, v. 1, pp. 110-129.

Pimenta, J.P. (et all.) (2014), "A Independência e uma cultura de história no Brasil", *Almanack* nº 8, pp.5-36.

Pinto, R.M. (2008), "Século XVIII", em S. Spina (org.). *História da língua portuguesa*, Cotia, pp. 355-398.

Prado Jr., C. (1966), *A revolução brasileira*, São Paulo.

Fabio Wasserman (comp.)

Rodrigues, J.H. (1965), *Conciliação e reforma no Brasil*, Rio de Janeiro.

Ribeiro, G.S. y Pereira, V. (2014), "O Primeiro Reinado em revisão", em K. Grinberg y R. Salles (orgs.), *O Brasil Imperial, volume I: 1808-1831*, Rio de Janeiro, pp. 137-173.

Schwarcz, L.M. y Starling, H. (2015), *Brasil: uma biografia*, São Paulo.

Secco, L. (2006), *Gramsci e a revolução*, São Paulo.

Silva, A. de M. (1813), *Diccionario da lingua portuguesa*, Lisboa, 2v.

Silva, A. de M. (1831), *Diccionario da lingua portugueza*, Lisboa, 2v.

Silva, L.G. (2006), "O avesso da independência: Pernambuco (1817-24)", em J. Malerba (org.), *A Independência brasileira: novas dimensões*, Rio de Janeiro, pp. 343-384.

Sodré, N.W. (1958), *Introdução à Revolução Brasileira*, Rio de Janeiro.

Starling, H.M. y Lynch, C.E.C. (2009), "República/Brasil", en J. Fernández Sebastián (dir.) *Diccionario político y social del mundo iberoamericano. La era de las revoluciones, 1750-1850 Iberconceptos I*, Madrid, pp. 1282-1292.

Vianna, L.W. (1996), "Caminhos e Descaminhos da Revolução Passiva à Brasileira", *Dados* 39 (3), Rio de Janeiro.

Villalta, L.C. (2016), *O Brasil e a crise do Antigo Regime português (1788-1822)*, Rio de Janeiro.

Wasserman, F. (2014), "Revolución/Argentina-Río de la Plata" en J. Fernández Sebastián, (dir.), *Diccionario político y social del mundo iberoamericano, Iberconceptos II, t.9 Revolución*, Madrid, pp. 49-63.

Zermeño Padilla, G. (2004), *La cultura moderna de la historia: una aproximación teórica e historiográfica*, México.

Zermeño Padilla, G. (2014), "Revolución en Iberoamérica (1780-1870). Análisis y síntesis de un concepto" en J. Fernández Sebastián (dir.), *Diccionario político y social del mundo iberoamericano, Iberconceptos II, t.9 Revolución*, Madrid, pp. 15-47.